Peter Cichon, Reinhart Hosch,
Fritz Peter Kirsch (Hg.)

Der undankbare Kontinent?

Afrikanische Antworten auf europäische Bevormundung

Argument Verlag

Wir danken der Kulturabteilung der Stadt Wien,
dem Dekanat der philologisch-kulturwissenschaftlichen Fakultät
der Universität Wien und dem Institut für Romanistik
der Universität Wien für die Förderung dieser Publikation.

Bibliografische Information der Deutschen Nationalbibliothek
Die Deutsche Nationalbibliothek verzeichnet diese Publikation in der
Deutschen Nationalbibliografie; detaillierte bibliografische Daten
sind im Internet über http://dnb.d-nb.de abrufbar.

Deutsche Originalausgabe

Glashüttenstraße 28, 20357 Hamburg
Telefon 040/4018000 – Fax 040/40180020
www.argument.de
Satz: Iris Konopik
Umschlaggestaltung: Martin Grundmann,
www.herstellungsbuero-hamburg.de
Druck: Fuldaer Verlagsanstalt
Gedruckt auf säure- und chlorfreiem Papier
ISBN 978-3-88619-474-2
Erste Auflage 2010

Inhaltsverzeichnis

Einleitung

Vorerst die Fakten: Am 26. Juli 2007 hat der französische Staatspräsident in Dakar, der Hauptstadt des Senegal, an der Université Cheikh Anta Diop, eine Rede gehalten. Sie richtete sich an die Jugend Afrikas und hatte als Hauptthema die Zukunftsperspektiven des südlichen Nachbarkontinents im Zusammenhang mit dessen Beziehungen zu Europa. Die Worte des Nicolas Sarkozy wurden in der internationalen Presse kommentiert, keineswegs unkritisch, aber nicht mit jener Heftigkeit, welche die Reaktionen von zahlreichen Intellektuellen aus verschiedenen afrikanischen Ländern kennzeichnete. Es ist nicht übertrieben, von einem Aufschrei der Empörung zu sprechen. Den Anfang machten Artikel in der Presse. Besonders gewichtig aber fiel ein vom Pariser Verlag Éditions Philippe Rey herausgebrachter Sammelband mit 23 Essays aus, die mit Sarkozy und seinem Sonderbeauftragten Henri Guaino, der die Rede von Dakar konzipiert hatte, hart ins Gericht gingen. Von diesem Buch ist Anfang 2009 eine Taschenbuchausgabe erschienen.[1]

Der vorliegende Band enthält Übersetzungen ausgewählter Beiträge aus der erwähnten Sammlung, die sich in der französischen Fassung als »Antwort Afrikas auf Sarkozy« präsentiert, sowie die deutschsprachige Version einer der ersten Stellungnahmen zu der Sarkozy-Rede in der afrikanischen Presse.[2] Die Herausgeber und die ÜbersetzerInnen kommen aus der Sprach- und Literaturwissenschaft und sind mehr oder weniger eng mit der Forschung und Lehre am Institut für Romanistik der Universität Wien verbunden. Die Klarstellung ihrer Motivation, sich mit einem hochpolitischen Projekt an die Öffentlichkeit der deutschsprachigen Länder zu wenden, ist sicherlich ein Gebot der intellektuellen Redlichkeit – nicht zuletzt im Hinblick auf das Weiterlaufen der einschlägigen

1 Gassama, Makhily (Hg.), 2008, *L'Afrique répond à Sarkozy. Contre le discours de Dakar*, Paris, Philippe Rey. Taschenbuchausgabe: Paris, Philippe Rey, 2009.

2 Mbembe, Achille, 2007, »L'Afrique de Nicolas Sarkozy«, in: *Sud Quotidien* (Dakar), 2. August.

Kontroversen. Sowohl in Afrika als auch in Frankreich sind von 2007 bis zur Gegenwart viele Kommentare abgegeben worden. Die meisten, aber nicht alle, richteten sich gegen Sarkozy und seine Rede. Einige afrikanische Regierungschefs haben sich vorsichtig, in Einzelfällen sogar zustimmend geäußert. Das französische Original des Sammelbandes der »Antworten auf Sarkozy« wurde auf höheres Betreiben von der Nominierungsliste für einen Preis gestrichen, nach Protesten der Jury wieder eingesetzt.[3] Henri Guaino, Ministerialbeamter und Sarkozys Ghostwriter, hat seine Positionen verteidigt und seine afrikanischen Kritiker persönlich angegriffen. Die angesehene Zeitung *Le Monde* stand insofern im Zentrum der Auseinandersetzungen, als sie sich weigerte, eine (ziemlich polemische) Replik des Herausgebers Makhily Gassama auf einen Artikel abzudrucken, in dem sich Philippe Bernard abschätzig über das Niveau der Beiträge zu *L'Afrique répond à Sarkozy* geäußert hatte (»Sammlung von Absurditäten und Halbwahrheiten«). Die Diskussion zeigte insofern Wirkung, als weitere Sarkozy-Reden, gehalten in Tunis, Constantine und Kapstadt, viel umsichtigere Formulierungen aufwiesen als der Text von Dakar, so dass bei oberflächlicher Betrachtung der Eindruck entstehen könnte, die letztgenannte Rede sei eine Art Unfall gewesen, auf die einige Afrikaner vielleicht übertriebene Reaktionen an den Tag legten. Wer sich auf diese Affäre einlässt, läuft somit Gefahr, in ein tagespolitisches Kreuzfeuer zu geraten und seinerseits von da oder dort attackiert zu werden. Was soll es bringen, sich einzumischen und Nicolas Sarkozy über die zahllosen Klischees, die er seinen afrikanischen Zuhörern zumutete, aus der Sicht einer zentraleuropäischen Universität belehren zu wollen, wenn diese Arbeit bereits von informierten Afrikanern sehr weitgehend geleistet wurde?[4]

Die Motivation des Teams, das sich im Sinne der Herausgabe

3 Vgl. dazu den Kommentar des Verlegers Philippe Rey: http://www.grioo.com/pinfo15294.html

4 Vgl. Chrétien, Jean-Pierre (Hg.), 2008, *L'Afrique de Sarkozy. Un déni d'histoire*, Paris, Karthala; Mbem, André Julien, 2008, *Nicolas Sarkozy à Dakar. Débats et enjeux autour d'un discours*, Paris, L'Harmattan; Ba Konaré, Adam (Hg.), 2008, *Petit précis de remise à niveau sur l'histoire africaine à l'usage du président Sarkozy*, Paris, La Découverte.

und Übersetzung engagierte, ist komplex. Zweifellos machte der polemische Elan, der die Stellungnahmen einer so großen Zahl von afrikanischen Universitätslehrern, Schriftstellern und Kulturschaffenden inspirierte, Eindruck. Angesichts des Sarkozy-Textes, dessen Schwächen auch aus europäischer Sicht leicht erkennbar sind, fiel es den RomanistInnen aus Österreich nicht schwer, die Empörung der Afrikaner zu teilen. Bei distanzierterer Betrachtung wurde aber bald klar, dass spontane Anteilnahme und Solidarisierung als Basis des Projektes nicht als alleinige Maßstäbe bei der Auswahl der Texte dienen durften. Es galt vor allem, die Wiederholungen von Themen und Argumenten, die bei einer Sammlung von Stellungnahmen zu ein und demselben Objekt unvermeidlich sind, so weit wie möglich in Grenzen zu halten. Eine solche Strategie setzte voraus, dass nur solche Beiträge für die Übersetzung ausgewählt wurden, deren Informationswert – speziell im Hinblick auf die Interessen einer zentraleuropäischen Leserschaft – besonders hoch war und die einander durch komplementäre Schwerpunktsetzungen wechselseitig beleuchteten. Tatsächlich stellte sich bei sorgfältiger Durchsicht der »Antworten auf Sarkozy« heraus, dass die Mehrzahl der AutorInnen bemüht war, zwischen emotionaler Betroffenheit und sachlicher Konfrontation einen Ausgleich zu finden. Nach Diskussionen entschieden sich die Herausgeber des vorliegenden Bandes für die Bevorzugung jener Texte, die auf den hochtrabenden Ethnozentrismus der Sarkozy-Rede mit besonders durchdachter und fundierter Kritik reagieren.

Angesichts der stilistischen Besonderheiten der Rede von Dakar muss schon das Bemühen um Sachlichkeit in den afrikanischen Beiträgen als Verdienst anerkannt werden. Denn es war zunächst der archaische Duktus, der bei den Rezipienten der Rede des Präsidenten Erstaunen und Betroffenheit weckte. Sarkozy kam mit bestimmten politischen Absichten nach Dakar, in einer bestimmten europolitischen Konstellation, in der dem Projekt einer *Union méditerranéenne* ein gewisser Aktualitätswert zukam. Darüber hinaus lag es im Interesse des französischen Präsidenten, bei seinen Zuhörern Verständnis für diverse Zuspitzungen der französischen Afrikapolitik im Zusammenhang mit den Krisen in Ruanda, im Kongo und im Tschad zu suchen. Der Redner hätte also jedes

Interesse gehabt, auf seine ZuhörerInnen einzugehen und ihre nicht zuletzt auf der Kolonialgeschichte beruhenden Sensibilitäten zu berücksichtigen. Tatsächlich aber steht die ganze Rede im Zeichen eines Diskurses, der den Sprecher als Künder eines Zivilisationsprojektes ohne glaubhafte Distanzierung vom kolonialen Erbe präsentiert – und zwar mit einem Einsatz von rhetorischen Orgeltönen, der direkt auf das 19. Jahrhundert und die französische Landnahme in Afrika verweist. 1879 hatte Victor Hugo anlässlich eines Banketts, das an die Abschaffung der Sklaverei erinnern sollte, in Anwesenheit von Victor Schœlcher[5] die Kolonisierung Afrikas als Wohltat seitens der europäischen Großmächte gepriesen:

> Lasst eure überschüssige Kraft in dieses Afrika strömen und löst so mit einem Schlag eure Sozialprobleme, indem ihr aus euren Proletariern Besitzende macht. Geht hin, seid aktiv! Baut Straßen, baut Häfen, baut Städte, lasst wachsen, bringt hervor, kolonisiert, vermehret euch, damit auf diesen Ländereien, die mehr und mehr von Priestern und Fürsten befreit werden, der Geist Gottes durch den Frieden herrsche und der Geist der Menschen durch die Freiheit.[6]

Genau dieses Pathos der zivilisatorischen Mission Europas und Frankreichs findet sich bei Nicolas Sarkozy wieder, wenn er die Jugend Afrikas allein für die Erlösung des Kontinents als zuständig erklärt und zugleich betont, dass es ohne französische Unterstützung nicht gehen werde:

> Ihr jungen Afrikaner, die Renaissance, die Afrika braucht, könnt nur ihr verwirklichen, denn nur ihr werdet dazu die Kraft haben. Diese Renaissance bin ich gekommen euch vorzuschlagen. Ich bin gekommen, sie euch vorzuschlagen, damit wir sie gemeinsam verwirklichen, denn von Afrikas Renaissance hängen zu einem entscheidenden Teil die Renaissance Europas und die Renaissance der Welt ab.

5 Der Elsässer Victor Schœlcher (1804–1893) war ein Politiker und Kämpfer für die Freiheit der Sklaven in den französischen Kolonien.

6 Hugo, Victor, 1880–1926, »Discours sur l'Afrique«, *Actes et paroles IV. Depuis l'exil – 1879*, Paris, Hetzel, 128 (Übers. von Fritz Peter Kirsch).

Hugo ist ein markantes Beispiel für ein zivilisatorisches Sendungsbewusstsein, dessen Entwicklung bis auf das Jahrhundert der französischen Klassik zurückgeht, bei zahlreichen Schriftstellern vom 17. bis zum 20. Jahrhundert nachgewiesen werden kann[7] und sich auch immer wieder im Diskurs der Politiker wiederfindet. Eine der Schnittstellen findet sich bei dem Geografen Onésime Reclus, der schon vor hundert Jahren den Terminus der Frankophonie kreierte, um damit die Idee der kulturellen und zugleich kolonisatorischen Expansion Frankreichs voranzutreiben. *Lâchons l'Asie, prenons l'Afrique: Où renaître? et comment durer?*[8], so der Titel eines von Reclus' Büchern, erschienen 1904. Genau dieser heroische Elan der Zivilisationsbringer beflügelt die Rede Sarkozys, die zugleich vorgibt, sich für den Aufbau einer gemeinsamen Zukunft Afrikas und Europas einzusetzen. Die Partnerschaft aber bleibt Lippenbekenntnis, wenn ständig der »alte« Diskurs dazwischenfunkt und den Südkontinent als hinterwäldlerische Spielwiese für eine von Frankreich und Europa organisierte Modernisierung präsentiert. Die traditionelle Rhetorik des Monopols der Universalität, wie sie sich über weite Strecken in der Kulturgeschichte Frankreichs manifestiert, tritt in Sarkozys Rede mit einer Direktheit zutage, wie man sie in Zeiten zumindest verbaler Political Correctness sonst kaum noch findet. Alte Argumente mit alten Stilmitteln aufgeputzt – der Leser fühlt sich in Formationsperioden des zentralistischen Herrschaftsdiskurses, die er meinte nur noch als historische betrachten zu dürfen, zurückversetzt. Dabei sind die Leerstellen, das Ungesagte (etwa die aktuelle Rolle Frankreichs und der Europäischen Union in Afrika betreffend) mindestens ebenso bedeutungsvoll wie das von Sarkozy Geäußerte. Dass eine solche Rede beansprucht, die Weichen für die Zukunft zweier Kontinente von heute zu stellen, kann schockierend wirken. Die Verzerrungen, Widersprüche und Zumutungen, an denen diese Rede so reich ist, mussten aufs Korn genommen und in präziser

7 Vgl. Kirsch, Fritz Peter, 2000, *Epochen des französischen Romans*, Wien, WUV.

8 Lassen wir Asien fahren, nehmen wir Afrika: Wo sollen wir wiedererstehen? Wie Bestand haben? (Übers. von Fritz Peter Kirsch)

Analyse bloßgestellt werden, wäre doch schweigendes Übergehen in diesem Fall nur allzu leicht als Hinnahme und Akzeptanz deutbar gewesen.

Daher ist es nicht weiter erstaunlich, wenn alle in diesem Band vereinten Beiträge zunächst in mehr oder weniger ausführlichen Analysen auf die Rede von Dakar eingehen. Bemerkenswert und motivierend erschien dem Wiener Team hingegen der Umstand, dass die Texte durchwegs weit über die kritische Beleuchtung von Sarkozys Darbietung hinausgehen und Perspektiven eröffnen, welche die Gesamtheit der einstigen und aktuellen Probleme zwischen Afrika und Europa bzw. dem »Westen« erfassen. Im Vorwort zu den »Antworten« stellt der Herausgeber Makhily Gassama[9] – auf den Vorwurf des »ewigen Nachbetens« der Vergangenheit eingehend – fest:

> Es ist wichtig, die Vergangenheit »nachzubeten«, da wir den Anspruch erheben, unser Schicksal zu meistern, die Gegenwart zu lenken und die Zukunft zu bauen, sind doch die Vorboten einer Rekolonisierung Afrikas in unseren heutigen Beziehungen zu Europa manifest. Das immer schnellere Voranschreiten der Welt macht diesen Einsatz erforderlich. Unsere Lage zwingt uns dazu, sind wir doch rückständige Gesellschaften, traumatisiert durch das Verhalten unserer Regierenden und das Scheitern der von ihnen während bald fünf Jahrzehnten praktizierten Politik. Auch die Hellsicht und Ungeduld der jungen Generation lassen uns keine Wahl, ebenso wie die Gefahren, welche die Globalisierung für unsere brüchigen Volkswirtschaften bereithält.[10]

Mit einem solchen Auftakt ist das Signal des Übergangs vom Besonderen zum Allgemeinen, das sich in allen Beiträgen wiederfindet, bereits in aller Deutlichkeit gegeben. Ein erster Rundumschlag gegen europäische Vorurteile erfolgt in dem Aufsatz

9 Angesichts der interkulturellen Probleme, welche dieses Buch aufwirft, schien es den Herausgebern unerlässlich, selbst, also als EuropäerInnen, in einer Einleitung Farbe zu bekennen. Daher wurde auf eine Übersetzung des Vorworts von Makhily Gassama verzichtet.

10 Vgl. Gassama, Makhily (Hg.), 2008, *L'Afrique répond à Sarkozy,* Paris, Philippe Rey, 15.

von Achille Mbembe, wo sogar ein Michel Leiris oder ein Pablo Picasso zu Objekten der Kritik werden. Bei Zohra Bouchentouf-Siagh öffnet sich die Diskursanalyse der Sarkozy-Rede zum Nachweis einer Geschichtsfälschung, die durch Ignoranz und Konformismus allein nicht zu erklären ist, sondern aus demagogischen, in der Geschichte mit tragischen Folgen erprobten Ideologien hervorzugehen scheint. Klarstellungen, wie sie z. B. Herbert Marcuse in diesem Zusammenhang vorgenommen hat, haben offenbar bei manchen Politikern der Gegenwart wenig gefruchtet. Festgestellt wird auch ein fahrlässiger Umgang des Redners mit Quellen, etwa den Werken von Albert Memmi und Léopold Sédar Senghor.

Mwatha Musanji Ngalasso konzentriert sich ebenfalls zunächst auf die Rede, die er besonders gründlich aus der Sicht des Linguisten untersucht, um alsbald das Problem der *langue de bois* aufzuwerfen und der »hölzernen« Sprache der Diktaturen in den exkommunistischen Ländern[11] die »Kautschuksprache« Sarkozys gegenüberzustellen. Von hier aus kann der Autor ein europäisches Afrikabild als rein ideologische Konstruktion im Dienste neokolonialistischer Tendenzen in der Gegenwart offenlegen.

Im Zusammenhang mit dem genannten Afrikabild schlägt Odile Tobner eine argumentative Brücke von Sarkozys Rede zu diversen Äußerungen der anderen Präsidenten der Fünften Republik: de Gaulle, Pompidou, Giscard d'Estaing, Mitterrand und Chirac. Demba Moussa Dembélé eröffnet geradezu planetarische Perspektiven, wenn er die politischen, wirtschaftlichen und soziokulturellen Beziehungen zwischen den Ländern südlich der Sahara, der Europäischen Union und dem Gesamtbereich der industrialisierten Länder beleuchtet. Aus der Sicht des Politikwissenschaftlers zieht Mahamadou Siribié eine Bilanz hinsichtlich der Position Afrikas im Rahmen der Globalisierung und des Afrika gegenüber nicht immer fairen Spiels der internationalen Organisationen.

11 Vgl. Wodak, Ruth/Kirsch, Fritz Peter (Hg.), 1995, *Totalitäre Sprache – Langue de bois – Language of Dictatorship*, Akten des Internationalen Kolloquiums Wien 15.–17. Oktober, Wien, Passagen.

Umfassenden Zusammenhängen kulturpolitischer Art gilt der Beitrag von Lye Yoka über die Frankophonie, in der Sicht des offiziellen Frankreich ein interkontinentales Projekt, das auf geschwisterliche Zusammenarbeit im Geiste des französischen Zivilisationsideals wie auch auf die Abwehr anglo-amerikanischer Kulturimperialismen abzielt, für nicht wenige Afrikaner aber ein Hemmnis für autonome Entfaltung und geradezu ein Fluch.[12]

Mit den Beiträgen von Sall und Obenga treten kulturanthropologische Themen in den Vordergrund. Sall skizziert die Problematik des französischen Konzepts der Universalität, wobei auch ein Blick auf die unitaristische Überlagerung innerfranzösischer Vielfalt durch die Zentralisierung geworfen wird. Obenga liefert eine sehr breit angelegte (von den Herausgebern dieses Bandes leicht gekürzte) Darstellung der Diskussion rund um die Thesen von Cheikh Anta Diop, legt aber das Hauptgewicht auf die ethnozentrischen Voraussetzungen, welche tief in der Kulturgeschichte Europas wurzeln und heute für eine entspannte Auseinandersetzung mit dem Gedankengut des bedeutenden Gelehrten, dessen Namen die Universität Dakar trägt und der in Sarkozys Rede nicht vorkommt, ein Hindernis darstellen.

Die letzten beiden Beiträge thematisieren die psychologische Konditionierung der AfrikanerInnen in Vergangenheit und Gegenwart durch explizite wie auch implizite Schuldzuweisungen, die »der Westen« einst und jetzt (in der Rede Sarkozys) an die Kolonisierten richtet. Djibril Tamsir Niane erklärt, warum sich Afrika aus europäischer Sicht an seinem eigenen Unglück schuldig fühlen soll, und Kettly Mars bestätigt diese Diagnose durch die Darstellung der traumatisierenden Wirkung von Sklavenwirtschaft und Kolonialismus. Letzten Endes lässt sich sogar ein Verdienst Sarkozys ausmachen: jenes, das in der emanzipatorischen Mobilisierung der von dem französischen Präsidenten belehrten und beleidigten Jugend Afrikas besteht.

12 Vgl. Kom, Ambroise, 2000, *La malédiction francophone. Défis culturels et condition postcoloniale en Afrique*, Yaounde/Hamburg, Cle/Lit Verlag.

Über den »Kontinent der Kolonisatoren« und seine »Geburt aus dem Geist der Gewalt« haben Europäer immer wieder nachgedacht.[13] Aber mehrere Beiträge zu den »Antworten auf Sarkozy« scheinen die von solcher Selbstkritik gesteckten Grenzen zu überschreiten, indem sie den großen Hegel oder den großen Voltaire nicht als Menschheitsphilosophen sehen, sondern ihre Gebundenheit an Eurozentrik und sogar Rassismus betonen, und dies noch dazu auf Distanz, mitunter ohne Bemühung um respektvoll-exaktes Zitieren und sorgfältiges Eingehen auf alle »wirklich wichtigen« Gedanken der Genies. Derlei kann wie eine kalte Dusche auf das Gemüt von romanistischen KulturwissenschaftlerInnen wirken, auch wenn sie sich selbst als weltoffen empfinden. Unsereiner ist es gewohnt, historische Relativierungen vorzunehmen und das Positive zu sehen, etwa wenn ein Leo Frobenius die Afrikaner vom Makel der Primitivität befreien will oder ein Senghor die gefühlsstarke Poesie afrikanischer Kultur als Komplement europäischer Rationalität feiert. Aber die Bereitschaft zu Verständnis und Nachsicht gerät an ihre Grenzen, wenn sich die virulentesten Kolonialmythen als so lebenskräftig erweisen, dass die Rede eines französischen Staatspräsidenten Anfang des 21. Jahrhunderts bis zum Rand von ihnen erfüllt ist. Das Buch ist wichtig, weil aus ihm Undankbarkeit spricht, die jegliche Zöglingsrolle ablehnt.

Vielleicht erwarten europäische LeserInnen immer noch, dass AfrikanerInnen entweder brav sind oder impulsiv-unüberlegt protestieren. Die LiteraturwissenschaftlerInnen haben immerhin den Vorteil, die Entfaltung der argumentativen Kraft der afrikanischen Literaturen und die geistige Autonomisierung des Kontinents aus der Nähe beobachten zu dürfen. Bei allen strittigen Detailfragen, die sich aus den Forschungen des Cheikh Anta Diop über das alte Ägypten und seine transsaharische Dimension ergeben mögen –

13 Vgl. z.B. Riesz, János, 1983, »Zehn Thesen zum Verhältnis von Kolonialismus und Literatur«, in: Wolfgang Bader/János Riesz (Hg.), *Literatur und Kolonialismus. Die Verarbeitung der kolonialen Expansion in der europäischen Literatur*, Frankfurt am Main, Lang, 9–26; Bartlett, Robert, 1998, *Die Geburt Europas aus dem Geist der Gewalt. Eroberung, Kolonisation und kultureller Wandel von 950 bis 1350*. München, Knaur TB.

das Bild des afrikanischen Beitrags zur Menschheitskultur hat sich durch diesen Ansatz zweifellos verändert. Es gibt afrikanische Philosophie, Soziologie, Kulturwissenschaft und Umweltforschung, und sie sind nicht einfach Ableger der europäischen Modelle. Das ist eine der wichtigsten Botschaften des vorliegenden Buches. Ist es übertrieben, epochenbedingte Irrwege des europäischen Denkens so massiv herauszustellen? Mittlerweile gibt es auch in Frankreich viele WissenschaftlerInnen, die postkoloniale Studien ohne Eurozentrik betreiben. Allerdings ist auch festzuhalten, dass noch im 20. Jahrhundert französische Intellektuelle Europa mit äußerst emotional vorgetragenen Argumenten gegen seine postkolonialen Kritiker in Schutz nehmen, wobei der polemische Impetus gegen die einheimischen »Linken« gerichtet ist, aber zugleich alle »undankbaren« Ex-Kolonisierten mit trifft. In einem in den 1980er Jahren publizierten Essay sah der französische Philosoph Pascal Bruckner die Sünden Europas, machte aber gerade diese Sünden zur Grundlage eines zivilisatorischen Höhenfluges, demzufolge der Kontinent der Kolonisatoren das Universalmodell schlechthin darstellt, dem alle Drittweltländer nacheifern, sofern sie nicht in purer Barbarei versinken.

> Die Stärke Europas liegt in einem Paradox von extremer Ausprägung: Europa hat alles erfunden, die Unterdrückung ebenso wie die Demokratie, die Barbarei ebenso wie die Heiligkeit. Der Zusammenbruch des Feudalstaates hat den Staat auf rationaler Grundlage hervorgebracht, die monarchische Willkür hat die Demokratie gezeugt, aus dem mittelalterlichen Absolutismus erwuchs der Relativismus der Welt der Renaissance, aus der Zwangsherrschaft der Kirche die Gewissensfreiheit, aus den nationalen Gegensätzen der Gedanke einer internationalen Gemeinschaft. Gleich einem Kerkermeister, der einen ins Gefängnis wirft und einem gleichzeitig den Zellenschlüssel zusteckt, brachte der Westen zugleich den Despotismus und die Freiheit in die Welt.[14]

14 Bruckner, Pascal, 1983, *Le Sanglot de l'homme blanc. Tiers-monde, culpabilité, haine de soi*, Paris, Seuil, 264 (Übers. von Fritz Peter Kirsch). Die deutschsprachige Ausgabe erschien 1984 in Berlin unter dem Titel *Das Schluchzen des weißen Mannes. Europa und die Dritte Welt – eine Polemik.*

Nicht anders argumentieren Sarkozy und Guaino. Und zwar nicht mit den Mitteln einer diffusen Eurozentrik, wie sie dem gelernten Europäer immer wieder in seinem Medienalltag begegnet, sondern als geballte Ladung. Die extreme Konzentration und direkte Zurschaustellung alter Stereotypen rund um das »Wesen« Afrikas sind es, welche dieser Rede den Charakter eines Schlages ins Gesicht verleihen, und dies in einer Zeit, in der diplomatische Vorsicht, Verhandlungsbereitschaft und das Bemühen um Respektierung des Gegenübers zu jenen Tugenden gehören, durch die sich die Länder des Westens – zumindest ihrem Selbstverständnis nach – in internationalen Kontakten und Konflikten auszeichnen. Aus diesem Rahmen fällt Sarkozy mit seiner groben, archaischen Ideologien nachhängenden Rede und löst damit Reaktionen aus, in denen viel Aufgestautes in Bewegung kommt, nicht in Form eines Wildbaches, der über alle Grenzen hinwegschießt, sondern als strukturierte Entfaltung von Argumenten, allerdings ohne Rücksicht und Vorsicht bei der Auswahl derselben. Im Unterschied zu den Staatschefs Afrikas, die beim Umgang mit Sarkozys Rede jedes Wort auf die Goldwaage legten, gibt es für die Intellektuellen nicht staatspolitische, wohl aber spezielle Risiken, die je nach der Situation und Position des Betroffenen hoch sein können. Trotzdem hatten in den vorliegenden Texten die Gebote der Selbstachtung offensichtlich Vorrang.

Eine weitere Konstante in diesen Texten stellt der Aufruf zu panafrikanischer Solidarität dar. Im Lichte dieser vielfältigen und fundierten Diskussionsbeiträge namhafter afrikanischer WissenschaftlerInnen und Kulturschaffender kann die Rede von Dakar nicht im Sinne Sarkozys als heilsame Provokation an die Adresse eines Afrika im Dornröschenschlaf, das durch hartes Argumentieren geweckt werden soll, rezipiert werden, wohl aber als Anstoß zu intensiverer Bewusstseinsbildung und Solidarisierung der Afrikaner angesichts einer französisch-westlichen Herausforderung. Dabei wird deutlich, dass diese Solidarisierung keineswegs dazu führen soll, dass die Vergangenheit unter den Teppich gekehrt wird. Sie soll, ganz im Gegenteil, dazu animieren, die Vergewärtigung aller Aspekte der europäisch-afrikanischen Geschichte als Prophylaxe oder sogar als Heilmittel einzusetzen. Es ist sicher wichtig, die heute vorherrschende Praxis der Entwicklungshilfe in Frage zu stellen, wie dies in neueren Publikationen aus europäischer Sicht geschieht.[15] Aber ebenso bedeutsam ist wohl eine Aufarbeitung der Geschichte, welche die afrikanischen Zugänge und Betrachtungsweisen konsequent und ohne Herablassung respektiert. Welchen Beitrag westliche Spitzenpolitiker mit ihren Interventionen zu einer Entwicklung zum Besseren leisten könnten, lässt sich angesichts der von Barack Obama am 11. Juli 2009 in der ghanesischen Hauptstadt Accra gehaltenen Rede ermessen. Der rhetorische Kontrast zwischen den beiden Präsidenten könnte größer kaum sein. Doch das Wohlwollen, das dem US-amerikanischen entgegengebracht wurde, und die Kritik, die dem französischen entgegenschlug, versinnbildlichen wohl auch den machtpolitischen und kulturellen Bedeutungsverlust, den Frankreich in der jüngsten Vergangenheit auf dem afrikanischen Kontinent hinnehmen musste – auch (aber nicht nur) zugunsten der USA.

Für nicht wenige EuropäerInnen mag sich aus den im vorliegenden Band versammelten Texten ein ungewohntes Bild der eigenen Kultur, der eigenen Geschichte und, wenn man so will, der eigenen Identität ergeben. Natürlich sind die alten Ausflüchte jederzeit zur Beschwichtigung des gewissen Unbehagens einsetzbar – Hegel oder Voltaire können mitsamt den rassistischen Passagen in ihren Werken durch Verortung im historischen Kontext auf Distanz gehalten werden. Aber wenn eine Infragestellung der scheinbaren Normalität und Selbstgewissheit Europas so intensiv und radikal ausfällt wie in diesen Antworten auf Sarkozy und auf so vieles, das er repräsentieren will, ist Nachdenklichkeit und ein Blick mit

15 Vgl. Volker Seitz, 2009, *Afrika wird armregiert oder wie man Afrika wirklich helfen kann*, München, Deutscher Taschenbuchverlag. In diesem Erfahrungsbericht eines deutschen Ex-Botschafters in Kamerun werden die afrikanischen Miseren weitgehend durch Korruption und schlechte Regierungen erklärt. Die nachhaltigen Schäden durch den Kolonialismus hingegen werden als weniger relevant betrachtet. In den »Antworten auf Sarkozy« klingt das ganz anders, so dass die vorliegenden Übersetzungen ins Deutsche als ein Diskussionsbeitrag zu einem kontroversen europäischen Thema von Aktualität betrachtet werden können.

anderen Augen auf das Eigene ein Gebot der Stunde. Als eine Antwort auf diesen Anspruch ist dieses Buch entstanden.

Herzlich gedankt für materielle Unterstützung beim Zustandekommen des vorliegendes Buches sei dem Dekanat der Philologisch-kulturwissenschaftlichen Fakultät der Universität Wien, dem Institut für Romanistik und der Magistratsabteilung Kultur der Stadt Wien sowie für redaktionelle Unterstützung Herrn Dr. Gerald Hödl vom Institut für Afrikawissenschaften der Universität Wien.

Fritz Peter Kirsch

Discours de M. Nicolas Sarkozy, Président de la République Française

Université de Dakar – Sénégal
Jeudi 26 juillet 2007

Mesdames et Messieurs,

Permettez-moi de remercier d'abord le gouvernement et le peuple sénégalais de leur accueil si chaleureux.

Permettez-moi de remercier l'université de Dakar qui me permet pour la première fois de m'adresser à l'élite de la jeunesse africaine en tant que Président de la République française.

Je suis venu vous parler avec la franchise et la sincérité que l'on doit à des amis que l'on aime et que l'on respecte. J'aime l'Afrique, je respecte et j'aime les Africains.

Entre le Sénégal et la France, l'histoire a tissé les liens d'une amitié que nul ne peut défaire. Cette amitié est forte et sincère. C'est pour cela que j'ai souhaité adresser, de Dakar, le salut fraternel de la France à l'Afrique toute entière.

Je veux, ce soir, m'adresser à tous les Africains qui sont si différents les uns des autres, qui n'ont pas la même langue, qui n'ont pas la même religion, qui n'ont pas les mêmes coutumes, qui n'ont pas la même culture, qui n'ont pas la même histoire et qui pourtant se reconnaissent les uns les autres comme des Africains. Là réside le premier mystère de l'Afrique.

Oui, je veux m'adresser à tous les habitants de ce continent meurtri, et, en particulier, aux jeunes, à vous qui vous êtes tant battus les uns contre les autres et souvent tant haïs, qui parfois vous combattez et vous haïssez encore mais qui pourtant vous reconnaissez comme frères, frères dans la souffrance, frères dans l'humiliation, frères dans la révolte, frères dans l'espérance, frères dans le sentiment que vous éprouvez d'une destinée commune, frères à travers cette foi mystérieuse qui vous rattache à la terre africaine, foi qui se transmet de génération en génération et que l'exil lui-même ne peut effacer.

Je ne suis pas venu, jeunes d'Afrique, pour pleurer avec vous sur les malheurs de l'Afrique. Car l'Afrique n'a pas besoin de mes pleurs.

Je ne suis pas venu, jeunes d'Afrique, pour m'apitoyer sur votre sort parce que votre sort est d'abord entre vos mains. Que feriez-vous, fière jeunesse africaine de ma pitié?

Je ne suis pas venu effacer le passé car le passé ne s'efface pas.

Je ne suis pas venu nier les fautes ni les crimes car il y a eu des fautes et il y a eu des crimes.

Il y a eu la traite négrière, il y a eu l'esclavage, les hommes, les femmes, les enfants achetés et vendus comme des marchandises. Et ce crime ne fut pas seulement un crime contre les Africains, ce fut un crime contre l'homme, ce fut un crime contre l'humanité toute entière.

Et l'homme noir qui éternellement »*entend de la cale monter les malédictions enchaînées, les hoquettements des mourants, le bruit de l'un d'entre eux qu'on jette à la mer*«. Cet homme noir qui ne peut s'empêcher de se répéter sans fin »*Et ce pays cria pendant des siècles que nous sommes des bêtes brutes*«. Cet homme noir, je veux le dire ici à Dakar, a le visage de tous les hommes du monde.

Cette souffrance de l'homme noir, je ne parle pas de l'homme au sens du sexe, je parle de l'homme au sens de l'être humain et bien sûr de la femme et de l'homme dans son acceptation générale. Cette souffrance de l'homme noir, c'est la souffrance de tous les hommes. Cette blessure ouverte dans l'âme de l'homme noir est une blessure ouverte dans l'âme de tous les hommes.

Mais nul ne peut demander aux générations d'aujourd'hui d'expier ce crime perpétré par les générations passées. Nul ne peut demander aux fils de se repentir des fautes de leurs pères.

Jeunes d'Afrique, je ne suis pas venu vous parler de repentance. Je suis venu vous dire que je ressens la traite et l'esclavage comme des crimes envers l'humanité. Je suis venu vous dire que votre déchirure et votre souffrance sont les nôtres et sont donc les miennes.

Je suis venu vous proposer de regarder ensemble, Africains et Français, au-delà de cette déchirure et au-delà de cette souffrance.

Je suis venu vous proposer, jeunes d'Afrique, non d'oublier cette déchirure et cette souffrance qui ne peuvent pas être oubliées, mais de les dépasser.

Je suis venu vous proposer, jeunes d'Afrique, non de ressasser ensemble le passé mais d'en tirer ensemble les leçons afin de regarder ensemble l'avenir. Je suis venu, jeunes d'Afrique, regarder en face avec vous notre histoire commune.

L'Afrique a sa part de responsabilité dans son propre malheur. On s'est entretué en Afrique au moins autant qu'en Europe. Mais il est vrai que jadis, les Européens sont venus en Afrique en conquérants. Ils ont pris la terre de vos ancêtres. Ils ont banni les dieux, les langues, les croyances, les coutumes de vos pères. Ils ont dit à vos pères ce qu'ils devaient penser, ce qu'ils devaient croire, ce qu'ils devaient faire. Ils ont coupé vos pères de leur passé, ils leur ont arraché leur âme et leurs racines. Ils ont désenchanté l'Afrique.

Ils ont eu tort.

Ils n'ont pas vu la profondeur et la richesse de l'âme africaine. Ils ont cru qu'ils étaient supérieurs, qu'ils étaient plus avancés, qu'ils étaient le progrès, qu'ils étaient la civilisation.

Ils ont eu tort.

Ils ont voulu convertir l'homme africain, ils ont voulu le façonner à leur image, ils ont cru qu'ils avaient tous les droits, ils ont cru qu'ils étaient tout puissants, plus puissants que les dieux de l'Afrique, plus puissants que l'âme africaine, plus puissants que les liens sacrés que les hommes avaient tissés patiemment pendant des millénaires avec le ciel et la terre d'Afrique, plus puissants que les mystères qui venaient du fond des âges.

Ils ont eu tort.

Ils ont abîmé un art de vivre. Ils ont abîmé un imaginaire merveilleux. Ils ont abîmé une sagesse ancestrale.

Ils ont eu tort.

Ils ont créé une angoisse, un mal de vivre. Ils ont nourri la haine. Ils ont rendu plus difficile l'ouverture aux autres, l'échange, le partage parce que pour s'ouvrir, pour échanger, pour partager, il faut être assuré de son identité, de ses valeurs, de ses convictions. Face au colonisateur, le colonisé avait fini par ne plus avoir confiance en lui, par ne plus savoir qui il était, par se laisser gagner par la peur de l'autre, par la crainte de l'avenir.

Le colonisateur est venu, il a pris, il s'est servi, il a exploité, il a pillé des ressources, des richesses qui ne lui appartenaient pas. Il a dépouillé le colonisé de sa personnalité, de sa liberté, de sa terre, du fruit de son travail.

Il a pris mais je veux dire avec respect qu'il a aussi donné. Il a construit des ponts, des routes, des hôpitaux, des dispensaires, des écoles. Il a rendu féconde des terres vierges, il a donné sa peine, son travail, son savoir. Je veux le dire ici, tous les colons n'étaient pas des voleurs, tous les colons n'étaient pas des exploiteurs.

Il y avait parmi eux des hommes mauvais mais il y avait aussi des hommes de bonne volonté, des hommes qui croyaient remplir une mission civilisatrice, des hommes qui croyaient faire le bien. Ils se trompaient mais certains étaient sincères. Ils croyaient donner la liberté, ils créaient l'aliénation. Ils croyaient briser les chaînes de l'obscurantisme, de la superstition, de la servitude. Ils forgeaient des chaînes bien plus lourdes, ils imposaient une servitude plus pesante, car c'étaient les esprits, c'étaient les âmes qui étaient asservis. Ils croyaient donner l'amour sans voir qu'ils semaient la révolte et la haine.

La colonisation n'est pas responsable de toutes les difficultés actuelles de l'Afrique. Elle n'est pas responsable des guerres sanglantes que se font les Africains entre eux. Elle n'est pas responsable des génocides. Elle n'est pas responsable des dictateurs. Elle n'est pas responsable du fanatisme. Elle n'est pas responsable de la corruption, de la prévarication. Elle n'est pas responsable des gaspillages et de la pollution.

Mais la colonisation fut une grande faute qui fut payée par l'amertume et la souffrance de ceux qui avaient cru tout donner et qui ne comprenaient pas pourquoi on leur en voulait autant.

La colonisation fut une grande faute qui détruisit chez le colonisé l'estime de soi et fit naître dans son cœur cette haine de soi qui débouche toujours sur la haine des autres.

La colonisation fut une grande faute mais de cette grande faute est né l'embryon d'une destinée commune. Et cette idée me tient particulièrement à cœur.

La colonisation fut une faute qui a changé le destin de l'Europe et le destin de l'Afrique et qui les a mêlés. Et ce destin commun a été scellé par le sang des Africains qui sont venus mourir dans les guerres européennes.

Et la France n'oublie pas ce sang africain versé pour sa liberté.

Nul ne peut faire comme si rien n'était arrivé.

Nul ne peut faire comme si cette faute n'avait pas été commise.

Nul ne peut faire comme si cette histoire n'avait pas eu lieu.

Pour le meilleur comme pour le pire, la colonisation a transformé l'homme africain et l'homme européen.

Jeunes d'Afrique, vous êtes les héritiers des plus vieilles traditions africaines et vous êtes les héritiers de tout ce que l'Occident a déposé dans le cœur et dans l'âme de l'Afrique.

Jeunes d'Afrique, la civilisation européenne a eu tort de se croire supérieure à celle de vos ancêtres, mais désormais la civilisation européenne vous appartient aussi.

Jeunes d'Afrique, ne cédez pas à la tentation de la pureté parce qu'elle est une maladie, une maladie de l'intelligence, et qui est ce qu'il y a de plus dangereux au monde.

Jeunes d'Afrique, ne vous coupez pas de ce qui vous enrichit, ne vous amputez pas d'une part de vous-même. La pureté est un enfermement, la pureté est une intolérance. La pureté est un fantasme qui conduit au fanatisme.

Je veux vous dire, jeunes d'Afrique, que le drame de l'Afrique n'est pas dans une prétendue infériorité de son art, sa pensée, de sa culture. Car, pour ce qui est de l'art, de la pensée et de la culture, c'est l'Occident qui s'est mis à l'école de l'Afrique.

L'art moderne doit presque tout à l'Afrique. L'influence de l'Afrique a contribué à changer non seulement l'idée de la beauté, non seulement le sens du rythme, de la musique, de la danse, mais même dit Senghor, la manière de marcher ou de rire du monde du XXème siècle.

Je veux donc dire, à la jeunesse d'Afrique, que le drame de l'Afrique ne vient pas de ce que l'âme africaine serait imperméable à la logique et à la raison. Car l'homme africain est aussi logique et raisonnable que l'homme européen.

C'est en puisant dans l'imaginaire africain que vous ont légué vos ancêtres, c'est en puisant dans les contes, dans les proverbes, dans les mythologies, dans les rites, dans ces formes qui, depuis l'aube des temps, se transmettent et s'enrichissent de génération en génération que vous trouverez l'imagination et la force de vous inventer un avenir qui vous soit propre, un avenir singulier qui ne ressemblera à aucun autre, où vous vous sentirez enfin libres, libres, jeunes d'Afrique d'être vous-mêmes, libre de décider par vous-mêmes.

Je suis venu vous dire que vous n'avez pas à avoir honte des valeurs de la civilisation africaine, qu'elles ne vous tirent pas vers le bas mais vers le haut, qu'elles sont un antidote au matérialisme et à l'individualisme qui asservissent l'homme moderne, qu'elles sont le plus précieux des héritages face à la déshumanisation et à l'aplatissement du monde.

Je suis venu vous dire que l'homme moderne qui éprouve le besoin de se réconcilier avec la nature a beaucoup à apprendre de l'homme africain qui vit en symbiose avec la nature depuis des millénaires.

Je suis venu vous dire que cette déchirure entre ces deux parts de vous-mêmes est votre plus grande force, et votre plus grande faiblesse selon que vous vous efforcerez ou non d'en faire la synthèse.

Mais je suis aussi venu vous dire qu'il y a en vous, jeunes d'Afrique, deux héritages, deux sagesses, deux traditions qui se sont longtemps combattues: celle de l'Afrique et celle de l'Europe.

Je suis venu vous dire que cette part africaine et cette part européenne de vous-mêmes forment votre identité déchirée.

Je ne suis pas venu, jeunes d'Afrique, vous donner des leçons.

Je ne suis pas venu vous faire la morale.

Mais je suis venu vous dire que la part d'Europe qui est en vous est le fruit d'un grand péché d'orgueil de l'Occident mais que cette part d'Europe en vous n'est pas indigne.

Car elle est l'appel de la liberté, de l'émancipation et de la justice et de l'égalité entre les femmes et les hommes.

Car elle est l'appel à la raison et à la conscience universelles.

Le drame de l'Afrique, c'est que l'homme africain n'est pas assez entré dans l'histoire. Le paysan africain, qui depuis des millénaires, vit avec les saisons, dont l'idéal de vie est d'être en harmonie avec la nature, ne connaît que l'éternel recommencement du temps rythmé par la répétition sans fin des mêmes gestes et des mêmes paroles.

Dans cet imaginaire où tout recommence toujours, il n'y a de place ni pour l'aventure humaine, ni pour l'idée de progrès.

Dans cet univers où la nature commande tout, l'homme échappe à l'angoisse de l'histoire qui tenaille l'homme moderne mais l'homme reste immobile au milieu d'un ordre immuable ou [sic] tout semble être écrit d'avance.

Jamais l'homme ne s'élance vers l'avenir. Jamais il ne lui vient à l'idée de sortir de la répétition pour s'inventer un destin.

Le problème de l'Afrique et permettez à un ami de l'Afrique de le dire, il est là. Le défi de l'Afrique, c'est d'entrer davantage dans l'histoire. C'est de puiser en elle l'énergie, la force, l'envie, la volonté d'écouter et d'épouser sa propre histoire.

Le problème de l'Afrique, c'est de cesser de toujours répéter, de toujours ressasser, de se libérer du mythe de l'éternel retour, c'est de prendre conscience que l'âge d'or qu'elle ne cesse de regretter, ne reviendra pas pour la raison qu'il n'a jamais existé.

Le problème de l'Afrique, c'est qu'elle vit trop le présent dans la nostalgie du paradis perdu de l'enfance.

Le problème de l'Afrique, c'est que trop souvent elle juge le présent par rapport à une pureté des origines totalement imaginaire et que personne ne peut espérer ressusciter.

Le problème de l'Afrique, ce n'est pas de s'inventer un passé plus ou moins mythique pour s'aider à supporter le présent mais de s'inventer un avenir avec des moyens qui lui soient propres.

Le problème de l'Afrique, ce n'est pas de se préparer au retour du malheur, comme si celui-ci devait indéfiniment se répéter, mais de vouloir se donner les moyens de conjurer le malheur, car l'Afrique a le droit au bonheur comme tous les autres continents du monde.

Le problème de l'Afrique, c'est de rester fidèle à elle-même sans rester immobile.

Le défi de l'Afrique, c'est d'apprendre à regarder son accession à l'universel non comme un reniement de ce qu'elle est mais comme un accomplissement.

Le défi de l'Afrique, c'est d'apprendre à se sentir l'héritière de tout ce qu'il y a d'universel dans toutes les civilisations humaines.

C'est de s'approprier les droits de l'homme, la démocratie, la liberté, l'égalité, la justice comme l'héritage commun de toutes les civilisations et de tous les hommes.

C'est de s'approprier la science et la technique modernes comme le produit de toute l'intelligence humaine.

Le défi de l'Afrique est celui de toutes les civilisations, de toutes les cultures, de tous les peuples qui veulent garder leur identité sans s'enfermer parce qu'ils savent que l'enfermement est mortel.

Les civilisations sont grandes à la mesure de leur participation au grand métissage de l'esprit humain.

La faiblesse de l'Afrique qui a connu sur son sol tant de civilisations brillantes, ce fut longtemps de ne pas participer assez à ce grand métissage. Elle a payé cher, l'Afrique, ce désengagement du monde qui l'a rendue si vulnérable. Mais, de ses malheurs, l'Afrique a tiré une force nouvelle en se métissant à son tour. Ce métissage, quelles que fussent les conditions douloureuses de son avènement, est la vraie force et la vraie chance de l'Afrique au moment où émerge la première civilisation mondiale.

La civilisation musulmane, la chrétienté, la colonisation, au-delà des crimes et des fautes qui furent commises en leur nom et qui ne sont pas excusables, ont ouvert les cœurs et les mentalités africaines à l'universel et à l'histoire.

Ne vous laissez pas, jeunes d'Afrique, voler votre avenir par ceux qui ne savent opposer à l'intolérance que l'intolérance, au racisme que le racisme.

Ne vous laissez pas, jeunes d'Afrique, voler votre avenir par ceux qui veulent vous exproprier d'une histoire qui vous appartient aussi parce qu'elle fut l'histoire douloureuse de vos parents, de vos grands-parents et de vos aïeux.

N'écoutez pas, jeunes d'Afrique, ceux qui veulent faire sortir l'Afrique de l'histoire au nom de la tradition parce qu'une Afrique ou [sic] plus rien ne changerait serait de nouveau condamnée à la servitude.

N'écoutez pas, jeunes d'Afrique, ceux qui veulent vous empêcher de prendre votre part dans l'aventure humaine, parce que sans vous, jeunes d'Afrique qui êtes la jeunesse du monde, l'aventure humaine sera moins belle.

N'écoutez pas jeunes d'Afrique, ceux qui veulent vous déraciner, vous priver de votre identité, faire table rase de tout ce qui est africain, de toute la mystique, la religiosité, la sensibilité, la mentalité africaine, parce que pour échanger il faut avoir quelque chose à donner, parce que pour parler aux autres, il faut avoir quelque chose à leur dire.

Ecoutez plutôt, jeunes d'Afrique, la grande voix du Président Senghor qui chercha toute sa vie à réconcilier les héritages et les cultures au croisement desquels les hasards et les tragédies de l'histoire avaient placé l'Afrique.

Il disait, lui l'enfant de Joal, qui avait été bercé par les rhapsodies des griots, il disait: »*nous sommes des métis culturels, et si nous sentons en nègres, nous nous exprimons en français, parce que le français est une langue à vocation universelle, que notre message s'adresse aussi aux Français et aux autres hommes*«.

Il disait aussi: »*le français nous a fait don de ses mots abstraits – si rares dans nos langues maternelles. Chez nous les mots sont naturellement nimbés d'un halo de sève et de sang; les mots du français eux rayonnent de mille feux, comme des diamants. Des fusées qui éclairent notre nuit*«.

Ainsi parlait Léopold Senghor qui fait honneur à tout ce que l'humanité comprend d'intelligence. Ce grand poète et ce grand Africain voulait que l'Afrique se mit à parler à toute l'humanité et lui écrivait en français des poèmes pour tous les hommes.

Ces poèmes étaient des chants qui parlaient, à tous les hommes, d'êtres fabuleux qui gardent des fontaines, chantent dans les rivières et qui se cachent dans les arbres.

Des poèmes qui leur faisaient entendre les voix des morts du village et des ancêtres.

Des poèmes qui faisaient traverser des forêts de symboles et remonter jusqu'aux sources de la mémoire ancestrale que chaque peuple garde au fond de sa conscience comme l'adulte garde au fond de la sienne le souvenir du bonheur de l'enfance.

Car chaque peuple a connu ce temps de l'éternel présent, où il cherchait non à dominer l'univers mais à vivre en harmonie avec l'univers. Temps de la sensation, de l'instinct, de l'intuition. Temps du mystère et de l'initiation. Temps mystique ou [sic] le sacré était partout, où tout était signes et correspondances. C'est le temps des magiciens, des sorciers et des chamanes. Le temps de la parole qui était grande, parce qu'elle se respecte et se répète de génération en génération, et transmet, de siècle en siècle, des légendes aussi anciennes que les dieux.

L'Afrique a fait se ressouvenir à tous les peuples de la terre qu'ils avaient partagé la même enfance. L'Afrique en a réveillé les joies simples, les bonheurs éphémères et ce besoin, ce besoin auquel je crois moi-même tant, ce besoin de croire plutôt que de comprendre, ce besoin de ressentir plutôt que de raisonner, ce besoin d'être en harmonie plutôt que d'être en conquête.

Ceux qui jugent la culture africaine arriérée, ceux qui tiennent les Africains pour de grands enfants, tous ceux-là ont oublié que la Grèce antique qui nous a tant appris sur l'usage de la raison avait aussi ses sorciers, ses devins, ses cultes à mystères, ses sociétés secrètes, ses bois sacrés et sa mythologie qui venait du fond des âges et dans laquelle nous puisons encore, aujourd'hui, un inestimable trésor de sagesse humaine.

L'Afrique qui a aussi ses grands poèmes dramatiques et ses légendes tragiques, en écoutant Sophocle, a entendu une voix plus familière qu'elle ne l'aurait crû et l'Occident a reconnu dans l'art africain des formes de beauté qui avaient jadis été les siennes et qu'il éprouvait le besoin de ressusciter.

Alors entendez, jeunes d'Afrique, combien Rimbaud est africain quand il met des couleurs sur les voyelles comme tes [sic] ancêtres en mettaient sur leurs masques, »*masque noir, masque rouge, masque blanc-et-noir*«.

Ouvrez les yeux, jeunes d'Afrique, et ne regardez plus, comme l'ont fait trop souvent vos aînés, la civilisation mondiale comme une menace pour votre identité mais la civilisation mondiale comme quelque chose qui vous appartient aussi.

Dès lors que vous reconnaîtrez dans la sagesse universelle une part de la sagesse que vous tenez de vos pères et que vous aurez la volonté de la faire fructifier, alors commencera ce que j'appelle de mes vœux, la Renaissance africaine.

Dès lors que vous proclamerez que l'homme africain n'est pas voué à un destin qui serait fatalement tragique et que, partout en Afrique, il ne saurait y avoir d'autre but que le bonheur, alors commencera la Renaissance africaine.

Dès lors que vous, jeunes d'Afrique, vous déclarerez qu'il ne saurait y avoir d'autres finalités pour une politique africaine que l'unité de l'Afrique et l'unité du genre humain, alors commencera la Renaissance africaine.

Dès lors que vous regarderez bien en face la réalité de l'Afrique et que vous la prendrez à bras le corps, alors commencera la Renaissance africaine. Car le problème de l'Afrique, c'est qu'elle est devenue un mythe que chacun reconstruit pour les besoins de sa cause.

Et ce mythe empêche de regarder en face la réalité de l'Afrique.

La réalité de l'Afrique, c'est une démographie trop forte pour une croissance économique trop faible. La réalité de l'Afrique, c'est encore trop de famine, trop de misère.

La réalité de l'Afrique, c'est la rareté qui suscite la violence.

La réalité de l'Afrique, c'est le développement qui ne va pas assez vite, c'est l'agriculture qui ne produit pas assez, c'est le manque de routes, c'est le manque d'écoles, c'est le manque d'hôpitaux.

La réalité de l'Afrique, c'est un grand gaspillage d'énergie, de courage, de talents, d'intelligence.

La réalité de l'Afrique, c'est celle d'un grand continent qui a tout pour réussir et qui ne réussit pas parce qu'il n'arrive pas à se libérer de ses mythes.

La Renaissance dont l'Afrique a besoin, vous seuls, Jeunes d'Afrique, vous pouvez l'accomplir parce que vous seuls en aurez la force.

Cette Renaissance, je suis venu vous la proposer. Je suis venu vous la proposer pour que nous l'accomplissions ensemble parce que de la Renaissance de l'Afrique dépend pour une large part la Renaissance de l'Europe et la Renaissance du monde.

Je sais l'envie de partir qu'éprouvent un si grand nombre d'entre vous confrontés aux difficultés de l'Afrique.

Je sais la tentation de l'exil qui pousse tant de jeunes Africains à aller chercher ailleurs ce qu'ils ne trouvent pas ici pour faire vivre leur famille.

Je sais ce qu'il faut de volonté, ce qu'il faut de courage pour tenter cette aventure, pour quitter sa patrie, la terre où l'on est né, où l'on a grandi, pour laisser derrière soi les lieux familiers où l'on a été heureux, l'amour d'une mère, d'un père ou d'un frère et cette solidarité, cette chaleur, cet esprit communautaire qui sont si forts en Afrique.

Je sais ce qu'il faut de force d'âme pour affronter le dépaysement, l'éloignement, la solitude.

Je sais ce que la plupart d'entre eux doivent affronter comme épreuves, comme difficultés, comme risques.

Je sais qu'ils iront parfois jusqu'à risquer leur vie pour aller jusqu'au bout de ce qu'ils croient être leur rêve.

Mais je sais que rien ne les retiendra.

Car rien ne retient jamais la jeunesse quand elle se croit portée par ses rêves.

Je ne crois pas que la jeunesse africaine ne soit poussée à partir que pour fuir la misère.

Je crois que la jeunesse africaine s'en va parce que, comme toutes les jeunesses, elle veut conquérir le monde.

Comme toutes les jeunesses, elle a le goût de l'aventure et du grand large.

Elle veut aller voir comment on vit, comment on pense, comment on travaille, comment on étudie ailleurs.

L'Afrique n'accomplira pas sa Renaissance en coupant les ailes de sa jeunesse. Mais l'Afrique a besoin de sa jeunesse.

La Renaissance de l'Afrique commencera en apprenant à la jeunesse africaine à vivre avec le monde, non à le refuser.

La jeunesse africaine doit avoir le sentiment que le monde lui appartient comme à toutes les jeunesses de la terre.

La jeunesse africaine doit avoir le sentiment que tout deviendra possible comme tout semblait possible aux hommes de la Renaissance.

Alors, je sais bien que la jeunesse africaine, ne doit pas être la seule jeunesse du monde assignée à résidence.

Elle ne peut pas être la seule jeunesse du monde qui n'a le choix qu'entre la clandestinité et le repliement sur soi.

Elle doit pouvoir acquérir, hors, d'Afrique la compétence et le savoir qu'elle ne trouverait pas chez elle.

Mais elle doit aussi à la terre africaine de mettre à son service les talents qu'elle aura développés. Il faut revenir bâtir l'Afrique; il faut lui apporter le savoir, la compétence le dynamisme de ses cadres. Il faut mettre un terme au pillage des élites africaines dont l'Afrique a besoin pour se développer.

Ce que veut la jeunesse africaine c'est de ne pas être à la merci des passeurs sans scrupules qui jouent avec votre vie.

Ce que veut la jeunesse d'Afrique, c'est que sa dignité soit préservée.

C'est pouvoir faire des études, c'est pouvoir travailler, c'est pouvoir vivre décemment. C'est au fond, ce que veut toute l'Afrique. L'Afrique ne veut pas de la charité. L'Afrique ne veut pas d'aide. L'Afrique ne veut pas de passe-droit.

Ce que veut l'Afrique et ce qu'il faut lui donner, c'est la solidarité, la compréhension et le respect.

Ce que veut l'Afrique, ce n'est pas que l'on prenne son avenir en main, ce n'est pas que l'on pense à sa place, ce n'est pas que l'on décide à sa place.

Ce que veut l'Afrique est ce que veut la France, c'est la coopération, c'est l'association, c'est le partenariat entre des nations égales en droits et en devoirs.

Jeunesse africaine, vous voulez la démocratie, vous voulez la liberté, vous voulez la justice, vous voulez le Droit? C'est à vous d'en décider. La France ne décidera pas à votre place. Mais si vous choisissez la démocratie, la liberté, la justice et le Droit, alors la France s'associera à vous pour les construire.

Jeunes d'Afrique, la mondialisation telle qu'elle se fait ne vous plaît pas. L'Afrique a payé trop cher le mirage du collectivisme et du progressisme pour céder à celui du laisser-faire.

Jeunes d'Afrique vous croyez que le libre échange est bénéfique mais que ce n'est pas une religion. Vous croyez que la concurrence est un moyen mais que ce n'est pas une fin en soi. Vous ne croyez pas au laisser-faire. Vous savez qu'à être trop naïve, l'Afrique serait condamnée à devenir la proie des prédateurs du monde entier. Et cela vous ne le voulez pas. Vous voulez une autre mondialisation, avec plus d'humanité, avec plus de justice, avec plus de règles.

Je suis venu vous dire que la France la veut aussi. Elle veut se battre avec l'Europe, elle veut se battre avec l'Afrique, elle veut se battre avec tous ceux, qui dans le monde, veulent changer la mondialisation. Si l'Afrique, la France et l'Europe le veulent ensemble, alors nous réussirons. Mais nous ne pouvons pas exprimer une volonté votre place [sic].

Jeunes d'Afrique, vous voulez le développement, vous voulez la croissance, vous voulez la hausse du niveau de vie.

Mais le voulez-vous vraiment? Voulez-vous que cesse l'arbitraire, la corruption, la violence? Voulez-vous que la propriété soit respectée, que l'argent soit investi au lieu d'être détourné? Voulez-vous que l'État se remette à faire son métier, qu'il soit allégé des bureaucraties qui l'étouffent, qu'il soit libéré du parasitisme, du clientélisme, que son autorité soit restaurée, qu'il domine les féodalités, qu'il domine les corporatismes? Voulez-vous que partout règne l'État de droit qui permet à chacun de savoir raisonnablement ce qu'il peut attendre des autres?

Si vous le voulez, alors la France sera à vos côtés pour l'exiger, mais personne ne le voudra à votre place.

Voulez-vous qu'il n'y ait plus de famine sur la terre africaine? Voulez-vous que, sur la terre africaine, il n'y ait plus jamais un seul enfant qui meure de faim? Alors cherchez l'autosuffisance alimentaire. Alors développez les cultures vivrières. L'Afrique a d'abord besoin de produire pour se nourrir. Si c'est ce que vous voulez, jeunes d'Afrique, vous tenez entre vos mains l'avenir de l'Afrique, et la France travaillera avec vous pour bâtir cet avenir.

Vous voulez lutter contre la pollution? Vous voulez que le développement soit durable? Vous voulez que les générations actuelles ne vivent plus au détriment des générations futures? Vous voulez que chacun paye le véritable coût de ce qu'il consomme? Vous voulez développer les technologies propres? C'est à vous de le décider. Mais si vous le décidez, la France sera à vos côtés.

Vous voulez la paix sur le continent africain? Vous voulez la sécurité collective? Vous voulez le règlement pacifique des conflits? Vous voulez mettre fin au cycle infernal de la vengeance et de la haine? C'est à vous, mes amis africains, de le décider. Et si vous le décidez, la France sera à vos côtés, comme une amie indéfectible, mais la France ne peut pas vouloir à la place de la jeunesse d'Afrique.

Vous voulez l'unité africaine? La France le [sic] souhaite aussi.

Parce que la France souhaite l'unité de l'Afrique, car l'unité de l'Afrique rendra l'Afrique aux Africains.

Ce que veut faire la France avec l'Afrique, c'est regarder en face les réalités. C'est faire la politique des réalités et non plus la politique des mythes.

Ce que la France veut faire avec l'Afrique, c'est le co-développement, c'est-à-dire le développement partagé.

La France veut avec l'Afrique des projets communs, des pôles de compétitivité communs, des universités communes, des laboratoires communs.

Ce que la France veut faire avec l'Afrique, c'est élaborer une stratégie commune dans la mondialisation.

Ce que la France veut faire avec l'Afrique, c'est une politique d'immigration négociée ensemble, décidée ensemble pour que la jeunesse africaine puisse être accueillie en France et dans toute l'Europe avec dignité et avec respect.

Ce que la France veut faire avec l'Afrique, c'est une alliance de la jeunesse française et de la jeunesse africaine pour que le monde de demain soit un monde meilleur.

Ce que veut faire la France avec l'Afrique, c'est préparer l'avènement de l'Eurafrique, ce grand destin commun qui attend l'Europe et l'Afrique.

A ceux qui, en Afrique, regardent avec méfiance ce grand projet de l'Union Méditerranéenne que la France a proposé à tous les pays riverains de la Méditerranée, je veux dire que, dans l'esprit de la France, il ne s'agit nullement de mettre à l'écart l'Afrique qui s'étend au sud du Sahara mais, qu'au contraire, il s'agit de faire de cette Union le pivot de l'Eurafrique, la première étape du plus grand rêve de paix et de prospérité qu'Européens et Africains sont capables de concevoir ensemble.

Alors, mes chers Amis, alors seulement, l'enfant noir de Camara Laye, à genoux dans le silence de la nuit africaine, saura et comprendra qu'il peut lever la tête et regarder avec confiance l'avenir. Et cet enfant noir de Camara Laye, il sentira réconciliées en lui les deux parts de lui-même. Et il se sentira enfin un homme comme tous les autres hommes de l'humanité.

Je vous remercie.

Quelle: http://www.elysee.fr/elysee/elysee.fr/francais/interventions/2007/juillet/allocution_a_l_universite_de_dakar.79184.html

Rede des französischen Staatspräsidenten Nicolas Sarkozy

Universität Dakar – Senegal
Donnerstag, 26. Juli 2007

Sehr geehrte Damen und Herren!

Gestatten Sie mir zunächst, der Regierung Senegals und dem senegalesischen Volk für den außerordentlich herzlichen Empfang zu danken. Danken möchte ich auch der Universität Dakar, die es mir erstmals ermöglicht, als französischer Staatspräsident das Wort an die Elite der afrikanischen Jugend zu richten.

Ich bin gekommen, um zu Ihnen so offen und ehrlich zu sprechen, wie man mit Freunden spricht, die man liebt und respektiert. Ich liebe Afrika, ich respektiere und liebe die Afrikaner.

Zwischen dem Senegal und Frankreich hat die Geschichte Bande einer Freundschaft geknüpft, die niemand zu lösen vermag. Es ist dies eine starke und aufrichtige Freundschaft. Deshalb will ich heute von Dakar aus einen brüderlichen Gruß Frankreichs an ganz Afrika richten.

Ich möchte mich heute Abend an alle Afrikaner wenden. Sie unterscheiden sich alle grundlegend voneinander. Sie sprechen nicht dieselbe Sprache, sie haben nicht dieselbe Religion, nicht dieselben Bräuche, nicht dieselbe Kultur, nicht dieselbe Geschichte; und dennoch erkennen und anerkennen sie einander als Afrikaner. Hierin liegt schon ein erstes Geheimnis Afrikas.

Jawohl, heute Abend möchte ich mich an alle Bewohner dieses geschundenen Kontinents wenden, vor allem an seine Jugend, an euch, die ihr einander bekämpft und oft so sehr gehasst habt, die ihr einander manchmal immer noch bekämpft und hasst, aber doch zugleich als Brüder erkennt und anerkennt, Brüder im Leiden, Brüder in der Erniedrigung, Brüder in der Revolte, Brüder in der Hoffnung, Brüder, weil ihr fühlt, eine gemeinsame Bestimmung zu haben, Brüder in jenem geheimnisvollen Glauben, durch den ihr mit der afrikanischen Erde verbunden seid, der von Generation zu Generation weitergegeben wird und auch im Exil nicht erlischt.

Ich bin nicht gekommen, ihr jungen Menschen von Afrika, um gemeinsam mit euch Tränen über das Elend Afrikas zu vergießen, denn Afrika ist nicht auf meine Tränen angewiesen.

Ich bin nicht gekommen, ihr jungen Menschen von Afrika, um euer Schicksal zu beklagen, denn euer Schicksal ist vor allem in eure eigenen Hände gelegt. Stolze Jugend Afrikas, wozu sollte euch mein Mitleid nützen?

Ich bin nicht gekommen, die Vergangenheit auszulöschen, denn die Vergangenheit lässt sich nicht auslöschen.

Ich bin nicht gekommen, Fehler und Verbrechen zu leugnen, denn Fehler und Verbrechen hat es sehr wohl gegeben.

Es gab den Sklavenhandel, es gab die Sklaverei: Männer, Frauen, Kinder – gekauft und verkauft wie Waren. Und das war nicht nur ein Verbrechen an den Afrikanern. Das war ein Verbrechen am Menschen, an der ganzen Menschheit.

Der Afrikaner – schwarzer Mensch, der in einem fort »*aus dem Schiffsladeraum die angeketteten Verwünschungen hört, den gestoßenen Atem der Sterbenden, das Aufklatschen, wenn man einen von ihnen ins Meer geworfen hat*«; schwarzer Mensch, der sich in endloser Wiederholung erinnert: »*Und dieses Land verkündete jahrhundertelang, wir seien wilde Tiere*«. Dieser schwarze Mensch, das möchte ich hier in Dakar aussprechen, hat das Antlitz aller Menschen dieser Erde.

Dieses Leiden des schwarzen Menschen – und ich spreche da nicht vom Mann, ich spreche vom menschlichen Wesen und somit ganz allgemein von Frau und Mann[16] – dieses Leiden des schwarzen

16 Das französische Wort »homme« bedeutet sowohl »Mann« als auch »Mensch« (Anm. des Übers.).

Menschen ist das Leiden aller Menschen. Diese offene Wunde in der Seele des schwarzen Menschen ist eine offene Wunde in der Seele aller Menschen.

Aber niemand kann von heutigen Generationen verlangen, für dieses Verbrechen zu büßen, das frühere Generationen begangen haben. Niemand kann von den Söhnen verlangen, die Sünden ihrer Väter zu bereuen.

Ihr jungen Afrikaner, ich bin nicht gekommen, um zu euch von Reue zu sprechen. Ich bin gekommen, euch zu sagen, dass ich den Menschenhandel und die Sklaverei als Verbrechen gegenüber der Menschheit empfinde. Ich bin gekommen, euch zu sagen, dass eure Zerrissenheit und euer Leiden auch unsere und daher auch meine Zerrissenheit und mein Leiden sind.

Ich bin gekommen, euch vorzuschlagen, dass wir – Afrikaner und Franzosen – gemeinsam einen Blick jenseits dieser Zerrissenheit und dieses Leidens werfen.

Ich bin gekommen, um euch vorzuschlagen, ihr jungen Afrikaner, diese Zerrissenheit und dieses Leiden nicht etwa zu vergessen – sie können nicht vergessen werden –, sondern sie zu überwinden.

Ich bin gekommen, um euch vorzuschlagen, ihr jungen Afrikaner, nicht etwa gemeinsam die Vergangenheit wiederzukäuen, sondern gemeinsam Lehren aus ihr zu ziehen, um so gemeinsam die Zukunft anvisieren zu können.

Ihr jungen Afrikaner, ich bin gekommen, um mit euch unserer gemeinsamen Geschichte ins Auge zu sehen.

Afrika hat sein Unglück mitzuverantworten. In Afrika haben die Menschen einander mindestens im selben Ausmaß getötet wie in Europa. Es stimmt indes, dass die Europäer als Eroberer nach Afrika kamen. Sie eigneten sich das Land eurer Vorfahren an. Sie verbannten die Götter eurer Väter, ächteten deren Sprachen, deren Glauben und deren Bräuche. Sie schrieben euren Vätern vor, was sie zu denken, zu glauben, zu tun hatten. Sie durchschnitten bei euren Vätern das Band zur Geschichte, sie raubten ihnen die Seele, ihre Wurzeln. Sie haben Afrika profaniert.

Das war unrecht, ihr Unrecht.

Sie nahmen die Tiefe und den Reichtum der afrikanischen Seele nicht wahr. Sie glaubten sich überlegen, höher entwickelt, hielten sich für den Inbegriff des Fortschritts und der Zivilisation.

Das war unrecht, ihr Unrecht.

Sie wollten den afrikanischen Menschen bekehren, wollten ihr Ebenbild aus ihm machen, sie maßten sich alle Rechte an, glaubten sich allmächtig, mächtiger als die Götter Afrikas, mächtiger als die afrikanische Seele, mächtiger als die heiligen Bande, die die Menschen über viele Jahrtausende geduldig mit dem Himmel und der Erde des afrikanischen Kontinents geknüpft hatten, mächtiger als die Geheimnisse aus dem Urgrund der Zeit.

Das war unrecht, ihr Unrecht.

Sie zerstörten das Kunstwerk einer Lebensgestaltung. Sie zerstörten eine wunderbare Vorstellungswelt. Sie zerstörten die Weisheit der Väter.

Das war unrecht, ihr Unrecht.

Sie erzeugten Angst und Lebensverzagtheit. Sie schürten Hass. Sie erschwerten die Öffnung gegenüber dem Anderen, den Austausch, das Teilen; denn um sich zu öffnen, um etwas auszutauschen, um zu teilen, muss man sich seiner Identität, seiner Werte, seiner Überzeugungen sicher sein. Im Kontakt mit dem Kolonisator hatte der kolonialisierte Mensch sein Selbstvertrauen verloren, hatte vergessen, wer er war, hatte sich von der Angst vor dem Anderen und vor der Zukunft übermannen lassen.

Der Kolonisator kam und nahm, er füllte seine Taschen, er machte sich alle und alles zu Nutzen, er plünderte Ressourcen und Schätze, die ihm nicht gehörten. Er raubte dem kolonialisierten Menschen seine Persönlichkeit, seine Freiheit, sein Land, die Frucht seiner Arbeit.

Er hat genommen, aber bei allem gebotenen Respekt möchte ich sagen dürfen, dass er auch gegeben hat. Er baute Brücken, Straßen, Spitäler, Ambulanzen, Schulen. Er machte Brachland fruchtbar, er investierte Mühe, Arbeit und Wissen. Ich möchte hier sagen dürfen: Nicht alle Kolonisatoren waren Diebe und Ausbeuter.

Es gab unter ihnen schlechte Menschen, aber es gab auch Menschen guten Willens, Menschen, die glaubten, einen zivilisatorischen Auftrag zu erfüllen, Menschen, die glaubten, Gutes zu tun. Dabei irrten sie gewiss, aber einige von ihnen meinten es ehrlich. Sie glaubten, die Freiheit weiterzugeben, und schufen Entfremdung. Sie glaubten, die Ketten der Fortschrittsfeindlichkeit, des Aberglaubens, der Knechtschaft zu sprengen, und schmiedeten weit schwerere Ketten. Sie brachten eine weit schwerwiegendere Knechtschaft mit, eine, die das Denken und die Seelen unterjochte. Sie glaubten, Liebe zu schenken, und merkten nicht, dass sie Hass und Revolte säten.

Der Kolonialismus ist nicht für alle Schwierigkeiten im heutigen Afrika verantwortlich zu machen. Er ist nicht verantwortlich für blutige Kriege, die sich die Afrikaner untereinander liefern. Er ist nicht für Völkermorde verantwortlich. Er ist nicht für Diktatoren verantwortlich. Er ist nicht für Fanatismus und nicht für Korruption und Amtsmissbrauch verantwortlich. Er ist nicht verantwortlich für Verschwendung und Umweltverschmutzung.

Doch der Kolonialismus war ein großer Fehler, für den jene mit Verbitterung und Leid bezahlen sollten, die geglaubt hatten, alles zu geben, und nicht verstanden, warum man ihnen so feindselig begegnete.

Der Kolonialismus war ein großer Fehler, der im kolonialisierten Menschen die Selbstachtung zerstörte und in seinem Herzen jenen Selbsthass entstehen ließ, der unweigerlich zum Hass gegenüber anderen Menschen führt.

Der Kolonialismus war ein großer Fehler, aber dieser große Fehler wurde zum Embryo eines gemeinsamen Schicksals. Dies ist nun ein Gedanke, der mir besonders am Herzen liegt.

Der Kolonialismus war ein Fehler, der den Geschicken Europas und den Geschicken Afrikas eine neue Richtung gab und sie durchmischte. Und dieses gemeinsame Schicksal wurde mit dem Blut jener Afrikaner besiegelt, die in den europäischen Kriegen umkamen.

Und Frankreich vergisst nicht, dass afrikanisches Blut für Frankreichs Freiheit vergossen wurde.

Niemand kann vor dem Geschehenen die Augen verschließen.

Niemand kann diesen Fehler ungeschehen machen.

Niemand kann diesen Teil der Geschichte ungeschehen machen.

Zum Guten wie zum Schlechten, der Kolonialismus verwandelte beide, den afrikanischen und den europäischen Menschen.

Ihr jungen Afrikaner, ihr seid die Erben der uralten Traditionen Afrikas und ihr seid die Erben all dessen, was der Westen Afrika in Herz und Seele gelegt hat.

Ihr jungen Afrikaner, die europäische Gesellschaft war im Unrecht, wenn sie sich der Kultur eurer Vorfahren überlegen glaubte, aber heute und in Zukunft gehört die europäische Kultur auch euch.

Ihr jungen Afrikaner, lasst euch nicht verführen von der Idee der Reinheit, denn sie ist eine Krankheit, eine Krankheit des Verstandes, die zu den größten Gefahren in der Welt zählt.

Ihr jungen Afrikaner, trennt euch nicht gewaltsam von dem, was euch reicher macht, amputiert nicht einen Teil eurer selbst! Reinheit ist ein Gefängnis, Reinheit ist Intoleranz. Reinheit ist eine Wahnvorstellung, die zu Fanatismus führt.

Ihr jungen Afrikaner, ich möchte euch sagen, dass das Drama Afrikas nicht in seiner angeblichen Unterlegenheit in Kunst, Philosophie und Kultur besteht. Denn gerade in den Bereichen der Kunst, der Philosophie und der Kultur ging das Abendland bei Afrika in die Schule.

Die moderne Kunst verdankt Afrika fast alles. Afrikas Einfluss war im 20. Jahrhundert ein Beitrag zur Veränderung nicht nur der Vorstellungen von Schönheit, nicht nur des Verständnisses von Rhythmus, Musik und Tanz, sondern auch – wie Senghor sagt – der Art zu gehen oder zu lachen.

Mit anderen Worten, ich möchte der Jugend Afrikas sagen, dass das Drama Afrikas keineswegs daher rührt, dass die afrikanische Seele nicht aufnahmefähig wäre für Logik und Vernunft, denn der afrikanische Mensch ist genauso logisch und vernünftig wie der europäische Mensch.

Wenn ihr euch in die afrikanische Vorstellungswelt, die ihr von euren Vorfahren geerbt habt, vertieft, in die Sagen, Sprichwörter, Mythologien, Rituale, in all jene Formen, welche seit der Morgenröte der menschlichen Zeit von den Generationen Afrikas ausgestaltet und einander weitergegeben werden, dann findet ihr auch die Einfallskraft, um euch eine eigene Zukunft zu erschließen, eine spezifische Zukunft, die keiner anderen gleicht, wo ihr euch endlich frei fühlen werdet – ja, ihr jungen Afrikaner, frei dazu, ihr selbst zu sein und selbst zu entscheiden.

Ich bin gekommen, euch zu sagen, dass ihr euch der Werte der afrikanischen Kultur nicht zu schämen braucht, dass diese Werte euch nicht nach unten, sondern nach oben ziehen, dass sie ein Gegengift sind gegen Materialismus und Individualismus, die beide den modernen Menschen unterjochen, dass diese Werte das wertvollste Erbe sind, eine Antwort auf die Deshumanisierung und Verflachung der Welt.

Ich bin gekommen, euch zu sagen, dass der moderne Mensch, der sich mit der Natur wieder versöhnen will, sehr viel vom afrikanischen Menschen lernen kann, weil dieser seit Tausenden von Jahren in Symbiose mit der Natur lebt.

Ich bin gekommen euch zu sagen, dass dieser Riss zwischen den beiden Teilen eurer selbst zugleich eure größte Stärke und euer größter Schwachpunkt ist, je nachdem, ob ihr euch um die notwendige Synthese bemüht oder sie vernachlässigt.

Doch ich bin auch gekommen, euch zu sagen, dass in euch, ihr jungen Afrikaner, zwei Erbteile angelegt sind, zwei Weisheitsstränge, zwei Traditionen, die einander lange Zeit bekämpft haben: die afrikanische und die europäische.

Ich bin gekommen, euch zu sagen, dass dieser afrikanische und dieser europäische Teil eurer selbst eben eure zerrissene Identität bilden.

Ihr jungen Afrikaner, ich bin nicht gekommen, euch eine Lektion zu erteilen.

Ich bin nicht gekommen, euch zu maßregeln.

Ich bin indes gekommen, euch zu sagen, dass der Anteil Europas, der in euch wohnt, zwar die Frucht eines großen westlichen Sündenfalls im Zeichen des Hochmuts ist, dass jedoch dieser Anteil keinesfalls unwürdig ist.

Denn er ist der Ruf nach Freiheit, nach Emanzipation und Gerechtigkeit, nach Gleichheit von Frau und Mann.

Denn er ist der Ruf nach universeller Vernunft und universellem Bewusstsein.

Das Drama Afrikas besteht darin, dass der afrikanische Mensch nicht ausreichend in die Geschichte eingetreten ist. Der afrikanische Bauer, der seit Jahrtausenden im Gleichklang mit den Jahreszeiten und für ein Lebensideal – nämlich die harmonische Beziehung zur Natur – lebt, dieser afrikanische Bauer kennt nichts anderes als die ewige Wiederkehr der Zeit, die ihren Rhythmus durch die unendliche Wiederholung der ewig gleichen Gesten und ewig gleichen Worte erfährt.

In dieser Vorstellungswelt, wo alles immer wieder von neuem beginnt, ist kein Platz für das Abenteuer Mensch, für die Fortschrittsidee.

In diesem geistigen Kosmos, wo von der Natur alles vorgegeben wird, ist der Mensch zwar von der Angst gegenüber der Geschichte, von dieser Pein des modernen Menschen verschont, aber der

Mensch bleibt unbeweglich: verhaftet in einer unverrückbaren Ordnung, wo alles von Anbeginn festgelegt scheint.

Niemals schwingt sich da der Mensch auf zur Zukunft. Niemals kommt es ihm in den Sinn, aus der Sphäre der Wiederholung herauszutreten, um sich eine eigene Bestimmung zu erschließen.

Dies ist – gestatten Sie einem Freund Afrikas, das auszusprechen – das Problem Afrikas. Die Herausforderung besteht für Afrika darin, mehr in die Geschichte einzutreten. In sich selbst die Energie, die Kraft, den Wunsch und den Willen zu finden, die notwendig sind, um seiner eigenen Geschichte zuzuhören und sie sich anzueignen.

Das Problem Afrikas besteht darin, dass dieser Kontinent die unablässige Wiederholung, das unablässige Wiederkäuen des Selben aufgeben muss, sich vom Mythos der ewigen Wiederkehr befreien, sich verdeutlichen muss, dass das goldene Zeitalter, dem er unentwegt nachtrauert, nicht mehr wiederkehrt, ganz einfach weil es nie existiert hat.

Das Problem Afrikas besteht darin, dass dieser Kontinent, während er die Gegenwart erlebt, zu sehr in der Sehnsucht nach dem verlorenen Paradies der Kindheit verfangen ist.

Das Problem Afrikas besteht darin, dass dieser Kontinent die Gegenwart allzu oft an einer nicht realen, sondern bloß vorgestellten Reinheit des Ursprungs misst, die wieder auferstehen zu lassen in niemandes Macht steht.

Das Problem Afrikas besteht darin, dass dieser Kontinent nicht eine mehr oder weniger mythische Vergangenheit zur besseren Verkraftung der Gegenwart, sondern mit seinen ureigenen Mitteln eine Zukunft erdenken soll.

Das Problem Afrikas besteht darin, dass dieser Kontinent sich nicht auf die Rückkehr des Unheils einstellen soll, so als ob sich dieses durch alle Zeiten hindurch immer wiederholte, sondern dass er wünschen und sich selbst befähigen soll, das Unheil abzuwenden, denn Afrika hat wie alle anderen Kontinente ein Recht auf das Glück.

Das Problem Afrikas besteht darin, dass dieser Kontinent sich selbst treu bleiben und zugleich nicht erstarren soll.

Die Herausforderung besteht für Afrika darin, dass es lernen muss, seinen Zugang zum Universellen nicht als Selbstverleugnung, sondern als Vollendung zu sehen.

Die Herausforderung besteht für Afrika darin, dass es lernen muss, sich selbst als den Erben des Universellen, das in allen menschlichen Kulturen enthalten ist, zu fühlen.

Es muss sich Menschenrechte, Demokratie, Freiheit, Gleichheit und Gerechtigkeit als gemeinsames Erbe aller Kulturen und aller Menschen aneignen.

Es muss sich die moderne Wissenschaft und Technik als Errungenschaft des gesamten menschlichen Geistes aneignen.

An Afrika stellt sich dieselbe Herausforderung wie an alle Gesellschaften und Kulturen, wie an alle Völker, die ihre Identität zwar bewahren, aber sich nicht abkapseln wollen, weil sie wissen, dass Abkapselung tödlich ist.

Kulturen sind dann groß, wenn sie an der weltweiten Vermischung des menschlichen Geistes teilhaben.

Sich an dieser weltweiten kulturellen Vermischung während langer Zeit nicht beteiligt zu haben schwächte Afrika, auf dessen Boden ja so viele prachtvolle Kulturen entstanden waren. Der Preis für diesen Rückzug aus den Weltentwicklungen sollte ein hoher werden: Afrikas Verletzbarkeit und Prekarität. Aber aus dem Unheil schöpfte Afrika neue Kräfte, indem es sich nun seinerseits vermischte. Und diese Vermischung – unter welchen peinvollen Umständen sie auch immer zustande gekommen sein mag – ist die wahre Stärke und die wahre Chance Afrikas jetzt, wo die erste planetarische Gesellschaft entsteht.

Jenseits aller Verbrechen und aller Fehler, die in ihrem Namen begangen wurden und die unentschuldbar sind, haben die islamische Kultur, das Christentum und die Kolonisation doch die Herzen und den Geist der Afrikaner für das Universelle und für die Geschichte geöffnet.

Ihr jungen Afrikaner, lasst euch eure Zukunft nicht entwenden von jenen, die auf Intoleranz nur mit Intoleranz und auf Rassismus nur mit Rassismus antworten!

Ihr jungen Afrikaner, lasst euch eure Zukunft nicht entwenden von jenen, welche euch einer Geschichte berauben wollen, die auch euch gehört, weil sie die peinvolle Geschichte eurer Eltern, eurer Großeltern und eurer Vorfahren war!

Ihr jungen Afrikaner, hört nicht auf jene, welche unter Berufung auf die Tradition den Austritt Afrikas aus der Geschichte betreiben, denn ein Afrika, in dem sich nichts mehr ändern darf, wäre erneut zur Knechtschaft verdammt!

Ihr jungen Afrikaner, hört nicht auf jene, welche euch hindern wollen, am Abenteuer der Menschen so teilzuhaben, wie es euch zusteht, denn ohne euch, ihr jungen Afrikaner, die ihr die Jugend der ganzen Welt seid, ohne euch wäre das Abenteuer der Menschen nicht so schön!

Ihr jungen Afrikaner, hört nicht auf jene, welche euch entwurzeln, euch eurer Identität berauben wollen, welche alles Afrikanische, die ganze Mystik, die Religiosität, die spezifisch afrikanischen Fühl- und Denkweisen endgültig ausradieren wollen, denn wer den Austausch anstrebt, muss auch etwas geben können, denn wer mit den anderen sprechen will, muss ihnen auch etwas sagen können!

Ihr jungen Afrikaner, hört vielmehr auf die große Stimme des Präsidenten Senghor, der sein ganzes Leben lang bemüht war, die Erbteile und Kulturen, in deren Mitte die Zufälle und Tragödien der Geschichte den afrikanischen Kontinent gestellt hatten, miteinander zu versöhnen!

Dies sagte er, der Sohn aus Joal, der mit den Gesängen der Griots aufgewachsen war, ja, dies sagte er: »*Wir sind kulturelle Mischlinge;*

wir fühlen zwar als Schwarze[17]*, aber wir teilen uns auf Französisch mit, weil das Französische eine Sprache universeller Bestimmung ist und unsere Botschaft sich auch an die Franzosen und an alle Menschen richtet*«.

Und er sagte auch: »*Das Französische schenkte uns durch seinen Wortschatz die in unseren Muttersprachen so seltenen Abstrakta. Bei uns haben die Wörter einen natürlichen Nimbus aus Erdsaft und Blut; die Wörter des Französischen hingegen strahlen diamantengleich und tausendfach wie ein Feuerwerk, das unsere Nacht erhellt*«.

So sprach Léopold Senghor, der all dem, was die Menschheit an Intelligenz in sich birgt, zur Ehre gereicht. Dieser große Dichter und große Afrikaner wollte, dass Afrika, ein neues Zeichen setzend, mit der ganzen Menschheit spricht, und so schrieb er auf Französisch Dichtungen für alle Menschen.

Diese Dichtungen brachten für alle Menschen die Kunde von Fabelwesen, die Quellen bewachen, in Flüssen singen, sich in den Bäumen verbergen.

Es waren Dichtungen, durch die die Menschen wieder die Stimmen der Verstorbenen einer Dorfgemeinschaft, die Stimmen der Ahnen vernehmen konnten.

Dichtungen, die durch einen Wald von Symbolen zurück zu den Ursprüngen des von Generation zu Generation überlieferten Gedächtnisses führten, jenes Gedächtnisses, das jedes Volk tief in seinem Bewusstsein bewahrt, so wie der erwachsene Mensch in sich das Glück der Kindheit bewahrt.

Denn jedes Volk hat einmal die Zeit des ewigen »Jetzt« erlebt, die von dem Wunsch bestimmt war, das Universum nicht zu beherrschen, sondern in Übereinstimmung mit ihm zu leben. Zeit der

17 Senghor schreibt nicht »noirs«, sondern »nègres«; er verwendet also jenes Wort, von dem er und andere den Begriff »négritude« abgeleitet haben und das, als das hier wiedergegebene Zitat entstand, noch nicht als politisch unkorrekt galt (Anm. des Übers.).

Empfindung, des Instinkts, der Intuition. Zeit des Geheimnisses und der Initiation. Mystische Zeit, wo das Heilige allgegenwärtig war in einer Welt der Zeichen und gegenseitigen Entsprechungen. Es ist dies die Zeit der Magier, der Zauberer, der Schamanen. Die Zeit des hohen Worts, das von den Menschen geachtet, von den Generationen weitergegeben wird und das über Jahrhunderte heilige Erzählungen überliefert, die so alt sind wie die Götter selbst.

Afrika hat die Völker der Erde an ihre gemeinsame Kindheit erinnert. Es hat ihnen die einfachen Freuden und kurzlebigen Glücksmomente dieser Kindheit, aber auch ein fundamentales Bedürfnis wieder bewusst gemacht, ein Bedürfnis, an das ich selbst so sehr glaube: das Bedürfnis, zu glauben statt zu verstehen, das Bedürfnis, zu erfühlen statt mit dem Verstand zu erfassen, das Bedürfnis, Harmonie zu leben statt Welt zu erobern.

Wenn jemand die afrikanische Kultur als rückständig und die Afrikaner als große Kinder ansieht, dann vergisst er, dass das antike Griechenland, dem wir so viel Wissen über den Einsatz der Vernunft und des Verstandes verdanken, selbst seine Zauberer, seine Wahrsager, seine Geheimniskulte, seine Geheimgesellschaften, seine heiligen Wälder hatte und nicht zuletzt seine Mythologie, eine Mythologie aus dem Urgrund der Zeit, aus der wir heute noch einen unermesslichen Schatz an menschlicher Weisheit schöpfen.

Wenn Afrika, das ja selbst große dramatische Dichtungen und tragische Erzählungen hervorgebracht hat, Sophokles lauschte, so vernahm es gewiss eine ungeahnt vertraute Stimme, und der Westen erkannte in der afrikanischen Kunst ästhetische Formen, die einst seine eigenen gewesen waren und die er nun wiedererstehen lassen wollte.

So hört denn, ihr jungen Afrikaner, wie sehr Rimbaud Afrikaner ist, wenn er die Vokale mit Farben versieht, so wie deine [sic][18]

18 Die vom Elysee-Palast ins Internet gestellte Fassung von Sarkozys Rede enthält an dieser Stelle tatsächlich die Fügung »tes ancêtres« statt »vos

Ahnen ihre Masken mit Farben bemalten, »*schwarze Maske, rote Maske, weiß-schwarze Maske*«.

Öffnet die Augen, ihr jungen Afrikaner, und betrachtet die Weltzivilisation nicht mehr – so wie nur allzu oft eure Vorfahren es getan haben – als Bedrohung eurer Identität, sondern als ein Gut, das auch euch gehört.

Sobald ihr in der universellen Weisheit einen Teil jener Weisheit erkennt, den euch eure Väter überliefert haben, und sobald ihr wirklich willens seid, sie zu nützen, wird das beginnen, was ich die »afrikanische Renaissance« nennen möchte und für uns alle ersehne.

Sobald ihr für alle vernehmbar beschließt, dass der afrikanische Mensch gerade nicht einem unausweichlich tragischen Schicksal ausgeliefert ist, sondern dass in ganz Afrika nur die Erreichung des Glücks erstrebenswert scheint, sobald ihr das tut, wird die afrikanische Renaissance beginnen.

Sobald ihr jungen Afrikaner erklärt, dass afrikanische Politik nur das Ziel der Einheit Afrikas und der Einheit des Menschengeschlechts haben kann, sobald ihr das tut, wird die afrikanische Renaissance beginnen.

Sobald ihr der Realität Afrikas direkt ins Antlitz seht und sie kräftig anpackt, sobald ihr das tut, wird die afrikanische Renaissance beginnen. Denn das Problem Afrikas ist, dass es ein Mythos geworden ist, den sich jeder nach Bedarf zurechtzimmert.

Und dieser Mythos verstellt den direkten Blick auf die Realität des afrikanischen Kontinents.

Die Realität Afrikas – ein zu starkes Bevölkerungswachstum bei zu geringem Wirtschaftswachstum. Und zu viel Hunger, zu viel Elend.

(eure) ancêtres«. Die appellativen Passagen der Rede waren ja ursprünglich in der zweiten Person Einzahl konzipiert, die hier noch erhaltene Duzform dürfte vom Endkorrektor übersehen worden sein (Anm. des Übers.).

Die Realität Afrikas – Mangel, der Gewalt gebiert.

Die Realität Afrikas – eine zu langsame Entwicklung, eine nicht ausreichend ertragreiche Landwirtschaft, nicht genug Straßen, nicht genug Schulen, nicht genug Spitäler.

Die Realität Afrikas – ein großer Verschleiß an Energie, an Engagement, an Talenten, an Intelligenz.

Die Realität Afrikas – die Realität eines großen Kontinents, der alles hätte, um erfolgreich zu sein, der aber nicht erfolgreich ist, weil er sich von seinen Mythen nicht befreien kann.

Ihr jungen Afrikaner, die Renaissance, die Afrika braucht, könnt nur ihr verwirklichen, denn nur ihr werdet dazu die Kraft haben.

Diese Renaissance bin ich gekommen euch vorzuschlagen. Ich bin gekommen, sie euch vorzuschlagen, damit wir sie gemeinsam verwirklichen, denn von Afrikas Renaissance hängt zu einem entscheidenden Teil die Renaissance Europas und der ganzen Welt ab.

Ich weiß, wie viele von euch in der Konfrontation mit Afrikas Schwierigkeiten den Wunsch hegen, Afrika zu verlassen.

Ich weiß um die Lockungen des Exils, denen so viele junge Afrikaner folgen, weil sie fern der Heimat suchen, was sie in dieser nicht finden, um ihre Familie zu erhalten.

Ich weiß, wie viel Willensstärke, wie viel Mut es braucht, um dieses Abenteuer zu wagen, um seine Heimat, das Land, wo man geboren und aufgewachsen ist, zu verlassen, um die vertrauten Orte, wo man glücklich war, um die Liebe von Mutter, Vater, Geschwistern, um jene Solidarität, jene menschliche Wärme, jene Gemeinschaftsgesinnung, die in Afrika so ausgeprägt ist, hinter sich zu lassen.

Ich weiß, wie viel Seelenstärke es braucht, um die Entwurzelung, das Leben fern der Heimat, die Einsamkeit auf sich zu nehmen.

Ich weiß, welchen Belastungen, welchen Schwierigkeiten, welchen Risiken diese Menschen ausgesetzt sind.

Ich weiß, dass sie manchmal sogar ihr Leben aufs Spiel setzen, um an das Ziel dessen zu gelangen, was sie für ihren Traum halten.

Aber ich weiß auch, dass sie durch nichts zurückzuhalten sind.

Denn nichts kann junge Menschen zurückhalten, wenn sie sich von ihren Träumen getragen glauben.

Ich glaube nicht, dass die jungen Menschen Afrikas nur wegziehen, um der Not zu entkommen.

Ich glaube, dass die jungen Menschen Afrikas ihr Land verlassen, weil sie wie alle jungen Menschen die Welt erobern wollen.

Wie alle jungen Menschen haben sie Lust auf das Abenteuer und Sehnsucht nach der weiten Welt.

Sie wollen selber sehen, wie man anderswo lebt, denkt, arbeitet, studiert.

Afrika wird seine Renaissance nicht verwirklichen, wenn es seiner Jugend die Flügel stutzt. Afrika braucht doch seine Jugend.

Afrikas Renaissance wird beginnen, sobald man die Jugend Afrikas lehrt, mit der Welt zu leben, statt sich ihr zu verweigern.

Die Jugend Afrikas muss das Gefühl bekommen, dass ihr die Welt ebenso gehört wie allen anderen jungen Menschen auf unserer Erde.

Die Jugend Afrikas muss das Gefühl bekommen, dass alles möglich wird, genauso wie den Menschen der Renaissance alles möglich schien.

Nun, ich weiß sehr gut, dass die Jugend Afrikas nicht als einzige in der Welt Hausarrest bekommen darf. Sie kann nicht als einzige in der Welt nur wählen dürfen zwischen illegaler Immigration und fatalem Rückzug auf sich selbst.

Es muss ihr möglich sein, außerhalb Afrikas die Kompetenz und die Bildung zu erwerben, die sie daheim nicht erwerben könnte.

Aber sie ist es der afrikanischen Erde auch schuldig, ihr die erworbenen Fähigkeiten zur Verfügung zu stellen. Man soll nach Afrika wieder zurückkehren, um es aufzubauen. Man soll ihm Bildung, Kompetenz und Dynamik seiner führenden Köpfe bringen. Man soll der brutalen Ausdünnung der afrikanischen Eliten ein Ende setzen, weil Afrika diese Eliten für seine Entwicklung braucht.

Die Jugend Afrikas will nicht auf Gedeih und Verderb den skrupellosen Schlepperbanden ausgeliefert sein, denen euer Leben nichts bedeutet.

Die Jugend Afrikas will, dass ihre Würde gewahrt bleibt.

Sie möchte studieren, arbeiten, anständig leben können. Im Grunde will das ganz Afrika. Afrika will keine milde Gabe. Afrika will keine Hilfe. Afrika will keine Sonderbehandlung.

Afrika will und verdient Solidarität, Verständnis und Respekt.

Afrika will, dass man nicht an seiner Stelle die Zukunft plant, dass man nicht an seiner Stelle denkt und entscheidet.

Afrika will, was Frankreich will, nämlich: Kooperation und Zusammenschluss, Partnerschaft zwischen Nationen, die gleich an Rechten und Pflichten sind.

Jugend Afrikas! Wollt ihr Demokratie, wollt ihr Freiheit, wollt ihr Gerechtigkeit, wollt ihr das Recht? Es liegt nun an euch. Frankreich wird nicht für euch entscheiden. Aber wenn ihr euch für Demokratie, Freiheit, Gerechtigkeit und das Recht entscheidet, dann wird sich Frankreich mit euch zusammenschließen, um alle diese Werte zusammen mit euch zu errichten.

Ihr jungen Afrikaner, so wie die Globalisierung verläuft, gefällt sie euch nicht. Afrika hat schon einen zu hohen Preis für das Trugbild des Kollektivismus und des Progressivismus bezahlt, um sich nun auch dem Trugbild des Laisser-faire zu beugen.

Ihr jungen Afrikaner, ihr glaubt an die Vorteile des freien Handels, aber auch daran, dass er keine Religion sein darf. Ihr glaubt, dass die Konkurrenz Zweck, aber kein Selbstzweck ist. Ihr glaubt nicht an das Laisser-faire. Ihr wisst, dass ein zu naives Afrika leicht zur Beute der Raubtiere dieser Welt werden würde. Und das wollt ihr nicht. Was ihr wollt, ist eine andere Globalisierung, mit mehr Menschlichkeit, mehr Gerechtigkeit, mehr Regeln.

Ich bin gekommen euch zu sagen, dass auch Frankreich das will. Frankreich will kämpfen, Seite an Seite mit Europa, mit Afrika, mit all jenen in der Welt, die die Globalisierung umgestalten möchten. Wenn Afrika, Frankreich und Europa das gemeinsam wollen, dann wird es uns gelingen. Doch wir können nicht an eurer Stelle Wünsche äußern.

Ihr jungen Afrikaner, ihr wollt Entwicklung, ihr wollt Wachstum, ihr wollt die Anhebung des Lebensstandards.

Aber wollt ihr das wirklich? Wollt ihr, dass Willkür, Korruption und Gewalt ein Ende haben? Wollt ihr, dass Eigentum respektiert wird, dass Geld nicht abgezweigt, sondern investiert wird? Wollt ihr, dass der Staat wieder das tut, was er zu tun hat, dass er von erdrückender Bürokratie, von Schmarotzertum und Vetternwirtschaft befreit wird, dass seine Autorität wiederhergestellt wird, dass er sich gegen feudale Strukturen und Korporatismus durchsetzt? Wollt ihr, dass es überall verlässlich einen Rechtsstaat gibt, in dem jeder weiß, was er von den anderen erwarten darf?

Wenn ihr das wollt, stellt Frankreich sich mit Nachdruck an eure Seite, aber niemand kann das an eurer Stelle wollen.

Wollt ihr, dass es auf afrikanischem Boden keine Hungersnot mehr gibt? Wollt ihr, dass auf afrikanischem Boden nie mehr ein Kind an Hunger stirbt? Dann strebt die Autarkie im Lebensmittelbereich an! Fördert Lebensmittelkulturen! Zuallererst muss Afrika selbst produzieren, um die Ernährung zu sichern. Wenn ihr das wollt, ihr jungen Afrikaner, dann haltet ihr die Zukunft Afrikas in euren Händen, und Frankreich wird mit euch zusammenarbeiten, um diese Zukunft zu errichten.

Ihr wollt gegen die Umweltverschmutzung kämpfen? Ihr wollt nachhaltige Entwicklung? Ihr wollt, dass jetzige Generationen nicht mehr zu Lasten der zukünftigen Generationen leben? Ihr wollt, dass jeder den wahren Preis für das bezahlt, was er verbraucht? Ihr wollt saubere Technologien entwickeln? Die Entscheidung liegt bei euch. Aber wenn ihr euch dafür entscheidet, wird Frankreich sich an eure Seite stellen.

Ihr wollt Frieden auf dem afrikanischen Kontinent? Ihr wollt kollektive Sicherheit? Ihr wollt die friedliche Regelung von Konflikten? Ihr wollt dem teuflischen Kreislauf von Rache und Hass ein Ende bereiten? Die Entscheidung liegt bei euch. Und wenn ihr euch dafür entscheidet, meine afrikanischen Freunde, wird Frankreich sich an eure Seite stellen wie ein durch nichts beirrbarer Freund, aber Frankreich kann nicht an eurer statt, an der Stelle von Afrikas Jugend wollen.

Ihr wollt die afrikanische Einheit? Das ist auch Frankreichs Wunsch.

Frankreich wünscht nämlich die Einheit Afrikas, da nur die Einheit Afrikas Afrika den Afrikanern zurückgeben wird.

Frankreich will mit Afrika gemeinsam der Wirklichkeit ins Auge sehen. Eine Politik der Realitäten und nicht mehr eine Politik der Mythen machen.

Frankreich will zusammen mit Afrika die gemeinsam verantwortete Entwicklung erreichen.

Frankreich will mit Afrika gemeinsame Projekte verwirklichen, gemeinsame Wettbewerbszentren, gemeinsame Universitäten, gemeinsame Forschungsstätten.

Frankreich will mit Afrika eine gemeinsame Strategie im großen Zusammenhang der Globalisierung erarbeiten.

Frankreich will zusammen mit Afrika eine Immigrationspolitik erreichen, die gemeinsam ausgehandelt und gemeinsam beschlossen wird, damit Afrikas Jugend in Frankreich und in ganz Europa in Würde respektvolle Aufnahme findet.

Frankreich will zusammen mit Afrika eine Allianz der französischen und der afrikanischen Jugend schaffen, damit die Welt von morgen eine bessere Welt wird.

Frankreich will zusammen mit Afrika Eurafrika vorbereiten, jene große gemeinsame Bestimmung, die Europa und Afrika bevorsteht.

Jenen, die dem großen Projekt der Mittelmeerunion, die Frankreich allen Mittelmeerländern vorgeschlagen hat, mit Misstrauen begegnen, möchte ich sagen, dass es keinesfalls das Bestreben Frankreichs ist, die afrikanischen Staaten südlich der Sahara auszuschließen, sondern dass es im Gegenteil darum geht, aus dieser Union den Angelpunkt für Eurafrika zu machen, eine erste Etappe des umfassenderen Traumes von Frieden und Wohlstand zu erreichen, jenes Traumes, den gemeinsam entstehen zu lassen Europäer und Afrikaner befähigt sind.

Dann und nur dann, meine lieben Freunde, wird der kleine Sohn Afrikas, der schwarze Junge, den Camara Laye besingt, in der Stille der afrikanischen Nacht kniend erfahren und begreifen, dass er den Kopf heben und vertrauensvoll der Zukunft ins Auge blicken darf. Dann wird dieser Junge Camara Layes die Versöhnung der beiden Teile seiner selbst in sich fühlen können. Und endlich wird er sich als Mensch unter allen Menschen der Menschheit fühlen.

Ich danke für Ihre Aufmerksamkeit.

Übersetzt von Reinhart Hosch

Das Afrika des Nicolas Sarkozy

Achille Mbembe

Achille Mbembe ist 1957 in Kamerun geboren. Er hat an der Pariser Sorbonne ein Doktoratsstudium in Geschichte abgeschlossen. Am Institut d'Études Politiques in Paris absolvierte er ein D. E. A. (Diplôme d'Études approfondies). Von 1988 bis 1991 wirkte er als Assistant Professor für Geschichte an der Columbia University in New York. Er war Senior Research Fellow am Brookings Institute in Washington, D. C. (1991–1992), Associate Professor an der University of Pennsylvania (1992–1996) sowie Executive Director beim CODESRIA (Council for the Development of Social Science Research in Africa) von 1996 bis 2000. Als Gastprofessor wirkte er an der University of California, Berkeley (2001) und an der Yale University (2003). Heute unterrichtet er Geschichte und Politikwissenschaft an der Universität Witwatersrand in Johannesburg und ist als Senior Researcher am Wits Institute for Social and Economic Research (WISER) tätig. Zu seinen zahlreichen Publikationen über afrikanische Geschichte und Politik zählt *La naissance du maquis dans le Sud-Cameroun* (Paris, Karthala, 1996). Für sein Buch *De la postcolonie. Essai sur l'imagination politique dans l'Afrique contemporaine,* das 2000 in Paris erschien und ein Jahr später unter dem Titel *On the Postcolony* bei der University of California Press herauskam, erhielt er 2006 den Bill Venter/Altron Award.

Hätten sie Gelegenheit dazu gehabt, die Mehrheit der frankophonen Afrikaner hätte anlässlich der letzten Präsidentschaftswahlen in Frankreich gegen Nicolas Sarkozy gestimmt.

Nicht etwa, dass seine damalige Konkurrentin oder die Sozialistische Partei (sie noch weniger) hinsichtlich ihrer Afrikapolitik überzeugt hätten oder ihr Verhalten in der Vergangenheit irgendeinen Willen zur radikalen Neuordnung der Beziehungen zwischen Frankreich und seinen Ex-Kolonien erkennen ließ. Der neue Präsident von Frankreich hätte schlicht die Rechnung bezahlt für einen Umgang mit den Immigranten als Innenminister unter Jacques Chirac, seine angeblichen Kontakte zu den Rassisten von der extremen Rechten und seine Rolle in der Vorgeschichte der Aufstände von 2005 in Frankreichs Vorstädten.

Sprache als Vergewaltigung

Bei seiner ersten Rundreise in Afrika südlich der Sahara, als er in Dakar landete, ging ihm ein sehr schlechter Ruf voraus, nämlich der eines umtriebigen und gefährlichen Politikers, zynisch, brutal und machtgeil, der nicht zuhört, aber alles sagt, mehr, als gut ist, nicht zimperlich ist in der Wahl seiner Mittel und Afrika bzw. den Afrikanern gegenüber nur herablassend und verachtungsvoll agiert.

Aber dies war nicht alles. Viele waren auch bereit, ihm zuzuhören. Wenn es nicht seine politische Schläue war, die sie nachdenklich machte, so doch seine Durchschlagskraft bei der Umsetzung seines Wahlsieges. Überrascht von der Aufnahme einer Rachida Dati oder einer Rama Yade[19] in die Regierung (auch wenn es während der Kolonialzeit mehr Minister afrikanischer Herkunft in den Kabinetten und den Nationalversammlungen der Republik gab als heute), wollten sie wissen, ob sich hinter den Machtspielen irgendein großes Konzept verbarg, etwa eine echte Anerkennung der Rassenvielfalt und des Kosmopolitismus in der Gesellschaft.

Es gab also gespannte Erwartung. Zu sagen, dass sie enttäuscht wurde, ist eine Untertreibung. Gewiss, das Syndikat der Satrapen (von Omar Bongo, Paul Biya, Sassou Nguesso bis Idris Déby, Eyadema junior und wie sie alle heißen) gratulierte sich zu der Deutlichkeit, mit der sich das Bekenntnis zur Kontinuität in der Frage von »Frankoafrika«[20] abzeichnete, diesem System der wech-

19 Rachida Dati, Justizministerin in der Regierung von François Fillon, ist in Frankreich geboren. Der Vater Marokkaner, die Mutter aus Algerien. Ramatoulaye Yade, geboren in Dakar, war seit Juni 2007 Staatssekretärin im Außenministerium, zuständig für Auswärtige Angelegenheiten und Menschenrechte. Mit deutlichen Äußerungen zu Menschenrechtsverletzungen hatte sie wiederholt den Staatspräsidenten Sarkozy gegenüber Staatsgästen in Verlegenheit gebracht. Dies wird von mehreren Kommentatoren als Grund für ihre Versetzung auf den Posten einer Staatssekretärin für Sport im Zuge einer Kabinettsumbildung im Juni 2009 gesehen (Anm. des Übers.).

20 Der Terminus *France-Afrique* wurde vom Präsidenten der Elfenbeinküste, Félix Houphouët-Boigny, erstmals 1955 gebraucht, und zwar in einem positiven Sinn, bezogen auf eine von ihm gewünschte Kontinuität der

selseitigen Korruption, das Frankreich seit dem Ende der kolonialen Besetzung mit seinen afrikanischen Mündeln verbindet.

Wenn man andererseits von den Reaktionen ausgeht, wie sie sich da und dort als Leitartikel, Leserbriefe, Wortmeldungen auf den Wellen privater Sender und in den Internet-Blogs manifestierten, so fand ein sehr großer Teil des frankophonen Afrika – angefangen bei der Jugend, an die sich Sarkozy wandte – diese Rede wahrhaft unglaublich, wenn nicht gar schockierend. Und dies mit gutem Grund. Wann immer eine der Parteien in einer Beziehung weniger frei und gleich ist als die andere, beginnt die Vergewaltigung häufig auf sprachlicher Ebene, als Rede, die sich unter dem Vorwand, nur die ureigenen Überzeugungen des Sprechers zum Ausdruck zu bringen, jede Freizügigkeit herausnimmt, ohne die Beweggründe klarzulegen, und so die eigene Position absichert, während das ganze Gewicht der Gewalt auf den Schultern des Schwächeren lastet.

Rückschritt

Wer jedoch Frankreich gegenüber keine Erwartungen hegt, empfindet den an der Universität von Dakar gehaltenen Vortrag als sehr aufschlussreich. Tatsächlich liefert die von dem Sonderbeauftragten Henri Guaino redigierte und von Nicolas Sarkozy in der senegalesischen Hauptstadt gehaltene Rede das überaus klare Bild der Schäden, welche eine paternalistisch-rückwärtsgewandte Haltung von Teilen der neuen französischen Eliten

Beziehungen Frankreichs zu seinen ehemaligen Kolonien, besonders auf wirtschaftlichem Gebiet. Mehrere Jahrzehnte später hat François-Xavier Verschave diesen Terminus als Aufhänger einer sehr scharfen Kritik der französischen Afrikapolitik übernommen. In seinem Buch *La Françafrique, le plus long scandale de la République* (Paris, Stock, 1999) beschreibt Verschave »Frankoafrika« als antidemokratisches und tendenziell kriminelles Netzwerk, dessen Ursprünge auf das Jahr 1960, in dem fast alle afrikanischen Kolonien Frankreichs die Unabhängigkeit erlangten, zurückgehen. Die im Text von Mbembe genannten Staatschefs (Omar Bongo von Gabun, Paul Biya von Kamerun, Denis Sassou-Nguesso von Kongo-Brazzaville, Idriss Déby von Tschad) werden bei Verschave als Teile dieses Netzwerks angegriffen (Anm. des Übers.).

(rechtsstehend oder linksstehend, gleichviel) einem Kontinent gegenüber, der vor allem in der zweiten Hälfte des 20. Jahrhunderts eine radikale Veränderung nach der anderen erlebte, verursachen könnte. Während des kommenden Jahrzehnts könnten die Auswirkungen einer solchen Haltung – mag sie sich nun bewusst oder unbewusst manifestieren, aktiv oder passiv – verheerend sein.

In seiner großen »Offenheit« und »Aufrichtigkeit« enthüllt Nicolas Sarkozy, was bisher formal wie inhaltlich dem Bereich des Ungesagten zugehörte, nämlich das Faktum, dass das geistige Rüstzeug, auf dem die Afrikapolitik Frankreichs beruht, buchstäblich von Ende des 19. Jahrhunderts stammt. Trotz aller Basteleien handelt es sich um eine Politik, deren Strukturen von einem überholten, fast ein Jahrhundert alten Erbe herrühren.

Die Rede des neuen Präsidenten zeigt, wie die neuen Eliten an der Spitze Frankreichs im Zeichen einer oberflächlich-exotistischen Sichtweise das Bild einer Wirklichkeit entwerfen, die zu ihrer fixen Idee und ihrer Wahnvorstellung (Rasse!) geworden ist, von der sie aber in Wahrheit keine Ahnung haben. Wenn sich Henri Guaino an die »Elite der afrikanischen Jugend« wendet, begnügt er sich mit einer fast wörtlichen Wiedergabe des Kapitels, das Hegel in *Die Vernunft in der Geschichte*[21] Afrika gewidmet hat. Nach vielen anderen Kritikern habe ich vor kurzem diesen Text in meinem Buch *De la postcolonie* (221–230)[22] ausführlich beleuchtet. Laut Hegel ist Afrika in der Tat das Land der beharrenden Substanz und der Unordnung einer Schöpfung, die gleichzeitig faszinierend, glückselig und tragisch erscheint. So wie wir die Neger heute sehen, so waren sie zu allen Zeiten. Angesichts der ungeheuren Energie, mit der naturhafte Willkür sie beherrscht, haben bei ihnen weder der Sinn für Moral noch die Ideen der Freiheit, der Gerechtigkeit und des Fortschritts irgendeinen Platz, irgendeinen

21 Vgl. Hegel, Georg Wilhelm Friedrich, 1966, *Die Vernunft in der Geschichte*, hrsg. von Johannes Hoffmeister. Mit einer Einleitung von Gottfried Stiehler, Berlin, Akademie-Verlag (Anm. des Übers.).

22 Mbembe, Achille, 2000, *De la postcolonie. Essai sur l'imagination politique dans l'Afrique contemporaine*. Paris, Karthala.

Sonderstatus. Wer die scheußlichsten Ausprägungen der menschlichen Natur kennenlernen will, kann sie in Afrika finden. Dieser Teil der Welt hat im Grunde keine Geschichte. Was wir unter dem Namen Afrika erfassen, ist eine geschichtslose, unentwickelte Welt, versklavt vom Naturgeist und immer noch an der Schwelle der Weltgeschichte verharrend.

Von nichts anderem sind die neuen französischen Eliten überzeugt. Dieses hegelsche Vorurteil ist auch das ihre. Im Gegensatz zur Generation der Überväter (de Gaulle, Pompidou, Giscard d'Estaing, Mitterrand oder Chirac), die dasselbe Vorurteil stillschweigend pflegten, aber es vermieden, afrikanische Gesprächspartner vor den Kopf zu stoßen, meinen die »neuen Eliten« Frankreichs, dass jeder, der das Wort an so tief im Nächtlich-Kindlichen verwurzelte Gesellschaften richten will, sich gleichsam ungebremst, mit dem Nachdruck urtümlicher Energie ausdrücken muss. Genau dies haben sie im Sinn, wenn sie mit Seitenblick auf die Kolonialgeschichte heute ganz offen die Idee einer »Nation ohne Komplexe« propagieren.

Ihrer Meinung nach kann man von Afrika und zu Afrikanern nur sprechen, wenn man Verstand und Vernunft gegen den Strich bürstet. Was tut's, wenn sich jedes geäußerte Wort in den Rahmen generellen Unwissens fügt. Es reicht, die Wörter mit Schwulst und Überschwang anzureichern, alles mit Bildern zu überschwemmen – genau so, wie es in Sarkozys Rede von Dakar geschieht. Dadurch wirkt sein Diskurs eigentümlich abgehackt und stammelnd.

Auch wenn ich alle Sorgfalt walten lasse – in dem langen Monolog von Dakar finde ich Einladungen zum Austausch und zum Dialog nur in Form purer Rhetorik. Was sich zwischen den Zeilen abzeichnet, das sind Forderungen, Vorschriften, Ordnungsrufe (darunter auch Zensurappelle), billige Provokationen, Beleidigungen verpackt in hohle Schmeicheleien – und dazu eine unerträgliche Selbstherrlichkeit, die man, wie ich meine, nur in Dakar, Yaoundé oder Libreville an den Tag legen kann, aber sicher nicht in Pretoria oder Luanda.

Der Präsident als Ethnophilosoph

Neben Hegel gibt es eine zweite Referenz, die von den »neuen Eliten Frankreichs« ohne jeden Skrupel aktualisiert wird. Gemeint ist ein Repertoire von Gemeinplätzen, welche die koloniale Ethnologie gegen Ende des 19. Jahrhunderts festgeschrieben hat. Von dieser Art Völkerkunde nährt sich ein großer Teil des Afrika-Diskurses und darüber hinaus ein Teil des Exotismus und der Gedankenlosigkeit, die dem Rassismus französischer Prägung seine bevorzugten Ausdrucksmittel liefern.

Lévy-Bruhl versuchte in seinen Erörterungen zur »primitiven« oder »prälogischen« Mentalität aus dieser Ansammlung von Vorurteilen ein System zu machen. In einer Serie von Essays über die »inferioren Gesellschaften« (*Les fonctions mentales*, 1910; *La mentalité primitive*, 1921) setzte er alles daran, die Unterscheidung zwischen dem vernunftbegabten »Menschen des Westens« und den nicht-westlichen, im Zyklus des Immer-Gleichen und der Zeit des Mythos eingeschlossenen Völkern bzw. Rassen pseudowissenschaftlich zu untermauern.

Leo Frobenius, den der Romancier Yambo Ouologuem in *Le devoir de violence*[23] heftig angreift, hat sich, so wie es Brauch war, stets als »Freund« der Afrikaner präsentiert und zugleich eifrig zur Verbreitung von Lévy-Bruhls krausen Gedanken beigetragen, indem er den Begriff des afrikanischen »Vitalismus« prägte.[24] Freilich, die »afrikanische Kultur« stellte für ihn mehr als ein Vorspiel zur Logik und zur Rationalität dar. Dennoch war der schwarze Mensch für ihn letztlich nur ein Kind. So wie sein Zeitgenosse Ludwig Klages (Verfasser von Schriften wie *Vom kosmogonischen Eros*, *Mensch und Erde*, *Der Geist als Widersacher der Seele*) meinte auch er, dass der Mensch des Westens sich durch den ordnenden Einsatz des Willens, dem er seine Herrschaft über die Natur verdankte, einen Verlust an Vitalität und damit einen Zug zum Abstrakten eingehandelt hatte. Der belgische Missionar

23 Vgl. Ouologuem, Yambo, 1968, *Le devoir de violence*, Paris, Seuil, 111f.

24 Vgl. Frobenius, Leo, 1933, *Kulturgeschichte Afrikas. Prolegomena zu einer historischen Gestaltlehre*, Zürich, Phaidon.

Placide Tempels wiederum dozierte über die »Bantu-Philosophie«, zu deren Grundlagen in seinen Augen die Symbiose zwischen dem »afrikanischen Menschen« und der Natur gehörte.[25] Nach Ansicht des guten Paters stellt die »Lebenskraft« das Wesen des Bantu dar. Sie entfaltet sich zwischen der Nullstufe (Tod) und dem höchsten Niveau – jenem des Mannes, der sich als »Häuptling« durchsetzt.

Auf solchen Grundlagen – zu denen auch das Werk von Pierre Teilhard de Chardin zu rechnen wäre – ruht das Denken von Senghor, den Henri Guaino ins Spiel bringen möchte, um die Äußerungen seines Präsidenten durch einen afrikanischen Gewährsmann abzusichern. Weiß er denn nicht, wie unendlich viel der senegalesische Dichter bei der Formulierung seines Négritude-Konzepts, oder als er seine Konzepte der Kultur, der Zivilisation und sogar sein Métissage-Prinzip entwickelte, den extremsten rassistischen, essenzialistischen und biologisierenden Theorien seiner Zeit verdankte?

Da ist aber nicht nur die koloniale Ethnologie, diese Pseudowissenschaft der Eroberer und all der anderen Konstrukteure eines imaginären Afrika, dem sie gern ein Anderssein andichten, um von ihrer hohen Warte herab exotische und unwandelbare Lebensformen, Manifestationen eines fremdartigen Menschseins, vorzuführen. Da sind auch Maurice Delafosse (*L'âme nègre*, 1921), Robert Delavignette (*Les paysans noirs*, 1931) und andere Demiurgen der »afrikanischen Seele«, dieses blödsinnigen Begriffs, auf den die französischen Eliten so viel Wert legen. Da sind ferner die Erbschaft der Kolonialausstellungen, die Tradition der Menschenzoos, wie sie von Pascal Blanchard[26] und seinen Kollegen analysiert wurde, sowie die Tradition der Reiseberichte, die einander an Phantastereien überbieten – von Du Chaillus Entdeckungsreisen in die Berge von Gabun bis zur Fahrt von Dakar nach Dschibuti von Marcel Griaule und Michel Leiris (*L'Afrique fantôme*), ganz

25 Vgl. Tempels, Placide, 1945, *La philosophie bantoue*, Elisabethville. Vom Autor korrigierte Fassung: 1949, Paris, Présence africaine.

26 Vgl. Blanchard, Pascal/Lemaire, Sandrine, 2003, *Culture coloniale. La France conquise par son empire 1871–1931*, Paris, Autrement.

zu schweigen von den sogenannten Entdeckern der »Negerkunst« (mit Pablo Picasso an der Spitze).

Von alledem wiederum nährt sich ein rassistischer Habitus, oft im Unterbewusstsein, der weitergetragen wird von der Massenkultur mit ihren Filmen, ihrer Werbung, ihren Comics, ihrer Malerei und Fotografie und – als logische Konsequenz – ihrer Politik auf dem Niveau von Klischees wie »Y'a bon Banania«[27] oder »Mon z'ami toi quoi y'en a«.[28] Durch solche Produkte der Massenkultur erzeugt man Einstellungen, die keineswegs ein echtes Bemühen um das Verständnis des Anderen fördern, sondern aus diesem Anderen ein austauschbares Objekt machen, das in dem Maße interessant erscheint, als es alle Arten von Schimären und Reflexen hervorzurufen vermag.

Der Sonderberater des französischen Staatschefs übernimmt sowohl diese Phrasenflut als auch den Kernbestand der von den Predigern der afrikanischen Ontologie aufgestellten Thesen (obgleich er vorgibt, sie zu widerlegen). Um sich selbst zu jenem Ethnophilosophen in Präsidentenfunktion zu machen, der er vielleicht werden möchte, schöpft Nicolas Sarkozy seine Hauptmotive genau aus der erwähnten Bibliothek des Kolonialismus und Rassismus. Hierauf argumentiert er gerade so, als wäre die schwammige und alles in allem bescheuerte Idee eines »afrikanischen Wesens«, einer »afrikanischen Seele«, die ihre lebende Verkörperung im »afrikanischen Menschen« fände, nicht längst zur Zielscheibe einer radikalen Kritik durch die besten afrikanischen Philosophen geworden – allen voran Fabien Eboussi Boulaga, dessen Buch *La crise du Muntu* durchaus als Klassiker zu werten ist.[29]

Man darf sich daher nicht wundern, wenn Guainos Definition

27 Seit 1914 bekannter Werbespruch für ein Kakao-Produkt der Firma Nutrimaine (Anm. des Übers.).

28 Beispiel für »Petit Nègre« (etwa »Na, Freundchen, was steht an?«), ein Pidgin, das die Offiziere der französischen Armee lernen mussten, um sich mit den angeblich primitiven Senegalschützen verständigen zu können (Anm. des Übers.).

29 Boulaga, Fabien Eboussi, 2003, *La crise du Muntu. Authenticité africaine et philosophie*, Paris, Présence africaine.

des Kontinents und seiner Menschen total negativ ausfällt. In der Sicht unseres Ethnophilosophen und Präsidenten ist der »afrikanische Mensch« ja vor allem gekennzeichnet durch das, was er nicht besitzt, was er nicht ist oder was er nie schaffte (gemäß der Dialektik des Mangels und des Versagens), oder aber durch seinen Widerstand gegen den »modernen Menschen« (gemeint ist der Weiße) – ein Widerstand, der erklärt wird mit der irrationalen Verbundenheit mit dem dunklen Zauberreich der Kindheit, mit schlichten Freuden und einem Goldenen Zeitalter, das nie existiert hat.

Im Übrigen ist das Afrika der neuen französischen Machteliten im Wesentlichen ein ländliches Afrika, Märchenland zwischen Pastorale und Alptraum, von Bauern bevölkert, Gemeinschaft von Leidenden, die nichts gemein haben als die für alle gleiche Position am Rand der Geschichte, die da draußen hocken, dort wo es Hexer gibt, Griots, Masken und symbolträchtige Wälder, wo Fabelwesen die Quellen bewachen, mit den Flüssen singen und sich in den Bäumen verbergen, wo die Toten und die Vorfahren sprechen, und was es mehr gibt an Albernheiten rund um die angebliche »afrikanische Solidarität«, den »Gemeinsinn«, die »menschliche Wärme« und die Ehrfurcht vor den Alten und Oberen.

Die Politik der Ignoranz

Und so wird die Rede abgespult gemäß dem gesegneten Vorsatz, den Gegenstand zu ignorieren, als hätte es während der zweiten Hälfte des 20. Jahrhunderts nicht einen beeindruckenden Zuwachs an Wissen über die Wandlungen und die *longue durée* der afrikanischen Welt gegeben.

Über den unschätzbaren Beitrag, den die afrikanischen Forscher selbst zur Erkundung ihrer Gesellschaften und zur internen Kritik ihrer Kulturen geleistet haben, manchmal mit Strenge, immer mit Menschlichkeit, will ich hier gar nicht sprechen. Manche von uns Heutigen haben wichtige Beiträge zu dieser kritischen Forschung erbracht. Aber ich spreche von den Milliarden, die die französische Regierung aus ihrem eigenen Budget in dieses große Unternehmen investiert hat, so dass mir unerklärlich ist, wie vor dem Hintergrund einer solchen Investition jemand heute noch derart befremdliche Reden über den Kontinent schwingen kann.

Was verbirgt sich also hinter dieser Politik der freiwilligen und absichtsvollen Ignoranz?

Wie kann man sich an der Universität Cheikh Anta Diop im Dakar des beginnenden 21. Jahrhunderts hinstellen und die geistige Elite so anreden, als hätte Afrika keine eigene Tradition der Kritik, als wären Senghor und Camara Laye, diese Sänger des empfindsamen Negers und des Zauberreichs der Kindheit, nicht aus den eigenen Reihen scharf kritisiert worden?

Wie glaubhaft kann ein Lamento sein, das aus den Afrikanern zutiefst traumatisierte Geschöpfe macht, unfähig zu selbständigem Handeln in Umsetzung wohlverstandener Eigeninteressen? Was ist das für eine Auseinandersetzung mit der Geschichte des Kontinents, die die lange Tradition der Widerstandsbewegungen total verschweigt, sowohl die Tradition des Widerstands gegen den französischen Kolonialismus wie auch die heutigen Kämpfe für die Demokratie, die keinerlei offene Unterstützung durch ein Land erfahren, das seit langem aktiv die Partei der lokalen Satrapen ergreift. Wie kann man uns das Hirngespinst eines Euro-Afrika versprechen, ohne nur ein Wort über die Bemühungen der Afrikaner um die Schaffung eines gesamtafrikanischen Wirtschaftsraums zu verlieren? Was ist eigentlich mit der Fülle an Informationen passiert, die das Institut für Entwicklungsforschung und die Arbeitsgruppen des *Centre National de la Recherche Scientifique* gesammelt haben? Was wurde aus den thematischen Schwerpunkten all der Tagungen, die afrikanische und französische Forscher zusammenführten und so viel für ein besseres Verständnis des Kontinents geleistet haben? Wie würdigt man den Idealismus, der diese Kongresse, an denen ich mehr als einmal teilnehmen durfte, inspirierte? Wie kann man so tun, als hätte nicht Georges Balandier schon in den 1950er Jahren in Frankreich selbst die fundamentale Modernität der afrikanischen Gesellschaften gezeigt;[30] als hätten nicht Claude Meillas-

30 Vgl. Balandier, Georges, 1963 (1955), *Sociologie actuelle de l'Afrique*

soux, Jean Copans, Emmanuel Terray, Pierre Bonafé neben vielen anderen die innere Dynamik der Ungleichheit erzeugenden Faktoren vorgeführt;[31] als hätten nicht Catherine Coquery-Vidrovitch, Almeida Topor und Jean Suret-Canale (wieder neben mehreren anderen) die Brutalität der Gesellschaften, welche Konzessionen vergeben, und die Doppelbödigkeit der kolonialen Wirtschaftspolitik deutlich gemacht;[32] als hätten nicht Jean-François Bayart[33] und die *Revue Politique Africaine* mit der Illusion aufgeräumt, die afrikanische Unterentwicklung erkläre sich durch Afrikas »Abkehr von der Welt«; als hätte nicht Jean-Pierre Chrétien neben vielen anderen Geographen den sich in nachhaltigen Agrartechniken manifestierenden Erfindungsreichtum bewiesen;[34] als hätten nicht Alain Dubresson, Annick Osmont und andere das unglaubliche Völkergemisch in den afrikani-

noire. Dynamique des changements sociaux en Afrique centrale, Paris, Presses universitaires de France (Anm. des Übers.).

31 Meillassoux, Claude, 1971, *L'évolution du commerce africain depuis le XIXe siècle en Afrique de l'Ouest*, Oxford, Oxford Univ. Press; ders., 1986, *Anthropologie de l'esclavage, le ventre de fer et d'argent*, Paris, PUF; Copans, Jean, 2000, *La longue Marche de la modernité africaine*, Paris, Karthala; Terray, Emmanuel, 1969, *Le Marxisme devant les sociétés »primitives«. Deux études*, Paris, Maspero; ders., 1995, *Une histoire du royaume Abron du Gyaman, des origines à la conquête coloniale*, Paris, Karthala; Bonafé-Schmitt, Jean-Pierre, 1992, *La Médiation*, Paris, Syros (Anm. des Übers.).

32 Coquery-Vidrovitch, Catherine, 1993, *Histoire des villes d'Afrique noire des origines à la colonisation*, Paris, Albin Michel; dies., 1999, *L'Afrique et les Africains au XIXe siècle*, Paris, Colin; Almeida-Topor, Hélène, 2003, *Le travail en Afrique noire. Représentations et pratiques à l'époque contemporaine*, Paris, Karthala; Suret-Canale, Jean, 1971, *Afrique noire: l'ère coloniale*, Paris, Éditions Sociales; ders., 1972, *Afrique noire: de la décolonisation aux indépendances*, Paris, Éditions Sociales; ders., 1973, *Afrique noire: Géographie, civilisation, histoire*, Paris, Éditions sociales (Anm. des Übers.).

33 Bayart, Jean-François, 1996, *L'illusion identitaire*, Paris, Fayard (Anm. des Übers.).

34 Chrétien, Jean-Pierre, 1983, *Histoire rurale de l'Afrique des grands lacs. Guide de recherche*, Paris, Afera/Karthala (Anm. des Übers.).

schen Städten dargestellt;[35] als hätte nicht Jean-Pierre Warnier die Vitalität der Wertschöpfungsmechanismen in Westkamerun beschrieben[36] und so weiter …!

Ablehnung der Verantwortung

Die Leier über die Kolonisierung und die Verweigerung der »Zerknirschung« stammen direkt aus den Gedankenspielen von Pascal Bruckner,[37] Alain Finkielkraut,[38] Daniel Lefeuvre[39] und wie sie alle heißen. Aber wem kann man einreden, dass es keine moralische Verantwortung gibt für die Taten, die in der Geschichte eines Staates begangen wurden? Wer soll glauben, dass, wer eine humane Welt erschaffen will, Moral und Ethik über Bord werfen muss, da nun einmal Recht und Gerechtigkeit in dieser Welt nicht existieren?

Jene, die ein ungerechtes System weißwaschen wollen, geben heute gerne der Versuchung nach, die Geschichte Frankreichs und seines Kolonialreichs neu zu schreiben, indem sie daraus eine Geschichte der »Befriedung« machen, eine Geschichte der »Erschließung von unbebauten Gebieten, die niemandem gehören«, der »Verbreitung von Schulbildung«, des »Aufbaus einer

35 Dubresson, Alain, 1990, *Villes et industries en Côte-D'Ivoire*, Paris, Karthala; Osmont, Annick/Goldblum, Charles, 2003, *Villes et citadins dans la mondialisation*, Paris, Karthala (Anm. des Übers.).

36 Warnier, Jean-Pierre, 1993, *L'esprit d'entreprise au Cameroun*, Paris, Karthala (Anm. des Übers.).

37 Vgl. Bruckner, Pascal, 1983, *Le sanglot de l'homme blanc. Tiers-monde, culpabilité, haine de soi*, Paris, Seuil (Anm. des Übers.).

38 Alain Finkielkraut: »Der Schulunterricht in Kolonialgeschichte und Geschichte der Sklaverei wurde verändert. Heute unterrichtet man die Kolonialgeschichte als eine ausschließlich negative Geschichte. Man lehrt nicht mehr, dass das Kolonialprojekt auch darauf abzielte, zu bilden, den Wilden die Zivilisation zu bringen. Man spricht nur noch von den Versuchen, auszubeuten, zu beherrschen, zu plündern.« (Interview in der israelischen Tageszeitung *Haaretz*, 18. November 2005, Übers. von F.P.K.) (Anm. des Übers.)

39 Lefeuvre, Daniel, 2006, *Pour en finir avec la repentance coloniale*, Paris, Flammarion (Anm. des Übers.).

modernen Medizin« sowie der Schaffung eines modernen Straßen- und Eisenbahnnetzes. Dieses Argument gründet sich auf die alte Lüge, der zufolge die Kolonisation ein menschenfreundliches Unternehmen war und zur Modernisierung der alten, in Auflösung befindlichen Primitivgesellschaften beitrug. Hätte man sie sich selbst überlassen, nicht wahr, dann hätten sie sich am Ende wahrscheinlich selbst zerstört.

Wer die Kolonisation so darstellt, wie in der Rede von Dakar geschehen, umgibt sich mit dem Nimbus tiefer Aufrichtigkeit und echter Gefühle, um die Suche nach Alibis für eine überaus grausame, widerliche und gemeine Sache zu erleichtern – auch wenn nur er selbst an diese Alibis glaubt. Behauptet wird, dass die Eroberungskriege, die Massaker, die Deportationen, die Raubzüge, die Zwangsarbeit, die Rassendiskriminierung als Institution, dass all das nur die »Verfallsgeschichte einer großen Idee« war oder, wie Alexis de Tocqueville erklärt, »bedauerliche Zwänge«.[40]

Wenn man von Frankreich verlangt, es möge bekennen, dass die Kolonialherrschaft »hart, gewalttätig, willkürlich und primitiv« gewesen ist, so wie es der genannte Tocqueville getan hat, oder wenn man erreichen möchte, dass Frankreich aufhört, in Afrika korrupte Diktaturen zu unterstützen, so bedeutet das nicht, dass man Frankreich verleumdet oder hasst. Es bedeutet nur, dass man fordert, es möge seine Verantwortung wahrnehmen und dem gerecht werden, was es als seine universelle Berufung definiert. Diese Forderung ist angesichts der heutigen Verhältnisse unbedingt notwendig. Insbesondere wenn es um Frankreichs koloniale Vergangenheit geht, muss eine Politik der unbegrenzten Unverantwortlichkeit einer strengen, durchdachten und andauernden Kritik unterzogen werden.

Andererseits gilt es, konsequent zu sein und aufzuhören, über die Kolonisation im Sinne einer »variablen Geometrie« zu sprechen[41] – bald für den internen Gebrauch, bald für den Export.

40 Tocqueville, Alexis de, 1988 (1841), *De la colonie en Algérie*, Paris, Éd. Complexe (Anm. des Übers.).

41 Variable Geometrie: Der Begriff bezeichnet die Vorstellung, dass Ent-

Wen will man denn vom guten Willen überzeugen, wenn man die eigene Aufrichtigkeit hervorkehrt, wie in Dakar geschehen, und ganz nebenbei versucht, das Kolonialsystem salonfähig zu machen, indem man trachtet, so üble Gestalten wie Raoul Salan[42] posthum zum Marschall zu ernennen oder für Killer wie Bastien-Thiry, Roger Degueldre, Albert Dovecar, Claude Piegts und andere ihres Schlags ein Denkmal zu errichten.[43]

Schlusswort

Die Mehrheit der Afrikaner lebt weder in Frankreich noch in den ehemaligen französischen Kolonien. Sie bemüht sich auch nicht um Emigration ins europäische Frankreich. Millionen von Afrikanern gehen täglich ihrem Beruf nach und hängen von keinem Hilfsprogramm Frankreichs ab. Im Kampf ums Überleben schulden sie Frankreich nichts, ebenso wenig wie Frankreich ihnen etwas schuldet. Und das ist gut so.

Darüber hinaus gibt es eine starke Beziehung auf kulturellem Gebiet, die viele von uns mit diesem alten Land, in dem wir Teile unseres Bildungswegs beschritten haben, verbindet. Dort lebt eine starke Minderheit von französischen Staatsbürgern afrika-

scheidungen der EU von unterschiedlichen Mitgliedsgruppen auf verschiedene Weise formuliert werden können (Anm. des Übers.).

42 Raoul Salan wurde als Leitfigur der OAS 1962 zu lebenslangem Kerker verurteilt und 1968 von de Gaulle begnadigt. Eine Vereinigung von Kolonialnostalgikern forderte die posthume Ernennung Salans zum Marschall von Frankreich. Über Sarkozys Verbindung zu diesen Kreisen vgl. Manceron, Gilles, *Passé colonial: les propos inquiétants de Nicolas Sarkozy*, Website der Sektion Toulon der Liga für Menschenrechte http://www.ldh-toulon.net/spip.php?article2019 (Anm. des Übers.).

43 1980 wurde in Toulon von rechtsnationalen Kreisen ein Denkmal der »Märtyrer des französischen Algerien« errichtet. Noch vor der Einweihung zerstörte eine Bombe das Monument, das einen liegenden Fallschirmjäger darstellte. Bei dem Festakt erinnerte General Jouhaud an die in Frankreich hingerichteten OAS-Kämpfer Piegts, Dovecar und Degueldre, bei anderer Gelegenheit rühmte er den Obersten Jean Bastien-Thiry, dessen Attentat auf de Gaulle scheiterte und der 1963 ebenfalls hingerichtet worden war (Anm. des Übers.).

nischer Herkunft, Nachfahren von Sklaven und Kolonisierten, deren Schicksal uns keineswegs gleichgültig ist, nicht anders als das Schicksal der illegalen Einwanderer, die nicht konform mit den Gesetzen sind, aber dennoch ein Anrecht auf menschliche Behandlung haben.

Seit Fanon wissen wir, dass es unsere Aufgabe ist, die ganze Weltgeschichte neu zu gestalten; dass wir nicht das Vergangene auf Kosten unserer Gegenwart und unserer Zukunft lobpreisen dürfen; dass die »Seele des Negers« eine Erfindung der Weißen ist; dass es ›den Neger‹ nicht gibt, ebenso wenig wie ›den Weißen‹; und dass wir uns nur auf uns selbst stützen können.[44]

Heute wissen viele ganz genau – sogar unter den frankophonen Afrikanern, deren Unterwürfigkeit gegenüber Frankreich besonders ausgeprägt ist, unterliegen sie doch der Verführung durch den Heimatmythos und die Opferrolle –, dass das Schicksal des Kontinents und wohl auch seine Zukunft nicht von Frankreich abhängen. Nach einem halben Jahrhundert der formalen Entkolonisierung haben die jungen Generationen gelernt, dass von Frankreich nicht allzu viel zu erwarten ist, ebenso wenig wie von den anderen Weltmächten. Die Afrikaner werden sich entweder selber retten oder zugrunde gehen.

Sie wissen auch, dass manche dieser Weltmächte mehr Schaden anrichten als andere. Angesichts unserer vergangenen und gegenwärtigen Verwundbarkeit können wir nicht viel mehr tun, als dieser Macht zum Schaden-Anrichten Grenzen zu setzen. Eine solche Haltung hat mit Hass gegen irgendjemanden nichts zu tun. Im Gegenteil, sie ist die Voraussetzung für eine Politik der Gleichheit, ohne die es keine Weltgemeinschaft geben kann.

Wenn somit Frankreich eine positive Rolle in der Durchsetzung dieser Weltgemeinschaft spielen will, muss es seine Vorurteile aufgeben. Seine neuen Eliten müssen die schwierige Geistesarbeit leisten, ohne die politische Freundschaftsbekundungen keinen Sinn haben. Man kann nicht, wie in Dakar geschehen, zu einem Freund sprechen, ohne ihn anzusehen. Zur Freundschaft fähig sein bedeu-

44 Fanon, Frantz, 1952, *Peau noire, masques blancs*, Paris, Seuil (Anm. des Übers.).

tet, in seinem Freund den möglichen Feind zu respektieren, wie Jacques Derrida betont hat.[45]

Der kulturelle und intellektuelle Blickwinkel, unter dem die neuen französischen Machteliten Afrika betrachten, beurteilen oder belehren, ist heute nicht nur überholt. Er lässt auch keinen Raum für freundschaftliche Beziehungen, die der Freiheit ein Zeichen setzen würden, da sie mit von Gerechtigkeit und Respekt geprägten Beziehungen vereinbar wären. Wenn es um Afrika geht, fehlt Frankreich derzeit schlicht der moralische Kredit, der es ihm erlauben würde, mit Gewissheit und Autorität zu sprechen.

Aus diesem Grund wird die Rede des Nicolas Sarkozy in Dakar weder Gehör finden, noch von denen, an die sie sich richtete, ernst genommen werden.

Übersetzt von Fritz Peter Kirsch

45 Derrida, Jacques, 1994, *Politiques de l'amitié*, Paris, Galilée; ders., 2000, *Politik der Freundschaft*, aus dem Französischen von Stefan Lorenzer, Frankfurt/Main, Suhrkamp (Anm. des Übers.).

Für Makhily Gassama

Doppelbödigkeit und Geschichtsschacher

Zohra Bouchentouf-Siagh

Zohra Bouchentouf-Siagh ist Absolventin der École Normale Supérieure im Fach Lettres Modernes Françaises. Sie hat am Institut de Phonétique et de Linguistique in Alger sowie an der Universität René Descartes – Paris V Sorbonne Sprachwissenschaft studiert. Ihre Dissertationen betreffen die Dialektologie und die Soziolinguistik des Maghreb: *Les parlers arabes de l'Ouest algérien. Approche phonologique,* Alger 1976, *Les usages linguistiques dans la langue du théâtre amateur,* Paris 1984, *Paroles maghrébines,* Alger 2004.
Lehre und Forschung am Institut des langues étrangères von Alger und am Institut für Romanistik der Universität Wien.
Herausgeberschaft:
Dzayer, Alger. Ville portée, rêvée, imaginée. Lectures autrichiennes, Alger, Casbah Éditions, 2006.
Zeitschrift *Quo vadis Romania?*: Leitung der Nummern 11/1998 (Algérie des femmes. Approches littéraires et linguistiques) und, gemeinsam mit Peter Cichon, 21/2002 (Le Sénégal, un modèle de gestion et de promotion des langues nationales en Afrique?)
Monographie gemeinsam mit Peter Kampits: *Zur Aktualität von Albert Camus,* Wien, Picus, 2001.
Zahlreiche Aufsätze in Zeitschriften. Vorträge im Rahmen von algerischen und internationalen Kolloquien über Themen aus dem Bereich der Didaktik, der Soziolinguistik, der »frankophonen« Literaturen und des Kulturlebens während und nach der Kolonisation in den vormals unter französischer Herrschaft befindlichen Ländern.

Vor dem Recht eines einzigen Menschen haben Interessen einer Nation betreffend Macht und Reichtum völlig zu verschwinden; andernfalls ist kein Unterschied mehr auszumachen zwischen einer geordneten Gesellschaft und einer Diebsbande.

Condorcet[46]

Am 26. Juli 2007 hielt der französische Staatspräsident Nicolas Sarkozy an der Universität Cheikh Anta Diop in Dakar eine Rede, deren Form und Inhalt afrikanische LeserInnen – auch bei großer Vertrautheit mit den ideologischen und propagandistischen Texten, welche die Kolonisation in den letzten Jahrhunderten hervorgebracht hat – einigermaßen aus der Fassung bringen muss. Was einem da zugemutet wird? Ein gespreizter Stil, der die Kümmerlichkeit der Argumentation nicht einmal notdürftig kaschiert; Zitate ohne Quellenangabe, die dem ursprünglichen Zusammenhang entrissen und zu einer simplen Blütenlese entstellt werden; eine erstaunliche Unkenntnis der Geschichte der afrikanischen Völker und Kulturen … und vor allem der unglaubliche Dünkel eines von seiner Allwissenheit überzeugten Oberlehrers! Ist der erste Leseeindruck einmal verdaut und der erste Zorn verraucht, möchte man klarer sehen und verstehen: Wie und warum konnte sich ein französischer Politiker im Jahr 2007 anmaßen, auf afrikanischem Boden vor afrikanischem Publikum solche Aussagen zu treffen? Und vor allem: Auf welchem Gedankengebäude, auf welcher Ideologie beruht heute seine Haltung gegenüber Territorien, die sein eigenes Land früher ausbeutete? Nach einer kurzen Erörterung von Hilfsmitteln der Textanalyse (für studentische LeserInnen und/oder Nicht-Fachleute) werde ich versuchen, die Grundhaltung dieser Rede darzustellen: Sie bewegt sich in historischer und ideologischer Hinsicht konstant auf doppeltem Boden.

46 Condorcet, 2001 [1781], *Réflexions sur l'esclavage des nègres*, Paris, Fayard, 19–20.

Begriffe der Erzähltheorie

In der Erzähltheorie wird für gewöhnlich auf der Basis formaler Eigenschaften zwischen zwei Texttypen unterschieden: Bericht und Diskurs.

1. Der Bericht erzählt Ereignisse, die im Medium der Zeit vorgefallen sind (oder vorfallen werden); dazu verwendet er auf spezifische Weise nicht nur das Verbalsystem – Modi und Tempora –, sondern auch die Personalpronomen (*er/sie/man*, unpersönliche Formen etc.). Auf diese Weise ergeben sich im Bericht Unterscheidungen auf zwei Ebenen: einerseits zwischen den erzählten Ereignissen und der Art, wie sie erzählt werden; andererseits zwischen den verschiedenen Standpunkten, von denen aus die Erzählung dieser Fakten gestaltet wird. Gemeinhin kann man mindestens drei Standpunkte festmachen: Entweder der Erzähler ist allwissend, dann kennt er sogar das Innenleben der einzelnen Personen in seinem Bericht (beziehungsweise der einzelnen Figuren, wenn es sich um ein fiktionales Werk handelt); oder der Erzähler bezieht einen externen Standpunkt mit eingeschränktem Gesichtsfeld, insofern er nur berichtet, was er sieht, und so den Eindruck von Objektivität, von fehlender eigener Gefühlssphäre, von Verzicht auf Meinungsäußerungen vermittelt; oder er bezieht einen internen, zwangsläufig partiellen und parteiischen Standpunkt, weil er selbst Teil seiner Geschichte, mithin der erzählten Fakten ist.

2. Ein Diskurs liegt vor, wenn jemand das Wort ergreift, um in mündlicher oder schriftlicher Form seine Vorstellungen, Kommentare oder Analysen darzulegen, und zwar als selbst zu verantwortenden Redebeitrag (der dementsprechend stark – oder schwach – modalisiert wird, etwa durch Markierungselemente der Beurteilung oder Einschätzung). Sprachliche Markierungen des Diskurses sind beispielsweise der Einsatz der direkten Rede, die Verwendung des Präsens oder der Personalpronomen *ich/wir* und *du/ihr/Sie*.

So weit – zur Erinnerung – jene Basisbegriffe, die jedem/r SekundarschülerIn in Dakar oder anderswo ausreichend geläufig sind, um die Ansprache von Nicolas Sarkozy als Beziehungsgeflecht zwischen dem, was gesagt wird, und der Art, wie es gesagt wird, »dekodieren« zu können. Neben ästhetischen Optionen (die man in dieser Ansprache übrigens vergeblich sucht, das überstrapazierte Stilmittel der Emphase einmal ausgenommen) bildet vor allem die ideologische Einstellung den »Fundus«, aus dem der Text gestaltet wurde. Es ist so gut wie unmöglich, alle die unzähligen Aspekte dieser geschwätzigen, hohlen, unverdaulichen, an der Grenze zur Beschimpfung angesiedelten Rede des Mannes, der das höchste Staatsamt in Frankreich bekleidet, zu berücksichtigen. Was hier durch die Analyse der formalen Anlage dieses Sermons und einiger Textbeispiele geleistet werden soll, ist die Offenlegung der Ideologie, welche ihm zugrunde liegt.

Die doppelte Diskursinstanz und der doppelte ideologische Boden

Da es in Dakar um eine Ansprache bzw. Rede ging, könnte man erwarten, nur den spezifischen Diskursmarkierungen (siehe oben), also persönlichen Aussagen zu begegnen, für die Nicolas Sarkozy die volle Verantwortung übernimmt. Dem ist aber nicht so: Unmittelbar stolpert man bei der Lektüre über die zweifache Aussageweise, die diesen Text durchgängig charakterisiert, eine deutlich wahrnehmbare *doppelte Diskursinstanz.* Da ist manchmal wie von ferne oder außen »die Rede« von *es gab dies/das*, von einem raunenden *sie* (gemeint *jene Menschen*), so als ob der Sprecher, N. Sarkozy, seiner jungen Zuhörerschaft traurige Geschichten erzählte, die jedoch längst vergangen, ja sogar definitiv in der Vergangenheit begraben sind. Dann wieder richtet sich eine ungestüme erste Person an dieselbe Zuhörerschaft, ein »Ich, Nicolas Sarkozy, Staatspräsident von Frankreich«, ein »Ich, Frankreich«, das die »Elite der afrikanischen Jugend« direkt anzusprechen wünscht. Dazu folgende Textbeispiele:

> *Ich* bin gekommen, um zu *Ihnen* offen und ehrlich zu sprechen [...] *Ich* bin nicht gekommen, Fehler und Verbrechen zu leugnen, denn Fehler und Verbrechen *hat es* sehr wohl *gegeben. Es gab* den Sklavenhandel, *es gab* die Sklaverei: Männer, Frauen, Kinder – gekauft und verkauft wie Waren. Und *das war* nicht nur ein Verbrechen an den Afrikanern. *Das war* ein Verbrechen am Menschen, an der ganzen

> Menschheit. [...] *Sie* wollten den afrikanischen Menschen bekehren, wollten ihr Ebenbild aus ihm machen, *sie* maßten sich alle Rechte an, glaubten sich allmächtig [...]

Auffallend sind zunächst die schamhaften und möglichst wenig expliziten Formulierungen *»es hat gegeben/es gab, sie, das war«* (die sich auch in anderen Textpassagen wiederfinden) sowie die Verben »wollen« und »glauben« (*»sie wollten, sie glaubten«*)[47], die das tatsächlich Geschehene (*»bekehren«* und *»aus ihm machen«*, mit anderen Worten: die kulturellen und materiellen Verwüstungen, die im Namen der von der Kolonialmacht proklamierten »zivilisatorischen Mission« begangen wurden) in schüchtern-intime Psychoszenchen verwandeln; alles wird zu einer trüben Brühe verkocht, in der Euphemismen und Ungenauigkeiten sich

47 Eine ausführlichere Formulierung findet sich an einer späteren Stelle der Rede: »[...] Aber es gab auch Menschen guten Willens, Menschen, die *glaubten*, Gutes zu tun. Dabei irrten sie gewiss, aber einige von ihnen meinten es ehrlich. Sie *glaubten*, die Freiheit weiterzugeben, und schufen Entfremdung. Sie *glaubten*, die Ketten der Fortschrittsfeindlichkeit, des Aberglaubens, der Knechtschaft zu sprengen, und schmiedeten *weit schwerere Ketten*. Sie brachten eine *weit schwerwiegendere Knechtschaft* mit [...] Sie *glaubten*, Liebe zu schenken, und merkten nicht, dass sie Hass und Revolte säten.« Hier verschafft übrigens das französische Imperfekt »croyaient« infolge seiner speziellen Tempussemantik dem Verb »glauben« eine gewissermaßen einbalsamierende Wirkung: Das Publikum soll offensichtlich in die Seligkeit einer melancholischen Vergangenheit eintauchen, wo – in folgerichtiger Verlängerung dieser Mitleidssuada über die Stellung der KolonisatorInnen – die handelnden ProtagonistInnen den »Hass und die Revolte«, die sie »säten«, eigentlich gar nicht verdienten. Ebenfalls bemerkenswert ist die Parallelschaltung der den beiden Parteien jeweils zugeordneten Eigenschaften. Eine hübsche Rolle fällt hierbei dem Komparativ (in den von mir hervorgehobenen Formulierungen) zu: Er reduziert die Antinomie von Freiheit und Unfreiheit auf graduelle Unterschiede, behauptet über das Bild der mehr oder weniger schweren »Ketten« eine Vergleichbarkeit zwischen der unterjochenden Kolonisation und der vermeintlichen geistigen »Knechtschaft« einer »fortschrittsfeindlichen« (soll heißen: noch nicht kolonialisierten) Kultur. Falls noch irgendwelche Zweifel bestanden, so stellt dieser Komparativ endgültig klar, auf welcher Seite der Geschichte der afrikanischen Völker Nicolas Sarkozy steht.

ineinander verklumpen, so dass man am Ende nicht mehr weiß, wer wann wo was getan hat und, vor allem, wem jeweils die historische Verantwortung zukommt … denn historische Verantwortung gibt es sehr wohl, auch wenn das Nicolas Sarkozy nicht passt, der eigentlich wissen müsste, dass es in Frankreich wie anderswo nicht möglich ist, die Knebelung von Erinnerung und Gewissen per Dekret zu verordnen! Aber kehren wir zurück zu der erwähnten doppelten Diskursinstanz. In ihr formt sich vor unseren Augen die Doppelbödigkeit dieser Rede. Tatsächlich erfüllt sie einen eindeutigen ideologischen Zweck: Einerseits vertuscht Sarkozy seine eigentliche, von Leugnung und Verantwortungsverweigerung bestimmte Denkrichtung, indem er die angesprochenen Fakten – jahrhundertelange Sklaverei sowie koloniale und neokoloniale Ausbeutung Afrikas durch Europa, unter anderem durch Frankreich – als neutrale, objektive und unparteiisch referierte, gewissenlos blanchierte (also durch Abbrühen bekömmlicher gemachte) historische Daten präsentiert, die man bitte schön zu kennen hat, weshalb ihre flüchtige Erwähnung genügt. Andererseits hilft dieses in Wahrheit bloß aufgekochte, an der Kolonialmythologie orientierte Geschichtsbild, in dem wohlweislich nur die »großen zivilisatorischen Verdienste« vermerkt werden, Sarkozy nun, ein düsteres Bild des Kontinents Afrika zu zeichnen, auf dessen Grundlage er schließlich zu einer »Renaissance« aufruft und vor den Augen seines Publikums die strahlende Zukunft dieser Wiedergeburt erstehen lässt – eine leicht erreichbare Zukunft, vorausgesetzt, man hört auf ihn und befolgt nichts Geringeres als die Empfehlungen des Monsieur Nicolas Sarkozy, seines Zeichens französischer Staatspräsident!

Das sarkozyanische Phrasengespinst

Die Phraseologie des Nicolas Sarkozy geht von einer bewusst trügerischen »Mythologie« aus. Sie entspricht einem gewissen Phraseologie-Typus, der in Deutschland schon während und unmittelbar nach der Nazi-Ära in Texten der Frankfurter Schule analysiert und diskutiert wurde. In Frankreich wurden vergleichbare Instrumente zur Analyse dieses Diskurses von Roland Barthes entwickelt und eingeführt. In einem inzwischen schon klassisch gewordenen Text (»Der Mythos heute« in *Mythen des Alltags*/»*Mythologies*« *suivi de* »*Le mythe, aujourd'hui*« aus dem Jahr 1957) definierte Barthes den Mythos[48] als »Weise des Bedeutens (mode de signification)« (Barthes 1974: 85), als »eine viel stärker durch ihre Absichten [...] als durch ihren Buchstaben bestimmte Aussage (parole)[49] [...], [wo] die Absicht jedoch gewissermaßen erstarrt, gereinigt, verewigt und durch den Buchstaben *abwesend gemacht* [wird]« (Barthes 1974: 105). Von dieser Definition lassen sich zwei wesentliche Kennzeichen mythischen Sprechens ableiten: *Inflation* und *Substantivierung*:

> Die moralische Inflation betrifft [...] weder Gegenstände noch Handlungen, sondern stets Ideen oder Vorstellungen, »Begriffe«, deren Gesamtgefüge nicht so sehr einer Verwendung im Dienst der Kommunikation, als vielmehr einem Bedarf gehorcht, denn gebraucht wird ein starrer Code. Die Kodifizierung des offiziellen Sprachgebrauchs und seine Substantivierungstendenz greifen somit ineinander, denn der Mythos ist prinzipiell nominal angelegt, ist doch das Benennen durch Nomina bereits der erste Akt in der systematischen und gewaltsamen Reduktion auf eine einzige Bedeutung. [...] Eben weil *die Mission* Frankreichs, *die Zerrissenheit* des marokkanischen Volkes oder *das Schicksal* Algeriens grammatikalisch (im Allgemeinen durch die Verwendung des bestimmten Artikels) als Postulate gesetzt werden, kommen wir diskursiv nicht gegen sie an.

48 »Mythos« hat bei Barthes nicht dieselbe Wortbedeutung wie in der Anthropologie, die den Mythos als symbolische Erzählung heiligen Charakters definiert. Laut Mircea Eliade »erzählt der Mythos eine heilige Geschichte; er berichtet von einem Ereignis, das sich zu den Urzeiten, in den sagenumwobenen Zeiten des ›Beginns‹ zugetragen hat« (Eliade 1988: 16).

49 Der von Saussure in die Sprachwissenschaft eingeführte und von Barthes mit expliziter Referenz auf Saussure verwendete Terminus »parole« (als Teil der Dichotomie *langue–parole*) wird im Deutschen für gewöhnlich durch »Rede«, »(das) Sprechen« oder auch »Sprachgebrauch« wiedergegeben. Der Übersetzer des Textes von Barthes hat sich für »Aussage« entschieden; dieser Terminus enthält als Wortbedeutung zugleich auch das Resultat des Sprechens als etwas konkret Vorliegendes und er korreliert deutlich mit dem von Barthes häufig und eindringlich formulierten Satz, der Mythos sei eine Form (Anm. des Übers.).

> [...] *Wer Kultur in Natur verwandeln will, etabliert zunächst einmal die allgemeine Bekanntheit; sie ist die erste Form dieser Verwandlung.* (Barthes 2002: 781[50])

Auch in der Ansprache von Nicolas Sarkozy gibt es solche »allgemein bekannten« Substantiva, die einen Anspruch auf Unanfechtbarkeit stellen. Eine systematische Untersuchung des Gesamttextes würde ihre Häufigkeit und ihren besonderen Stellenwert belegen. Hier soll zur Verdeutlichung folgender Textausschnitt genügen, in dem ich jeweils die Determinanten der Substantiva und das Fehlen jeglicher Determinanten vor verabsolutierten Substantiva[51] markiert habe:

> Ich bin gekommen, euch zu sagen, dass dieser Riss zwischen den beiden Teilen eurer selbst zugleich eure größte Stärke und euer größter Schwachpunkt ist, je nachdem, ob ihr euch um die notwendige Synthese bemüht oder sie vernachlässigt.[52] Doch ich bin auch gekommen, euch zu sagen, dass in euch, ihr jungen Afrikaner, zwei Erbteile angelegt sind, zwei Weisheitsstränge, zwei Traditionen, die einander lange Zeit bekämpft haben: die afrikanische und die europäische. [...] Ich bin indes gekommen, euch zu sagen, dass der Anteil

50 Hervorhebung durch die Autorin, Übersetzung durch den Übersetzer dieses Artikels. Das in Barthes Buch *Mythologies* enthaltene Kapitel »Grammaire africaine«, aus dem dieses Zitat stammt, wurde in die deutsche Übersetzung des Buches (Barthes 1974) nicht aufgenommen (Anm. des Übers.).

51 Im Deutschen entspricht das Fehlen des Artikels manchmal dem bestimmten Artikel des Französischen, dann nämlich, wenn das Ding oder der abstrakte Begriff »schlechthin« angesprochen, das Nomen also in absoluter Setzung verwendet wird (Anm. des Übers.).

52 Bei dieser bravourösen Aussage gewinnt man den Eindruck, dass ihr Autor sich mit dem Kartenlegen gut auskennt oder auch mit den Horoskopen anspruchsloser Schmökerzeitschriften samt ihren widersprüchlich oder gezielt unscharf formulierten und daher nicht umsetzbaren Ratschlägen. In Form und Inhalt sind mehrere Passagen aus Sarkozys Rede von der Idiomatik solcher Wahrsagerei geprägt, die zugleich erheitert und erschreckt, weil sie völlig nichtssagend ist. Aber wahrscheinlich ist es ihre Bestimmung, alles durcheinanderzubringen. Was konkret? Nun eben die Karten, mit denen man weiterspielen wollte.

> Europas, der in euch wohnt, zwar die Frucht eines großen westlichen Sündenfalls im Zeichen des Hochmuts ist, dass jedoch dieser Anteil keinesfalls unwürdig ist. Denn er ist der Ruf nach _ Freiheit, nach _ Emanzipation und _ Gerechtigkeit, nach _ Gleichheit von _ Frau und _ Mann. Denn er ist der Ruf nach _ universeller Vernunft und _ universellem Bewusstsein.

In lexikalisch-semantischen Textanalysen geübte SekundarschülerInnen hätten in der zitierten Passage zudem reichlich Gelegenheit, das den Begriffen »Afrika« und »Europa« jeweils zugeordnete Wortfeld zu erschließen: Afrika, der begriffsarme Kontinent der Gewalt und des Kampfes (*Riss, zwei Teile, Stärke, Schwachpunkt*); Europa, der Erdteil, dem eine Unzahl positiver Begriffe zugeordnet werden (*Anteil, Frucht, Ruf, Freiheit, Emanzipation, Gerechtigkeit, Gleichheit, Vernunft, Bewusstsein*). Wir sind hier im traditionellen axiomatischen Diskurs des Westens, der sich als Träger von »Werten« versteht, die er gar nicht anders als »universell« denken kann, weil eben er sie definiert und in selbstredend großzügiger und uneigennütziger Weise weiterreicht! Doppelbödigkeit auch hier, wobei nicht einmal klar ist, ob der Autor dieser Rede wirklich glaubt bzw. glauben machen will, er trage neues Gedankengut vor, oder ob er in perfekter Scheinheiligkeit im heutigen Dakar jene Behauptungen zu wiederholen wagt, die lange vor ihm die VerfechterInnen der »positiven Rolle der Kolonisation« aufgestellt hatten. Man lese nach bei Jules Ferry, der am 28. Juli 1885 – vier Monate nach dem Sturz seiner Regierung – in der Abgeordnetenkammer das koloniale Abenteuer in zumindest unverstellter und eindeutiger Sprache zu rechtfertigen suchte und dabei ausrief:

> Ich erkläre, dass die Kolonialpolitik ein System ist [...], dreifach verankert in der Wirtschaft, in den Beziehungen zwischen den Menschen und in der Politik [...] Meine Herren, einen zweiten Punkt [...] muss ich hier noch erwähnen, nämlich den humanitären und zivilisatorischen Aspekt. [An die Adresse von Camille Pelletan gerichtet:] Sie können – darauf gehe ich jede Wette ein – Ihre These von der Gleichheit, Freiheit und Unabhängigkeit der unterlegenen Rassen nicht aufrechterhalten, und zwar deshalb nicht, weil Sie genauso

für die koloniale Expansion eintreten, die ja bekanntlich nur über den Verkehr und den Handel möglich ist. [...] Ich wiederhole, dass die überlegenen Rassen ein Recht besitzen, weil ihnen auch eine Verpflichtung auferlegt ist. Sie haben die Verpflichtung, die unterlegenen Rassen zu zivilisieren [...] (zit. n. Pervillé 1991: 47–48)

Wo und wann hat Präsident Sarkozy die Geschichte der afrikanischen Kulturen studiert?

Die »Mythologie« Sarkozys bedient sich außerdem, wenn von Afrika die Rede ist, gern eines stereotypen und verschwommenen Vokabulars. Da scheint die Phraseologie dann der Regenbogenpresse oder aber den Prospekten westlicher Reisebüros zu entspringen. Zunächst wird – wie könnte es anders sein – das angenehm-schaurige und zugleich wohlfeile Prickeln ins Spiel gebracht, das Reisende gerne befällt, die es in diese »entlegenen« Gebiete verschlägt: das »*Geheimnis* Afrika«, beschworen durch die Formulierungen »ein erstes *Geheimnis* Afrikas«, »jener *geheimnisvolle* Glaube« (der Afrikaner), die »*Geheimnisse*, aus dem [afrikanischen] Urgrund der Zeit«. »Geheimnis« – dieses Wort soll wohl auf das Unergründliche und Unsagbare verweisen, auf das Versagen herkömmlicher europäischer Ratio, die da verstehen will, aber nicht kann. Doch selbst wenn sich der naive Präsidententourist einer Anwandlung des wohligen Exotismus überlässt, weil ihn das »Fremde« lustvoll erschauern lässt, so wird er aufgrund seines nach wie vor unerschütterlichen Überlegenheitsgefühls nie anerkennen können, was zu durchdringen er sich selbst kokett verwehrt. Was bleibt ihm also anderes übrig, als das Unergründliche in etwas Inakzeptables zu verwandeln! Wie das geht? Ganz einfach, die/der Andere wird zur Essenz mit Ewigkeitsanspruch. Und unser prominenter Redner gleitet behände vom »Geheimnis Afrika« zur Evokation der »*afrikanischen Seele*«, die natürlich ebenfalls mit dem »*Urgrund der Zeit*« (siehe oben) und der »*Morgenröte der menschlichen Zeit*« verknüpft wird. Geistige Unbeweglichkeit Afrikas, Jahrtausende währende Fortschrittsfeindlichkeit, die uns schließlich genau erklärt wird:

> Das *Drama* Afrikas besteht darin, dass der afrikanische Mensch nicht ausreichend in *die Geschichte* eingetreten ist. Der afrikanische Bauer, der seit Jahrtausenden im Gleichklang mit den Jahreszeiten und für ein Lebensideal – nämlich die harmonische Beziehung *zur Natur* – lebt, dieser afrikanische Bauer kennt nichts anderes als die ewige Wiederkehr der Zeit, die ihren Rhythmus durch die unendliche Wiederholung der ewig gleichen Gesten und ewig gleichen Worte erfährt. In dieser Vorstellungswelt, wo *alles* immer wieder von neuem beginnt, ist kein Platz für *das Abenteuer Mensch*, für *die Fortschrittsidee*. In diesem geistigen Kosmos, wo von *der Natur alles* vorgegeben wird, ist der Mensch zwar von der Angst gegenüber *der Geschichte*, von dieser Pein *des modernen* Menschen verschont, aber der Mensch bleibt unbeweglich: verhaftet in einer unverrückbaren Ordnung, wo *alles* von Anbeginn festgelegt scheint. Niemals schwingt sich da der Mensch auf zur Zukunft. Niemals kommt es ihm in den Sinn, aus der Sphäre der Wiederholung herauszutreten, um sich *eine eigene Bestimmung zu erschließen.*

Bei der Lektüre dieses Abschnitts (wie auch vieler anderer Passagen) aus der Präsidentenrede hat man den Eindruck, als würde der Boden unter den Füßen ständig nachgeben. Mehr und mehr versinkt man im Sammelbecken dieser Lawine von Wiederholungen und Scheinsynonyma: im fehlenden Sinn[53]. Man verfängt sich in Tautologien, Unwahrheiten, Widersprüchen. Vor allem bleibt völlig unklar, welche Bedeutung Nicolas Sarkozy dem Wort *Geschichte* beimisst … Wer sich mit der Geschichte der afrikanischen Zivilisationen und Völker so wie mit der aller anderen Völker der Erde beschäftigt, wer diese Vergangenheit mit den Mitteln der Sozialwissenschaften, wie sie von den Wissensinstitutionen überall in der Welt gelehrt werden, verstehen will, übt sich laut Sarkozy in sinnlosem »Wiederkäuen«. Und was tut Sarkozy selbst? Er gebärdet sich vor seinem Publikum als Märchenonkel, er erzählt ihm »Geschichten«, Geschichten über einen ganzen Kontinent, die bei der *Morgenröte der menschlichen Zeit* einsetzen und mehrere *Jahr-*

53 Die Wörter, die den Gegensatz *Natur/Kultur* begründen, sind von mir durch Kursivierung, die Wiederholungen durch Unterstreichung hervorgehoben.

tausende umspannen; und all das, ohne ein Wort über sein Theoriekonzept, über seine Methodik bzw. seine diesbezüglichen Quellen zu verlieren. Da liegt es nahe, eine Figur aus einem Roman von Jerzy Kosinski[54] zum Vorbild zu nehmen, die während eines Parteikongresses die Rede Stalins über das Thema Sprachen durch Handheben und die Frage zu unterbrechen wagt: »Wo und wann hat Genosse Stalin Linguistik studiert?« Wo und wann hat Präsident Sarkozy die Geschichte Afrikas und der afrikanischen Völker studiert? Seine Rede ist eine Anhäufung von dürftigen, abgedroschenen Phrasen, die auf die Zeit des Sklavenhandels zurückgehen und die Rassentheorie in den Dienst konkreter wirtschaftlicher Interessen stellen. Da wurde und wird die/der AfrikanerIn bestenfalls der »Natur« (im obigen Ausschnitt zweimal hervorgehoben) zugeordnet, während die Sklavenhändler und in ihrem Gefolge die KolonisatorInnen, also jene EuropäerInnen, die sich durch den Handel und *die Ausbeutung des Einheimischen am helllichten Tage*[55] ein Vermögen geschaffen hatten, natürlich für das »Abenteuer Mensch« stehen und jene repräsentieren, die »sich eine eigene Bestimmung erschließen«. In dieser bis zum Überdruss strapazierten Phraseologie werden dem Wort *Natur* unweigerlich die Begriffe *Geschichte, Fortschrittsidee* und *eigene Bestimmung* gegenübergestellt, mit anderen Worten all das, was man gemeinhin *Kultur* nennt.

Wir haben es hier eindeutig mit der von Barthes analysierten axiologischen Variante des politischen Diskurses zu tun; in ihr steht das Wort für einen Wert, es »spielt immer auf einen bestimmten historischen Prozess an, es ist wie ein algebraisches

54 Die Verfilmung dieses Romans von Kosinski (*La Présence*, Paris, Flammarion, 1971) hieß *Being there* (USA, 1979).

55 Nachdem Jules Ferry, der damals einfacher Abgeordneter war (und dem man gewiss keine kolonisationsfeindliche Haltung vorwerfen kann), an der Spitze einer parlamentarischen Delegation nach Algerien gereist war, verwendete er diese Formulierung in seinem Bericht über die sogenannten »communes mixtes« [Gemeinden, in denen die Autochthonen zwar in numerischer Überzahl wohnten und arbeiteten, aber von den KolonisatorInnen stark eingeschränkte Lebensbedingungen hinnehmen mussten; Anm. des Übers.], zit. n. Ageron 1979: 29.

Zeichen, das eine ganze Einschiebung früherer Postulate ersetzt« (Barthes 1985: 31). Die Rede des Nicolas Sarkozy steht in direkter gedanklicher Kontinuität zu den Diskursen aus der Zeit der widerlichsten Höhepunkte des Sklavenhandels und der kolonialen Besetzung des afrikanischen Kontinents. Aber unser Redner lässt es bei seiner Beschwörung der Vergangenheit nicht bewenden: An anderen Stellen seiner Rede widmet er sich der Gegenwart Afrikas, also entweder dem, was in seinen Augen das heutige Afrika ausmacht, oder seinen eigenen ebenso brutalen wie pauschalen Afrika-Definitionen, ausgedrückt durch die emphatische Formel »Die Realität Afrikas (gefolgt von einer reißerischen Nominalgruppe)«. Zur Illustration folgende Auszüge:

> Der Kolonialismus ist nicht für alle *Schwierigkeiten im heutigen Afrika* verantwortlich zu machen. Er ist nicht verantwortlich für *blutige Kriege*, die sich die Afrikaner untereinander liefern. [Wir fragen hier lieber nicht nach, wer die dafür notwendigen Waffen herstellt und verkauft und wer hinter den zahlreichen sogenannten »Stammesfehden« steckt.] Er ist nicht für *Völkermorde* verantwortlich. [Wir fragen nicht nach, was in Ruanda passiert ist.[56]] Er ist nicht für *Diktatoren* verantwortlich. [Wir verweisen auf die einschlägige Publikation von Éric Fottorino, Christophe Guillemin, Érik Orsenna.[57]]

56 Nachzulesen bei Diop, Boubacar Boris, 2000, *Murambi, le livre des ossements*, Paris, Stock; ders./Tobner, Odile/Verschave, François-Xavier, 2005, *Négrophobie*, Paris, Les Arènes.

57 »Pas dupes, IV. Les fausses factures ont besoin d'Afrique« (in: Fottorino/Guillemin/Orsenna 1992: 149–152): »Es gibt [...] nur sehr wenige [französische] politische Parteien, die nicht irgendwann von der Großzügigkeit eines ›befreundeten‹ schwarzen Staatschefs profitiert hätten. Diese ›Beteiligungen‹ haben viele Formen: unverhohlene Geschenke, erhöhte Gebühren bei Verträgen inklusive Rückerstattung, Abzweigung der Entwicklungshilfe ... Es gibt keine französische Wahlkampagne ohne finanzielle Unterstützung aus Afrika [...]. Und so hat – ganz zufällig – noch nie eine politische Clique angeprangert, was absurd, aber wahr ist: Die Demokratie wird in Frankreich von autokratischen Regimes armer Länder tatkräftig unterstützt [...] Egal, ob es sich um schmutziges beziehungsweise hinter den Kulissen verschobenes Geld oder um die Finanzierung unserer Demokratie beziehungsweise Industrie handelt, alles vollzieht sich so, als ob Frankreich [...] Afrika als einen diskreten Anhang

> Er ist nicht für *Fanatismus*[58] und nicht für *Korruption* und *Amtsmissbrauch* verantwortlich. Er ist nicht verantwortlich für *Verschwendung* und *Umweltverschmutzung*.
> [...] Das Problem Afrikas ist, dass es ein *Mythos* geworden ist, den sich jeder nach Bedarf zurechtzimmert. [...] *Die Realität Afrikas* – ein zu starkes Bevölkerungswachstum bei zu geringem Wirtschaftswachstum. [...] *Die Realität Afrikas* – eine zu langsame Entwicklung, eine nicht ausreichend ertragreiche Landwirtschaft, zu wenige Straßen, zu wenige Schulen, zu wenige Spitäler. [...] *Die Realität Afrikas* – die Realität eines großen Kontinents, der alles hätte, um erfolgreich zu sein, der aber nicht erfolgreich ist, weil er sich von seinen *Mythen* nicht befreien kann.

Wenn der Redner recht hat und das wirklich Afrika ist, dann war seine Rede für alle, die kamen, sie anzuhören, eine riesengroße Zeitverschwendung, denn sicherlich wollten sie, wenn schon nicht neue Ideen, so zumindest ermutigende Worte hören, statt mit jenen kaum verhüllten Beleidigungen und Anschuldigungen konfrontiert zu werden, die der französische Präsident vor den StudentInnen der Universität Cheikh Anta Diop in Dakar von sich gab. Warum oder zu welchem Zweck tat er das? Um hier klarer zu sehen, hilft die Analyse der Sarkozy'schen Semantik des Wortes *Mythos*, das er (im zweiten Teil des Textausschnitts) mit

betrachtete, als einen praktischen Paravent, hinter dem man zweifelhafte Gelder reinwaschen und profitable Machenschaften unter ›Eliten‹ regeln kann.« Bezeichnendes Beispiel für solche Operationen: der 1986 geplatzte Skandal um den »Carrefour du développement«; siehe dazu den entsprechenden Artikel in Beti/Tobner (1989): 58–59. [»Carrefour du développement« ist der Name einer Scheinorganisation, die jahrelang als Deckmantel für die von prominenten französischen Sozialisten praktizierte Abzweigung eigentlich Afrika gewidmeter Gelder diente. (Anm. des Übers.)]

58 Zum Thema Fanatismus vgl. Philippe Sollers, »Le voile et la forêt«, in der französischen Tageszeitung *Le Monde* vom 28. Juni 2003, 19: »Wir erleben derzeit nicht den Kampf der Kulturen, sondern den Kampf der Unkulturen, zu denen man sich (wie zu Attentaten) öffentlich bekennt. Es ist daher nicht verwunderlich, dass die in gewisser Weise auf Abwege geratene beziehungsweise entführte religiöse Komponente sich nun wieder ins Rampenlicht drängt«.

sieben Sätzen Abstand zweimal verwendet. Das erste Mal in der Einzahl: Hier bedeutet es, dass Afrika ein Konstrukt der Einbildung und somit fern der faktischen Wirklichkeit, also falsch ist. Zu der sich aufdrängenden Frage, welcher Mythos das ist, wer ihn in die Welt gesetzt hat, wer da »jeder« sein soll und um welchen »Bedarf« es sich handelt, schweigt sich Sarkozy freilich aus. Das zweite Mal steht *Mythos* in der Mehrzahl und vervielfacht – wie es scheint – die erste Bedeutung: eine Ansammlung von trügerischen und falschen Vorstellungen; es könnte auch eine Ansammlung von irrigen Reden und Ideen gemeint sein, jenen Ideen nämlich, die in mehreren Staaten Afrikas seit den Befreiungskriegen und der Erlangung der Unabhängigkeit als Weglosung dienten. Für dieses Bedeutungsmanöver unseres Redners spricht, was er wenig später äußert: »Afrika hat schon einen zu hohen Preis für das *Trugbild*[59] des Kollektivismus und des Progressivismus bezahlt.« Also weg mit den schönen sinnstiftenden Utopien, weg mit den schönen Plänen für eine bessere Zukunft, weg mit den Ideen und dem Engagement von Fanon, Lumumba, Ben Barka, Agostinho Neto (und von vielen anderen, denn die Liste der Menschen, die ein neues Afrika entworfen und sich dafür eingesetzt haben, ist sehr lang), weg mit alledem – ruft Nicolas Sarkozy uns zu – und folgt nur mir nach, ich-ich-ich-Nicolas-Sarkozy-Frankreichs-Präsident führe euch ins verheißene Globalisierungsparadies!

Auch wenn es Nicolas Sarkozy nicht passt, es gibt eine andere Geschichte des Kontinents, die mit diesen starren Klischeebildern nichts zu tun hat! Eine Geschichte, die wir dem Medium der mündlichen Überlieferung verdanken. Noch am Beginn des 20. Jahrhunderts spielte dieses Medium in den afrikanischen Gesellschaften eine wichtige Rolle, ja wurde von den KolonisatorInnen sogar als gefährlich eingestuft. Seine Bedeutung hatte der gelernte Geograf und Historiker Georges Hardy wohl erkannt, als er 1917 in seiner

59 Mit »Trugbild« ist hier das von Sarkozy verwendete Wort »mirage« wiedergegeben, das laut Wörterbuch (Petit Larousse 2000) in der übertragenen Bedeutung zweierlei bedeutet: »einen verführerischen und irreführenden Schein, eine Schimäre« bzw. »einen Mythos, also ein Gedankenkonstrukt, das auf keiner Wirklichkeit fußt«.

Eigenschaft als Schulinspektor für die französischen Kolonien in Westafrika die dortigen Schullehrpläne neu ausrichtete. Im Gegensatz zu vielen seiner Kollegen, die sich gegen einen Geschichtsunterricht für afrikanische SchülerInnen aussprachen,[60] warnte er vor der Tragweite der von ihm verteufelten traditionellen afrikanischen Geschichtsüberlieferung:

> Es käme einem eklatanten Mangel an psychologischem Verständnis und historischer Bildung gleich, wollte man die Kraft und die Gefahr dieser vom Volk erzählten Geschichte verkennen [...] Meint man im Ernst, der Geschichtsunterricht gehöre aus unseren Schulen verbannt? Sollen wir zusehen, wie sich diese tendenziöse, häufig frankreichfeindliche mündlich überlieferte Geschichte immer mehr verbreitet, sollen wir wirklich darauf verzichten, sie durch unzweideutige geschichtliche Zeugnisse zu überführen und ihre unlautere Absicht offenzulegen? Nein, die einzige Möglichkeit, diesem hinterhältigen Gewäsch Einhalt zu gebieten, besteht darin, ihm systematisch die wahre Geschichte entgegenzuhalten [...] (zit. n. Lüsebrink 1995: 115)

Inzwischen haben die AfrikanerInnen die andere Geschichte auch zu schreiben begonnen. Ihre Quellen sind die Archive und Museen Europas[61], die oralen Archive der afrikanischen Völker und alles, was auf afrikanischem Boden Jahrhunderte der Fremdherrschaft und der Verwüstung überlebt hat. Zur Illustration ein Auszug über die Periode vor der Einführung der Sklaverei, also die Zeit zwischen dem 12. und dem 16. Jahrhundert, so wie die beiden Historiker Joseph Ki-Zerbo und Djibril Tamsir Niane sie darstellen:

> Niemals zuvor [also vor der Zeit vom 12. zum 16. Jh.] waren die Beziehungen zwischen den afrikanischen Völkern so sehr vom Austausch der *Kulturgüter* geprägt gewesen. In den Städten des Niger-Knies florierte der Handel mit *Büchern*. Die Königreiche von Abessinien, Borno, Haussa, Songhai und Mali entwickelten eine eigenständige

60 Welche Lehrpläne für die Schulkinder aus afrikanischen Familien vorgesehen waren, ist nachzulesen bei M'Bokolo 1992.

61 Wenn afrikanische ForscherInnen über afrikanische Realien oder Dokumente, die eigentlich Afrika gehören, arbeiten wollen, müssen sie zu diesem Zweck häufig nach Europa fahren.

> *Literatur* mit den Schwerpunkten *Theologie* und *Geschichte*. Wallfahrten und Handel führten zu regem *geistigem Austausch*. Als 1498 Vasco da Gama das Kap umschiffte, hatten die südafrikanischen Völker, auch die Bantu, bereits *komplexe, hierarchisierte Gesellschaften* entwickelt. Die rassistische These vom »No man's land« beim Eintreffen der Weißen (die ja regelrecht kämpfen mussten, ehe sie den Autochthonen den Acker- und Bergbau entreißen konnten) ist somit eine Lüge [...] Alle nachweisbar beschriebenen menschlichen Tätigkeiten [...] belegen [...], dass die Kulturen Afrikas und Madagaskars in allen Lebensbereichen aus weitgehend eigenem Antrieb zu immer *komplexeren Formen der Produktion, des Verbrauchs, des Austauschs, der technischen Phantasie und der Selbstverwaltung* gelangt waren. Einflüsse von außen sollen nicht geleugnet werden, aber einseitige Erklärungsmodelle gehören abgelehnt. So kann man die historischen Entwicklungen südlich der Sahara nicht prinzipiell und ausschließlich mit dem Islam erklären. Genauso wenig kann man behaupten, dass es in Afrika südlich des Äquators vor der europäischen Beeinflussung nur historische Unbeweglichkeit gegeben habe. Wenn sich Einfluss von außen breitmacht, so bedeutet das nicht das Aus für die kulturelle Identität der Völker; die Vitalität der Berber-Kulturen ist dafür das beste Beispiel. (Ki-Zerbo/Niane 1991: 399–400; meine Hervorhebung)

Wie man Biografie, Hagiografie und Geschichte verwechseln kann

Die sarkozyanische Phraseologie basiert auf Geschichtsleugnung (gegenüber den AfrikanerInnen), also auf der Weigerung, die Kenntnis und das Verständnis von Fakten der Vergangenheit als bedeutsam für die Interpretation der Gegenwart anzuerkennen. Tatsächlich rät Sarkozy den AfrikanerInnen davon ab, die früheren *Zeiten* ihrer jeweiligen Gesellschaft zu erforschen. Als wäre nicht allgemein bekannt, dass die Zeitkategorien in der Sprache – in allen Sprachen – enthalten sind und dass die Vergangenheitskategorien weit zahlreicher sind als jene von Gegenwart und Zukunft! Das Ausdrücken der Zeit ist »die conditio sine qua non für das Leben der Gesellschaften und das Leben der Individuen in der Gesellschaft« (Benveniste 1974: 71). Wir brauchen Anhaltspunkte im Ablauf der Zeit, der sich je nach Kultur in der Zeitrechnung unterschiedlich niederschlägt:

> Genau diese Anhaltspunkte vermitteln uns die objektive Stellung der Ereignisse und definieren daher auch *unsere* Position gegenüber diesen Ereignissen. Sie sagen uns, *wo* wir in der unendlichen Weite der Geschichte stehen, welchen Platz wir einnehmen in der unaufhörlichen Abfolge der Menschen, die schon gelebt haben, und der Dinge, die schon vorgefallen sind. (Benveniste 1974: 72).

Der französische Staatspräsident aber will den jahrhundertelang unterjochten und ausgebeuteten Völkern das Recht absprechen, sich mit der franko-afrikanischen »gemeinsamen Geschichte« auseinanderzusetzen, weil ja – in seiner Vorstellung – »Reuelosigkeit« angesagt ist. Sonderbarerweise aber bleibt er selbst dem individuellen Gedächtnis, dem seiner Familie und dem des Kollektivs sehr verbunden. Man kann sogar seinen Wunsch verstehen, im Verlauf der für ihn letztlich erfolgreichen Präsidentschaftswahlkampagne die eigene Herkunft zur Schau zu stellen. Fernsehteams »gelang« da der »Coup«, das nicht mehr existierende Anwesen der Familie zu »zeigen«, eine betagte Verwandte zu interviewen und eine Kristallkaraffe mit dem Wappen der Familie Sarkozy in Großaufnahme zu präsentieren. Auf rein psychologischer Ebene braucht nun einmal jede/r von uns ihren/seinen *Familienroman*, und ob dieser auf Fakten beruht oder zum Teil erfunden ist, fällt nicht ins Gewicht. Er ist ein Gründungsbericht, der dem Individuum ein Fundament gibt, einen mentalen und emotionalen Sockel, auf dem aufbauend es der Gegenwart Sinn zuschreiben und sich selbst in die Zukunft projizieren kann. Anfang 2007 erschien eine Biografie – unzweifelhaft eine autorisierte Biografie, denn sie enthält vier Seiten mit persönlichen Fotos von Nicolas Sarkozy und seiner Familie –, in der die Autorin, Catherine Nay, das Familienepos des zukünftigen Präsidenten wie folgt vorstellte:

> Im 16. Jahrhundert machten sich seine [die des Pal Sarkozy, Nicolas Sarkozys Vater] *Vorfahren* im Kampf gegen die türkischen Eindringlinge verdient. Michael, einer von ihnen, wurde gefangen genommen und getötet. Sie verteidigten ihre *Religion*, ihr *Land*, ihren *König* [...] Und nun die eigentümliche, aber kaum verwunderliche Fügung der *Geschichte*: Vier Jahrhunderte später sollte ein *Nachkomme* mit dem Vornamen Nicolas seinerseits einen Kampf gegen die Türken führen, diesmal in Form des Widerstands gegen einen EU-Beitritt der Türkei [...] (Nay 2007: 20)

Sonderbarer Geschichtsbezug, rührende Gedankenparallele im Jahrhundertsprung: Vergangenes soll da die politischen Beweggründe in der Gegenwart erklären, religiöse, territoriale und politische Treue wirkt noch beim späten Spross Nicolas nach und veranlasst ihn, sich gegen das Projekt einer Mitgliedschaft der Türken in der Europäischen Gemeinschaft zu stemmen. Man hätte von seiner Seite zumindest wirtschaftliche Gründe erwartet!

Was das kollektive Gedächtnis betrifft, wird Nicolas Sarkozy nicht müde, sein Faible für Gedenkfeiern zur Geschichte der Grande Nation zur Schau zu stellen. Durchaus stimmig in diesem Zusammenhang seine Aufforderung zu Beginn des Schuljahres 2007/2008, den französischen SchülerInnen einen Brief von Guy Môquet, einem von den Nazi-Besetzern niedergeschossenen jungen Kommunisten, zur Lektüre vorzulegen. Allerdings habe ich nirgendwo gelesen, dass sich der französische Präsident während seines Besuchs in Dakar zu der Geste aufgerafft hätte, einen Kranz niederzulegen zum Gedenken an die senegalesischen Tirailleurs (Senegalesen im Dienst der französischen Armee), *französische Soldaten*, die auf den Schlachtfeldern Frankreichs und Europas dieselbe Nazi-Besatzungsmacht bekämpft hatten. Und warum keine Geste des Gedenkens an der Stelle, wo am 1. Dezember 1944 zwischen drei und fünf Uhr morgens französische Panzer das Lager von Thiaroye dem Erdboden gleichgemacht hatten, mit einer Bilanz von Toten und Verletzten, zu der es nie genaue Zahlen geben wird (weil es nie eine entsprechende Untersuchungskommission geben wird)? Nicolas Sarkozy ermunterte sein Publikum in Dakar, auf »die große Stimme des Präsidenten Senghor« zu hören; genauso gut hätte er als Schullektüre eines von Senghors Gedichten vorschlagen können, nämlich »Thiaroye«, das diese Tragödie hassfrei thematisiert[62]:

62 Ousmane Sembène verfilmte 1988 diese sehr koloniale Tragödie (*Camp de Thiarroye*) und Boubacar Boris Diop schrieb dazu ein Theaterstück (*Thiarroye terre rouge*). Zum geschichtlichen Aspekt: Elikia M'Bokolo, »Les voies de l'émancipation«, in: M'Bokolo 1992: 406–495.

Schwarze Gefangene, ich nenn euch französische Gefangene[63],
ist es denn wahr, dass Frankreich nicht mehr Frankreich ist? [...]
Nein, ihr seid nicht umsonst gestorben, ihr Toten! Dies Blut ist kein laues Wasser.
Dicht netzt es unsere Hoffnung, die aufblühen wird in der Dämmrung.
Es ist unser Durst, unser Hunger nach Ehre, die großen selbstherrlichen Königinnen[64],
Nein, ihr seid nicht umsonst gestorben. Ihr seid die Zeugen des unsterblichen Afrika,
Ihr seid die Zeugen der neuen Welt, die morgen erstehen wird.
Schlaft, ihr Toten! Möge meine Stimme euch wiegen,
meine Zornstimme, die von der Hoffnung gewiegt wird.
Paris, Dezember 1944 (Senghor 1963: 130)

Der gezielte Einsatz des Vergessens, den in Frankreich ein Nicolas Sarkozy und seine politischen Hofschranzen unermüdlich verkünden – natürlich nur, sofern sich dieses Vergessen auf die Vergangenheit ganz bestimmter Erdteile und ganz bestimmter Völker bezieht –, steht in engem Zusammenhang mit dem Versuch, ganze Völker und kollektive Mentalitäten auf eine vorgegebene politische Aktion und Gegenwartskonstruktion einzustimmen. »Richtet nicht, wir allein sind die Richter! Bestandsaufnahmen, wenn es solche überhaupt geben soll, sind unsere Angelegenheit!« – in diesem Sinne hat man den Teil der Sarkozy-Rede zu verstehen, in dem er Reue (die ja niemand von ihm verlangt hat) mit der Aufarbeitung der Vergangenheit bzw. der Geschichte des Kontinents verwechselt:

63 »... französische, jawohl französische Gefangene« käme dem französischen Original (»je dis bien prisonniers français«) näher, weil Senghor hier daran erinnert, dass die Afrikaner, die im Dienst der Franzosen gekämpft hatten, später – als sie ihren Sold einforderten – von denselben Franzosen deshalb eingesperrt (und schließlich niedergemetzelt) wurden (Anm. des Übers.).

64 »Durst« und »Hunger« sind im Französischen weiblich (Anm. des Übers.).

> Aber niemand kann von heutigen Generationen verlangen, für dieses Verbrechen [die Sklaverei] zu büßen, das frühere Generationen begangen haben. Niemand kann von den Söhnen verlangen, die Sünden ihrer Väter zu bereuen. Ihr jungen Afrikaner, ich bin nicht gekommen, um zu euch von Reue zu sprechen. […] Ich bin gekommen, um euch vorzuschlagen, ihr jungen Afrikaner, nicht etwa gemeinsam die Vergangenheit wiederzukäuen, sondern gemeinsam Lehren aus ihr zu ziehen, um so gemeinsam die Zukunft anvisieren zu können.

Man fragt sich zu Recht, wie es gelingen soll, »Lehren [aus der Vergangenheit] zu ziehen«, wenn diese Vergangenheit nicht – alleine oder »gemeinsam« – neu untersucht werden und Unaufgearbeitetes weiterhin nicht hochkommen darf. Wie kann man denn akzeptieren, dass die offizielle französische Sprach- und damit Mentalitätenregelung zum Thema Algerienkrieg es einem General Aussaresses (um nur ihn zu nennen) ermöglicht, über die »hehren bewaffneten Aktionen«, die er als Foltergeneral und Mörder durchgeführt hat, auch noch ein Buch zu verbrechen und zu veröffentlichen? Wie kann ein junger Afrikaner, ein junger Bewohner der Antillen, ein junger Kanake oder ein junger Vietnamese es denn hinnehmen, dass das französische Parlament mit den Stimmen der Abgeordneten der Sarkozy-Partei und vielleicht auch anderer ihm zugetaner Abgeordneter am 23. Februar 2005 ein Gesetz verabschiedet, das im Artikel 4 festlegt: »die Lehrpläne an den Schulen haben im Besonderen die positive Rolle der [französischen] Präsenz in den Überseegebieten, unter anderem auch in Nordafrika […] zu würdigen«? Erst der Widerstand französischer Historiker und Intellektueller konnte die Ehre retten und bewirken, dass dieser Artikel schließlich zurückgezogen wurde. Doch davon unbeirrt serviert uns der um Widersprüche unbekümmerte Präsident Nicolas Sarkozy diese koloniale Vergangenheit nun als ein in *Passé composé*[65] gemeißeltes Epos:

65 In entsprechenden Fügungen (wie in diesem Zitat aus Sarkozys Rede) kann die Zeitform des französischen *Passé composé* suggerieren, vergangene Handlungen seien gewichtige Aktionen mit unleugbarer Auswirkung auf die Gegenwart (Anm. des Übers.).

> Er [der Kolonisator] hat genommen, aber bei allem gebotenen Respekt möchte ich sagen dürfen, dass er auch gegeben hat. Er baute Brücken, Straßen, Spitäler, Ambulanzen, Schulen. Er machte Brachland fruchtbar, er investierte Mühe, Arbeit und Wissen.

Da Nicolas Sarkozy »nicht alle Bücher gelesen hat« (was man ihm kaum vorwerfen kann), wollen wir ihm dieses geschichtliche Zeugnis vorlegen:

> Da stellt man dir um 10 000 Francs einen fürstlichen Wohnsitz hin, der 100 000 Francs wert ist, da baut man um nur einige Hundert Francs Straßen von 10, 20, 50 und noch mehr km Länge, da probiert man Lebensmittelkulturen auf Hunderten Hektar aus, die keinen Heller kosten … und das alles wird von einem Stummen bezahlt: dem Eingeborenen. (Henri Cosnier, *L'Ouest africain français*, Paris, 1921; zit. n. Blanchard/Lemaire 1996: 30)

Oder diesen Befund, klar und scharf wie ein Diamant, von Aimé Césaire (*Über den Kolonialismus/Discours sur le colonialisme*):

> Man erzählt mir von Fortschritt, von »Leistungen«, von geheilten Krankheiten, von weit über das ursprüngliche Niveau gehobenem Lebensstandard. Ich aber spreche von Gesellschaften, die um sich selbst gebracht wurden, von zertretenen Kulturen, von ausgehöhlten Institutionen, von beschlagnahmtem Land, von ermordeten Religionen, von vernichteter Kunst, von außerordentlichen *Möglichkeiten*, die unterdrückt wurden. Man wirft mir Fakten an den Kopf, Statistiken, Kilometerzahlen von Straßen, Kanälen, Eisenbahnen. Ich spreche von Tausenden hingeopferter Menschen für den Bau der Eisenbahn Kongo-Ozean[66]. Ich spreche von jenen, die zur Stunde, da ich dies schreibe, mit bloßen Händen den Hafen von Abidjan ausheben. Ich spreche von Millionen Menschen, die man ihren Göttern, ihrer

66 *Congo-Océan*, die Eisenbahnlinie von Brazzaville nach Pointe-Noire, wurde zwischen 1921 und 1934 gebaut und bekam von den AfrikanerInnen den Spitznamen »die Menschenfresserin«; laut Schätzungen »kostete« der Streckenbau 36 Menschenleben pro Gleiskilometer, also insgesamt 20 000 bis 30 000 Tote. Siehe dazu M'Bokolo 1992: 378, und auch André Gides *Voyage au Congo suivi de Le retour du Tchad. Carnets de route* aus den Jahren 1927 und 1928.

> Erde, ihren Sitten, ihrem Leben, dem Leben, dem Tanz, der Weisheit entriss. Ich spreche von Millionen Menschen, denen man geschickt das Zittern[67], den Kniefall, die Verzweiflung, das Domestikentum eingeprägt hat. (Césaire 1968: 23)

Das Universum der geschlossenen Rede[68]

Was ist also zu halten von dieser nicht durchgehenden, aber durchgehend parteiischen Weigerung, die Geschichte aufzuarbeiten? Und wie kommt es, dass ein Politiker, der nicht im Geringsten wissenschaftlich legitimiert und eigentlich nur gehalten ist, die Regierungsgeschäfte seines Landes zu führen, sich diese »parole« (im Sinne Pierre Bourdieus) anmaßt und mit verbaler Gewalt ein Terrain besetzt, das überhaupt nicht seines ist? In einem weltberühmt gewordenen und für die Frage, die uns hier beschäftigt, immer noch relevanten Buch analysierte Herbert Marcuse Kommunikation, Sprachgebrauch und Beziehungsmuster in industriellen Gesellschaften (Kapitalismus der liberalen Prägung, Nazismus bzw. Faschismus und Kommunismus in den sozialistischen Republiken); er konnte nachweisen, dass jedes dieser Systeme – unter jeweils anderem Vorwand – eine ganz bestimmte Dimension des Denkens, nämlich die *historische Dimension*, gewaltsam durch das zu ersetzen versucht, was der Autor *operationelle Rationalität* nennt. Es entsteht dabei ein Universum à la Orwell, wo die Wörter auch ihr Gegenteil bedeuten können[69]. Dieses Universum ist nichts anderes als

67 Monika Kind übersetzt Aimé Césaire stellenweise sehr frei. Hier liegt zudem eine Auslassung vor. Eine textgetreuere Übersetzung könnte lauten: »… von Millionen Menschen, denen man geschickt die Angst, den Minderwertigkeitskomplex, das Zittern […] eingeprägt hat« (Anm. des Übers.).

68 Dieser Ausdruck ist Herbert Marcuse (Marcuse 2005) entlehnt.

69 Ich verweise hier gleichermaßen auf Roland Barthes' Analyse (s. oben, Barthes 1985) des Wortes »Krieg« während der »Ereignisse« in Algerien, wie sie damals im französischen politischen Diskurs hießen. Aber man braucht nicht so weit zurückzugehen. Dieselbe Analyse würde etwa auch auf den Diskurs europäischer und amerikanischer PolitikerInnen während der beiden Golfkriege zutreffen.

> […] eine Unterdrückung der eigenen Vergangenheit der Gesellschaft – und ihrer Zukunft insoweit, als diese Zukunft an die qualitative Änderung, die Negation der Gegenwart appelliert. Ein Universum der Sprache, worin die Kategorien der Freiheit mit ihrem Gegenteil austauschbar, ja identisch geworden sind […] Die alten geschichtlichen Begriffe werden durch hochmoderne operationelle Neubestimmungen außer Kraft gesetzt, die […] dazu dienen, das Falsche in Wahrheit zu verwandeln. Die funktionale Sprache ist eine radikal antihistorische Sprache […] Die Erinnerung an die Vergangenheit kann gefährliche Einsichten aufkommen lassen, und die etablierte Gesellschaft scheint die subversiven Inhalte des Gedächtnisses zu fürchten […] Die Anerkennung der Vergangenheit und die Beziehung zu ihr als einem Gegenwärtigen wirkt der Funktionalisierung des Denkens durch die bestehende Realität und in ihr entgegen. Sie widersetzt sich der Abriegelung des Universums von Sprache und Verhalten; sie ermöglicht die Entfaltung von Begriffen, die das geschlossene Universum aus seiner Festigkeit lösen und überschreiten, indem sie es als geschichtliches Universum begreifen. (Marcuse 2005: 116–118)

Vieles in dieser Rede könnte man noch anführen, zum Beispiel ihre mythen- und mottenzerfressenen Quellen. Wenn Nicolas Sarkozy etwa die verheerenden Auswirkungen der Kolonisation beschreibt, die er an dieser Stelle als »großen Fehler« einstuft, »der im kolonialisierten Menschen die Selbstachtung zerstörte«, dann bezieht er sich wohl auf Albert Memmis Analysen in *Der Kolonisator und der Kolonialisierte/Portrait du colonisé précédé du Portrait du colonisateur* aus dem Jahr 1957. Doch mit keinem Wort erwähnt Sarkozy die von Memmi ebenfalls untersuchten Spuren, die die Praxis der ausbeuterischen und menschenverachtenden Verknechtung der kolonialisierten Völker in den KolonisatorInnen selbst hinterlassen hat.

Aber versuchen wir abschließend festzustellen, welcher Gesamteindruck von dieser Rede bleibt. Gewiss zunächst ihre *Heuchelei*, dann vor allem *große inhaltlich-begriffliche Mängel* und zuletzt auch … *Komik*. Dabei geht das eine jeweils aus dem anderen hervor. In der Ansprache finden sich zahlreiche Beispiele für zwei rhetorische Figuren. Einmal die *praeteritio*, mit der der Redner »so tut, als wolle er nicht sagen, was er in Wirklichkeit deutlich und meist auch sehr eindringlich sagt« (Pierre Fontanier, zit. n. Dupriez 1984: 359). So unterrichtet Nicolas Sarkozy sein Publikum gleich zu Beginn der Rede und auch später immer wieder darüber, was er nicht gekommen ist zu tun: »Ich bin nicht gekommen [...], um Tränen zu vergießen. Ich bin nicht gekommen [...], um zu beklagen [...]«. Der zweite, vom Autor zweifellos nicht angestrebte Effekt ist jener der Enttäuschungsrhetorik, ein »surreales Verfahren, das darin besteht, aufwendig etwas anzukündigen, aber mit einem Fast-Nichts zu enden. Der Text hebt sich plötzlich selbst auf, schließt abrupt und unbegründet« (Dupriez 1984: 40). Der hier angeführte Rhetorik-Theoretiker illustriert seine Definition mit dem Verweis auf die Techniken des Absurden Theaters und zitiert eine Passage aus *Die kahle Sängerin* von Eugène Ionesco[70]. Aber Vorsicht! Diese verbale Aufgeregtheit mag zwar an das Gezappel auf den Jahrmarktbühnen von einst erinnern, doch angesichts systematisch praktizierter Manipulation und der Verschacherung der Geschichte ganzer Völker hört der Spaß schnell auf. Denn Herr Sarkozy, französischer Staatspräsident, spielt mit doppeltem Boden und ganz woanders, nämlich auf der Bühne der wirtschaftlichen und militärischen Großmächte unserer heutigen Welt!

Übersetzt von Reinhart Hosch

70 »Mme Martin: Ach, ich habe heute einer unerhörten Sache beigewohnt, einer unglaublichen Sache [...] Ich sah auf der Straße, neben einem Café, einen gut gekleideten Herrn von etwa fünfzig Jahren oder nicht einmal, der [...] Also, ihr werdet sagen, dass ich erfinde [...] Er band seine Schuhriemen, die sich gelöst hatten« (7. Szene, Ionesco 2008: 22–23).

Literatur

Ageron, Charles-Robert (1979), *Histoire de l'Algérie contemporaine II, 1871–1954*, Paris, PUF.

Barthes, Roland, (1974^3), *Mythen des Alltags*, Frankfurt/Main, Edition Suhrkamp.

Barthes, Roland (1985), *Am Nullpunkt der Literatur* (*Le degré zéro de la littérature*, 1953), aus dem Französischen von Helmut Scheffel, Frankfurt/Main, Edition Suhrkamp.

Barthes, Roland (2002), *Œuvres complètes*, tome I, 1942–1961, Paris, Seuil.

Benveniste, Emile (1974), *Problèmes de linguistique générale*, 2, Paris, Gallimard.

Césaire, Aimé (1968), *Über den Kolonialismus* (*Discours sur le colonialisme*, 1955), aus dem Französischen von Monika Kind, Berlin, Wagenbach.

Dupriez, Bernard (1984), *Gradus. Les procédés littéraires*, Paris, UGE 10/18.

Eliade, Mircea (1988) [1962], *Les aspects du mythe*, Paris, Gallimard – Folio essais.

Fottorino, Éric/Guillemin, Christophe/Orsenna, Érik (1992), *Besoin d'Afrique*, Paris, Fayard.

Ionesco, Eugène (2008), *Die kahle Sängerin* (*La cantatrice chauve*, 1950), aus dem Französischen von Serge Stauffer, Stuttgart, Philipp Reclam jun.

Ki-Zerbo, Joseph/Niane, Djibril Tamsir (1991), *Histoire générale de l'Afrique, IV, L'Afrique du XIIe au XVIe siècle*, Paris, Présence africaine/Edicef/Unesco.

Lüsebrink, Hans-Jürgen (1995), »Acculturation coloniale et pédagogie interculturelle. L'œuvre de Georges Hardy«, in: Papa Samba Diop, *Sénégal-Forum. Littérature et histoire. Werner Glinga in memoriam (1945–1990)*, Frankfurt a. M., IKO-Verlag für Interkulturelle Kommunikation (Studien zu den frankophonen Literaturen außerhalb Europas, Band 16), 113–122.

Marcuse, Herbert (2005) [1964], *Der eindimensionale Mensch*, München, Deutscher Taschenbuchverlag.

M'Bokolo, Elikia u. a. (1992), *Afrique noire, histoire et civilisation, XIXe–XXe siècles*, Paris, Hatier/Aupelf.

Beti, Mongo/Tobner, Odile (1989), *Dictionnaire de la négritude*, Paris, L'Harmattan.

Pervillé, Guy (1991), *De l'empire français à la décolonisation*, Paris, Hachette.

Nay, Catherine (2007), *Un pouvoir nommé désir*, Paris, Grasset poche.

Senghor, Léopold Sédar (1963), *Botschaft und Anruf. Sämtliche Gedichte*, herausgegeben und übertragen von Janheinz Jahn, München, Carl Hanser Verlag.

Ich bin gekommen, um euch zu sagen ...

Anatomie einer neokolonialen Rede in der Kautschuk-Sprache

Mwatha Musanji Ngalasso

Mwatha Musanji Ngalasso ist Professor für Soziolinguistik und Afrikanische Sprachwissenschaft an der Universität Michel de Montaigne – Bordeaux 3 und leitet darüber hinaus das Centre d'Études Linguistiques et Littéraires Francophones et Africains (CELFA).
Die zuletzt von ihm betreute Publikation ist *Littérature, savoir et enseignement*, erschienen 2007 im Verlag Presses Universitaires de Bordeaux.

Ich misstraue dem Fremden, der an meiner statt über Lösungen für Probleme in meinem Kornspeicher entscheidet.

Senegalesisches Sprichwort

Ein Tag, eine Rede

Am 26. Juli 2007 wendete sich Nicolas Sarkozy im Rahmen seiner ersten offiziellen Reise nach Afrika an die Studierenden der Cheikh Anta Diop-Universität von Dakar. Diese Rede, verfasst von einem Sonderberater des Elyséepalastes[71] und gedacht als Grundstein einer neuen franko-afrikanische Beziehung, wurde erwartet. Denn sie war im und nach dem Präsidentschaftswahlkampf von ihrem Autor angekündigt worden, und zwar als Ausdruck eines radikalen Bruchs mit den Reden seiner Vorgänger, die

71 Henri Guaino gilt als »Guru des Präsidenten«, als »Sarkos Bauchredner«, seine »Feder«, sein »Schreiberling« oder auch als »Ghostwriter von Herrn Sarkozy« (siehe dazu das Dossier, das ihm *Le Nouvel Observateur* in seiner Ausgabe Nr. 2245 vom 15.–21. November 2007 gewidmet hat).

oft kritisiert worden waren, sei es wegen der seit fünfzig Jahren praktizierten »frankoafrikanischen« Politik, der Komplizenschaft von Paris mit korrupten afrikanischen Regimen, den Verirrungen der Demokratie oder wegen des Scheiterns der Kooperation innerhalb des sogenannten »frankophonen Raumes«. Also erwartete man den Bruch, mit gutem Grund. Heraus kam aber ein Scherbenhaufen. Nicht nur was das Verhältnis zur Gesamtheit der afrikanischen Intellektuellen betrifft, die heftig auf die Aussagen des französischen Präsidenten reagierten, sondern auch im Hinblick auf die gesamte Zivilgesellschaft, die diese in Form und Inhalt erstaunliche Ansprache bis heute nicht fassen kann. Nicolas Sarkozy hat die etablierten Machthaber beruhigt. Zugleich jedoch hat er sich die Jungen, die Führungskräfte von morgen, entfremdet. Selten hat ein französischer Präsident so viele Stimmen gegen sich aufgebracht, wurde so sehr kritisiert, ausgebuht und sogar innerhalb des frankophonen »Hinterhofs« geschmäht. Aus gutem Grund. Statt die konkreten Änderungen zu erläutern, die er in den Beziehungen zwischen Frankreich und den afrikanischen Ländern vorzunehmen gedenkt, verrannte sich der neue Hausherr des Elyséepalastes in lange historisch-philosophische Ausführungen. Ohne Nutzanwendung, ins Blaue hinein, behandelten diese Erörterungen das Wesen des afrikanischen Menschen, seine vergangenen, gegenwärtigen und zukünftigen Probleme, die Rechtmäßigkeit der Kolonisierung und die Verweigerung von Reue. Das Ganze in einem predigenden und moralisierenden Ton, der zutiefst missfallen hat.

Die Rede wurde als arrogant, paternalistisch und neokolonialistisch eingestuft, als verschwommen, altmodisch und überholt, als demagogisch, gespickt mit historischen Irrtümern und unbegreiflichen Gedächtnislücken, schuldhaften Unterlassungen und falschen Urteilen über den schwarzen Menschen und sein Verhältnis zur heutigen Welt. Sie hat all jene, die sie gehört oder gelesen haben, zunächst überrascht, dann entrüstet und zuletzt erbost. Viele Afrikaner haben als dreist und beleidigend empfunden, was da als Karikatur einer Rede von einem hohen politisch Verantwortlichen vorgetragen wurde, bei dem man Vertrautheit mit den Angelegenheiten eines Kontinents, mit dem sein Land durch eine lange und immer noch aktuelle Kolonialgeschichte verbunden ist,[72] voraussetzen durfte. Man erwartete einen Knall. Serviert wurde viel heiße Luft ohne Substanz. All jene, die an eine Revolution geglaubt oder zumindest eine klare Kursbestimmung in den franko-afrikanischen Beziehungen erwartet hatten, sind enttäuscht worden. Die Rede von Dakar, so wie sie auf die Zuhörerschaft gewirkt hat und wie sie dem Analytiker erscheint, ist nicht mehr als ein schlichtes Glaubensbekenntnis, das sich geflissentlich und ohne Komplex in die Kontinuität einer diskursiven und politischen Praxis stellt, die in der Zeit des kolonialen Imperiums entstanden ist und von de Gaulles franko-afrikanischer Gemeinschaft bis hin zu Chiracs *Musée des Arts premiers* reicht.

[…]

Viel ist über die kontroverse Ansprache gesagt und geschrieben worden, in Afrika[73] ebenso wie in Frankreich.[74] Die Aufgabe, der ich mich widmen möchte, besteht in einer formalen Analyse der Rede.[75] Die Analyse bezieht sich auf den geschriebenen Text,

72 Es gibt vor der afrikanischen Küste im Indischen Ozean immer noch französische Departements und Überseegebiete.

73 Siehe vor allem Achille Mbembe, »L'Afrique de Nicolas Sarkozy«/»Das Afrika des Nicolas Sarkozy« (erster Beitrag in diesem Band); ders., »France-Afrique: ces sottises qui divisent«, *Le Messager*, 9. August 2007, und auf der Website http://www.africulture.com; Raharimana u.a., »Lettre ouverte à Nicolas Sarkozy«, *Libération*, 10. August 2007; Fayçal Metaoui, »Sarkozy, le ›civilisateur‹«, *El Watan* (Algier), 29. Juli 2007; Ali Bahmane, »La repentance avec ou sans Sarkozy« (dt.: Die Reue mit und ohne Sarkozy), *El Watan*, Leitartikel vom 20. August 2007.

74 Siehe etwa Jena-François Bayart, »Y a pas rupture, patron«, *Le Messager*, 8. August 2007; Étienne Smith, »L'Afrique de M. Sarkozy« auf der Website http://www.mouvements.info/spip.php?article143, datiert auf den 7. August 2007; Catherine Coquery-Vidrovitch, Gilles Manceron und Benjamin Stora, »La mémoire partisane du président«, *Libération*, 13. August 2007; Philippe Bernard, »Le faux pas de Sarkozy«, *Le Monde*, 24. August 2007; Anne-Cécile Robert, »L'Afrique au Kärcher«, *Le Monde diplomatique*, septembre 2007; die Artikelserie von Catherine Coquery-Vidrovitch in *L'Humanité*, Anfang Dezember 2007, zum Thema »Nicolas Sarkozy et l'Afrique«.

75 Zur Methode der Diskursanalyse siehe v.a. Maingueneau, Dominique, 1997, *Initiation aux méthodes de l'analyse de discours*, Paris, Hachette;

so wie er von Nicolas Sarkozy vor dem im großen Hörsaal von Dakar versammelten Publikum gelesen[76] worden ist. Es wird hier also nur von Wörtern und von expliziten verbalen Markern die Rede sein, nicht von Nonverbalem (Unausgesprochenes, Gestik, Körperhaltung und andere proxemische Elemente) oder Paraverbalem (Akzent, Intonation, artikulatorische Intensität, Timbre der Stimme, Sprechrhythmus), die nur in einer Sprechsituation zu beobachten wären. Diese Marker werden jedes Mal mit dem Inhalt der Botschaft, der dominierenden sprachlichen Funktion und dem Verhältnis verglichen, das der Sprecher zu seinem konkreten und virtuellen Publikum aufzubauen gedenkt. In diesem Sinne müssen sie die Distanz oder Nähe zwischen dem Redner und seinem Publikum abbilden, die Hierarchie und die Machtkonstellationen dokumentieren und den der Interaktion immanenten Grad an angestrebtem Konsens oder unterschwelligem Konflikt zum Ausdruck bringen. Die Wörter und Aussagen werden also nicht um ihrer selbst willen untersucht, sondern mit dem Ziel, zu verstehen, wie sich der Redner hier als Sprecher einbringt.

Eine Rede, besonders eine protokollarische, ist ein sprachliches Ereignis, das sich in Form und Funktion einer Vorlesung, einer öffentlichen Ansprache, einer Predigt oder einem Vortrag *ex cathedra* annähert: Sie wird lange im Voraus konzipiert, ist reiflich überlegt, wird ausgiebig dokumentiert und ist verpflichtet, ihre Informationsquellen sorgfältig zu prüfen, um die Wahrheit nicht zu verfälschen und um auf der Höhe der Erwartungen derer zu sein, für die sie bestimmt ist und zu denen der Redner ein Vertrauensverhältnis aufbauen möchte. Das ist es, was eine Rede

Charaudeau, Patrick, 1983, *Langage et discours. Eléments de semiolinguistique (théorie et pratique)*, Paris, Hachette; ders., 2005, *Le Discours politique. Les masques du pouvoir*, Paris, Vuibert; Mazière, Francine, 2005, *L'Analyse du discours. Histoire et pratiques*, Paris, PUF.

76 Es existieren zumindest zwei Versionen dieser Rede, die eine, das Original, geschrieben von Henri Guaino und unter den Journalisten verteilt (Sarkozy wendet sich an die afrikanische Jugend, indem er sie duzt); die andere, die tatsächlich gelesen wurde, findet sich auf der offiziellen Website des Elyséepalastes (hier wird die Jugend gesiezt). Es ist diese letztere Fassung, auf die ich mich beziehe.

glaubhaft macht und zugleich würdig, dass man ihr mit Aufmerksamkeit zuhört.

Eine Rede ist, ähnlich wie eine Vorlesung oder ein Vortrag, ein phatischer Kommunikationsakt, der sich von Angesicht zu Angesicht abspielt. Das heißt, alle Äußerungen, auch solche mit hohem Informationsgehalt, erfüllen zusätzlich eine wichtige Beziehungsfunktion, die sich in der steten Suche nach Konsens ausdrückt sowie in dem selten verborgenen Wunsch, Zustimmung zu ernten oder recht zu haben, wie auch in dem bekundeten Bemühen, sei es aufrichtig oder nicht, das Gesicht des anderen zu wahren. Was eine Rede von einer Vorlesung oder einem Vortrag unterscheidet und was, wie bei einer Predigt, dem, der sie hält, einen unbestreitbaren Vorteil verschafft, ist der Umstand, dass dem Redner weder direkt widersprochen noch eine Frage gestellt werden kann, und dies, obwohl er vor einem Publikum spricht, welches nicht unbedingt sein einziger Adressat ist. Man befindet sich in einer echten Monologsituation, auch wenn der Redner, einem Prediger gleich und *in praesentia* agierend, sich direkt an ein Publikum richtet, so als befände er sich in einer Dialogsituation. Die fehlenden Reaktionsmöglichkeiten auf Seiten der Zuhörerschaft ebenso wie die fehlende Interaktivität zwischen ihr und dem Redner bringt diesen in eine recht komfortable Position von gleichwohl trügerischer Sicherheit, die erhebliche Risiken birgt: z. B. die des Fauxpas und der Demagogie. Unerfahrene oder der Aufrichtigkeit abholde Redner entgehen selten dieser schwer zu widerstehenden Versuchung.

Die Rede von Nicolas Sarkozy an der Universität Dakar über die positive Rolle der Kolonisation, über den afrikanischen Menschen und sein Wesen hat abwechselnd den Charakter einer Predigt, einer Vorlesung und eines Vortrags, adressiert an eine Zuhörerschaft[77],

77 Das handverlesene Auditorium, das Nicolas Sarkozy im Hörsaal zuhörte, war in seiner Mehrheit kein studentisches: Es bestand hauptsächlich aus Mitgliedern der senegalesischen Regierung, Abgeordneten, Mitgliedern der diplomatischen Korps, Vertretern internationaler Organisationen, Geschäftsleuten, Vertretern der Universität, lokalen Würdenträgern und nur einigen Studierenden. Die Rede an die Jugend hatte daher etwas Deplatziertes.

die man für große Kinder hält. Demzufolge ist sie paternalistisch und neokolonialistisch, mithin inakzeptabel. Gleichwohl hat sie eine Botschaft geliefert, die den unbestreitbaren Vorzug der Klarheit besitzt. Ich möchte aufzeigen, inwiefern ihre Formulierungen, fernab der üblichen hohlen Phrasen[78] der Politiker und charakterisiert durch ihre inhaltliche Opakheit und Unklarheit, einem Bereich zugehört, den ich die »Kautschuk-Sprache« als Trägerin einer falschen Transparenz nenne. Insofern ist diese Rede sogar das Paradebeispiel für »vulgäre« Diskurse, wie Achille Mbembe sie nennt[79] – brillant, ohne zu überzeugen, gegründet auf rasche und oberflächliche, lückenhafte und voreingenommene Lektüre von Autoren, die als Beleg für die Thesen des Verfassers ausgewählt werden, und inspiriert von einer häufig anzutreffenden Pseudowissenschaftlichkeit, die den tatsächlichen Stand des Wissens und der Ideen negiert. Beunruhigend ist eine solche Praxis in unserem Fall nur insofern, als sie das Siegel der Autorität eines Staatschefs trägt.

Die Kautschuk-Sprache

Politiker haben den leidigen Ruf, allzu oft hohle Phrasen zu dreschen, um ihrem Publikum zu gefallen, es in die Irre zu führen und so Wählerstimmen zu gewinnen. Entsprechend bemühen sie sich bei ihrer Wortwahl, sowohl leichtfertige Digressionen wie auch größere Risiken zu vermeiden, die ihren Interessen schaden oder sie in den Augen ihrer Zuhörer disqualifizieren könnten. Mit dem Ziel, ihre Gesprächspartner mit möglichst wenig Aufwand zu beeindrucken und aus der Situation den größten Nutzen zu ziehen, zögern sie nicht, mit unwiderlegbaren Wahrheiten, unüberprüfbaren Ideen und nicht verifizierbaren Fakten (z.B. mit weit zurückliegenden Daten oder grandiosen Statistiken) zu operieren,

78 Zur Phrasendrescherei siehe Thom, Françoise, 1987, *La langue de bois*, Paris, Julliard, ebenso wie die Nr. 21 der Zeitschrift *Mots* (1989), »Langues des bois?«.

79 Mbembe, Achille, 2000, *De la Postcolonie. Essai sur l'imagination politique dans l'Afrique contemporaine*, Paris, Karthala, S. 11.

Sand in die Augen zu streuen und unseriöse oder demagogische Vorschläge zu machen. Das alles, ohne dass es offensichtlich wäre. Diese »politisch korrekte« Sprache ähnelt in gewisser Weise dem »Neusprech«, das George Orwell in seinem berühmten Roman *1984*[80] beschreibt.

Nicolas Sarkozy steht für die Anti-Phrasendrescherei. Zumindest präsentiert er sich so. Er liebt die direkte und freimütige Ausdrucksweise. Er besitzt eine vorschnelle Zunge,[81] im wörtlichen wie im übertragenen Sinne, und brüstet sich, ein Mann der klaren Worte, des »ehrlichen Sprechens«[82] zu sein, also einer direkten und unverstellten, bisweilen harten und brutalen Sprache, die im Allgemeinen als ein Zeichen von Rechtschaffenheit und Aufrichtigkeit gilt und die das auszusprechen erlaubt, was alle insgeheim denken. Er verwendet sie als Waffe, um die öffentliche Meinung für seine Ideen zu sensiblen Themen wie Kriminalität, Verunsicherung oder Zuwanderung zu gewinnen. All das, indem er geschickt die Emotionen ausnutzt, die durch die mediale Berichterstattung geschürt werden, vor allem jene, die Ausländer beargwöhnen, sie umweglos mit Kriminellen und Unruhestiftern gleichsetzen. Und es funktioniert. Die List erwies sich bei der letzten Präsidentschaftswahl in Frankreich als rentabel, da sie dem Kandidaten der UMP auf der extremen Rechten einen nicht unbedeutenden Teil an Wählerstimmen verschaffte und es ihm nach dem Wahlsieg gelang, unter dem Motto einer Politik »der Öffnung« eine Anzahl von Funktionären der sozialistischen Partei, die sich gerade in einem Karrieretief befanden, abzuwerben.

[…]

80 Geschrieben im Jahre 1948 (Spiel mit der Vertauschung der beiden letzten Ziffern).

81 In der Biografie, die Catherine Nay über ihn geschrieben hat, heißt es: »Zu befehlen, Anstöße zu geben, zu entscheiden, liegt ihm im Blut. Aber seine Hyperaktivität, seine Impulsivität, seine Gefühlsregungen, die er nie wirklich im Griff hat, verleiten ihn manchmal dazu, übereilt zu urteilen, überraschende Aussagen zu tätigen, Versprechungen zu machen, deren Tragweite er nicht immer bedacht hat. Es kommt vor, dass er schmunzelnd zugibt: ›Ich bin mein größter Feind.‹«

82 Titel eines Buches von Michel Rocard, erschienen 1979 im Verlag Seuil.

Was die Kolonisation angeht, die er ausdrücklich als *Fehler*, sogar als *Verbrechen*, und als verheerend für die Länder des Südens anerkennt, so fegt der studierte Jurist und Berufspolitiker Nicolas Sarkozy jeglichen Gedanken an *Reue* mit einer Handbewegung beiseite und begründet dies mit der nicht rückwirkenden Gültigkeit von Gesetzen. Die entsprechende Formulierung ist lapidar und kategorisch:

> »Niemand kann von heutigen Generationen verlangen, für dieses Verbrechen zu büßen, das frühere Generationen begangen haben. Niemand kann von den Söhnen verlangen, die Sünden ihrer Väter zu bereuen.«

Nicolas Sarkozy ist ein Querdenker, der wenig Zurückhaltung übt. Wenn er einmal keine Formulierung wählt, die vor den Kopf stößt und zugleich fasziniert, bedient er sich der »Kautschuk-Sprache«, einer protzenden Art zu sprechen, die sich auf halbem Weg zwischen hohlen Phrasen und Freimut bewegt, aber den erstgenannten nähersteht. Im Gegensatz zur Phrasendrescherei, die auf die Unverständlichkeit der Botschaft setzt, um den Adressaten zu beeindrucken, sucht die Kautschuk-Sprache dadurch zu gefallen, dass sie Offenheit vortäuscht, sich mit scheinbarer Transparenz schmückt und verkürzende Formulierungen ebenso wie aggressive Direktheit möglichst vermeidet, sich stattdessen oft sehr langer Abschweifungen bedient, bevor man schließlich zum eigentlichen Kern der Rede gelangt. Im Gegensatz zum ›Kein Blatt vor den Mund nehmen‹, das als brutal und gewalttätig gilt, weil es agonisch[83] bzw. konfliktfördernd ist, orientiert sich die Kautschuk-Sprache an einer scheinbar irenischen, d.h. friedlichen Kommunikationsweise[84] (die nach Ausgleich und gutem Einvernehmen strebt): Der Sprecher umgarnt sein Publikum, gibt beschwichtigende Äußerungen von sich und übt sich in Ablenkung, Schmeichelei und Doppelzüngigkeit. Dies erlaubt es, die Aufmerksamkeit des Publikums mehr auf die Performanz des

83 Abgeleitet vom griechischen *agônia*, »Kampf, Wettstreit«.

84 Abgeleitet vom griechischen *eirênê*, »Frieden«.

Redners als auf den Inhalt der Aussage zu lenken. Was die Sprache der hohlen Phrasen mit der Kautschuk-Sprache gemeinsam hat, ist das teilweise oder gänzliche Fehlen von Transparenz; es ist die Zurschaustellung (die Lust, Wissen, Handlungskompetenz oder Eloquenz zu demonstrieren), das Verbergen (die Lust, etwas zu verheimlichen) und die Mystifizierung (die Lust, zu täuschen): Der Redner scheut sich nicht zu lügen, die anderen mit schönen Worten abzuspeisen oder sich über seine Gesprächspartner lustig zu machen.

Ähnlich wie die Phrasendrescherei stützt sich die Kautschuk-Sprache auf mehrere Sprachfunktionen, vor allem die poetische (das Bestreben, um jeden Preis und in jeder Beziehung durch den Zauber der Worte zu brillieren, ohne dabei notwendigerweise zu überzeugen), die emotive bzw. expressive Funktion (der Wunsch, innerlich zu berühren, ohne zwangsläufig zum Nachdenken anzuregen), die konative bzw. appellative (das Streben nach Mobilisierung oder Impulsgabe), die phatische (das Bestreben, weder die Kontrolle noch den Kontakt zu verlieren) sowie die mythische Funktion (der mehr oder weniger entschiedene Wille, andere zu hintergehen). All das findet auf Kosten der referenziellen oder kognitiven Funktion statt (d.h. dem Streben nach Effizienz der Kommunikation durch Richtigkeit oder Glaubwürdigkeit der Aussage). Dies erklärt, warum die Rede von Herrn Sarkozy in Dakar trotz der vermeintlichen Freimütigkeit ihr Thema verfehlt: weil sie nämlich in erster Linie von der Kolonisation und dem afrikanischen Menschen spricht und die wirklich dringenden, aber belastenden Themen vermeidet (wie »*Frankoafrika*«, Kooperation, Ruanda, Immigration etc.). Das ist der Grund für die Überfülle an Worten und Formulierungen mit geringem semantischem Gehalt (*gemeinsame Entwicklung, Renaissance, Realpolitik*) sowie die Vielzahl an unrealistischen Vorschlägen (*gemeinsame Wettbewerbszentren [in Frankreich und Afrika], gemeinsame Universitäten, gemeinsame Forschungsstätten*), bei denen unklar bleibt, wie sie konkret funktionieren sollten. Die Rede von Nicolas Sarkozy kann im Grunde auf zwei Arten gelesen werden: Da sind zum einen die Worte, die einfühlsam sein wollen und sich als aufrichtig ausgeben, und da ist zum anderen das, was zwischen den Zeilen steht und was an den Absichten und der Aufrichtigkeit des Verfassers, der sie äußert, zweifeln lässt, ebenso wie an seiner Argumentationsweise. Er bedient sich einer Redeweise, die bis zum Überdruss von den Diskursmarkern Freundschaft, Respekt und Freimütigkeit durchzogen ist:

> »Ich bin gekommen, um so offen und ehrlich zu Ihnen zu sprechen, wie man mit Freunden spricht, die man liebt und respektiert. Ich liebe Afrika, ich respektiere und liebe die Afrikaner.

Nicolas Sarkozy behauptet, *Afrika* und die *Afrikaner* zu lieben. Ein Refrain, den er nicht als Erster hersagt[85]. Und sicherlich nicht als Letzter. Der Eifer, mit dem er es tut, lässt Zweifel daran aufkommen, dass es auch wirklich so ist. Nicolas liebt in Wahrheit Sarkozy und umgekehrt. Abgöttisch. Seine Rede in Dakar zeigt deutlich, dass er trotz seiner Freundschaftsbekundungen nur Geringschätzung und Herablassung für die Afrikaner empfindet, für ihre Vergangenheit, ihre Gegenwart und ihre Zukunft. Um die Brutalität seiner Aussagen und ihre möglicherweise verheerende Wirkung abzuschwächen und zu verschleiern, mithin aus schlichter rednerischer Vorsicht, unternimmt er eine oberflächliche Lobpreisung der Verdienste Afrikas, die die Kolonisatoren aus Nachlässigkeit verkannt hätten:

> Sie [die Kolonisatoren] nahmen die Tiefe und den Reichtum der afrikanischen Seele nicht wahr. Sie glaubten sich überlegen [...]. Sie zerstörten das Kunstwerk einer Lebensgestaltung. Sie zerstörten eine wunderbare Gedankenwelt. Sie zerstörten die Weisheit der Väter.

Zur Stützung seiner fragwürdigen Argumentationslinie im Sinne der Überlegenheit europäischer Werte über die afrikanischen Kulturen benötigt Nicolas Sarkozy einheimische Rückendeckung, die er in den am stärksten anfechtbaren Schriften von Léopold Sédar Senghor findet. Die wiederum speisen sich aus Quellen essenzia-

85 Vgl. Hugeux, Vincent, 2007, *Les sorciers blancs. Enquête sur les faux amis français de l'Afrique*, Paris, Fayard.

listischen Denkens des 18. Jahrhunderts,[86] eines Denkens, das sich allerorten findet, u.a. im Verhältnis des Französischen zu den afrikanischen Sprachen:

> […] Wir fühlen zwar als Schwarze, aber wir teilen uns auf Französisch mit, weil das Französische eine Sprache universeller Bestimmung ist […] Das Französische schenkte uns durch seinen Wortschatz die in unseren Muttersprachen so seltenen Abstrakta. Bei uns haben die Wörter einen natürlichen Nimbus aus Erdsaft und Blut; die Wörter des Französischen hingegen strahlen diamantengleich und tausenfach wie ein Feuerwerk, das unsere Nacht erhellt.
> […]

Die Moralpredigt von Dakar

Nicolas Sarkozy hielt in Dakar eine richtige Predigt. Sie ist gekennzeichnet durch die Distanz und die Hierarchie, die der Redner von Beginn an zu seinem Publikum aufbaut, bedingt durch seinen Autoritarismus, seine Herablassung, seine großspurige, dünkelhafte und entschiedene Art: »Ich bin gekommen, um euch zu sagen …, ich wende mich an alle Afrikaner …« Dieses Vorgehen ist sicherlich nicht naiv. Die Äußerungen sind wohlüberlegt, die Wörter sorgsam gewählt.

Das typische Merkmal einer Predigt besteht darin, dass sie vor allem auf die emotiv-expressive Funktion setzt und auf den Sender ausgerichtet ist (d.h. auf denjenigen, der redet, den Sprecher, den Redner). So kann er seine Gemütslage unmittelbar zum Ausdruck bringen, ebenso seine Einstellung gegenüber dem, wovon er spricht, und gegenüber denen, an die er sich wendet. Das Ergebnis, das zu

86 Voltaire (1694–1778), Condillac (1715–1780) und Rivarol (1753–1801) sind im Jahrhundert der Aufklärung die Herolde des universellen Genies der französischen Sprache, eines Genies, das sich auf die vermeintlich ureigene und natürliche Tugend der französischen Sprache stützt: die Klarheit. Diese Ideologie ist das Pendant der relativistischen und vitalistischen Philosophie, die in Deutschland durch die Philosophen Johann-Gottfried Herder (1744–1803) und Wilhelm von Humboldt (1767–1835) entwickelt wurde und die in eine Hierarchisierung der Sprachen der Welt mündet.

Beginn durchaus nicht feststehen muss, kann unterschiedlich ausfallen: Der Redner kann sein Publikum anrühren, indem er es zum Weinen, zum Lachen oder in Rage bringt. In dem Text, den wir untersuchen, ist der Sender Nicolas Sarkozy, der sich als Präsident der französischen Republik äußert. Er hatte nicht das Glück, sein Publikum in Dakar zum Lachen zu bringen, und schon gar nicht, es zu Tränen zu rühren. Aber er hat es geschafft, es vor Wut zum Weinen zu bringen. Die emotive Funktion, die von »berührenden« Worten getragen wird, wird grammatikalisch durch den Gebrauch der ersten Person ausgedrückt, die den Sprecher kennzeichnet (das *ich* und das *wir* als Pluralis majestatis), aber auch durch den hochfrequenten Gebrauch von Adjektiven (*dieser geschundene Kontinent, dieser mysteriöse Glaube, blutige Kriege, eure zerrissene Identität, der ständige Neubeginn, eine unveränderliche Reihenfolge, eine bloß vorgestellte Reinheit des Ursprungs, die große Stimme des Präsidenten Senghor, dieser große Dichter und dieser große Afrikaner, die einfachen Freuden, das kurze Glück, ein unermesslicher Schatz an menschlicher Weisheit, ein zu starkes Bevölkerungswachstum bei zu geringem Wirtschaftswachstum*), durch adjektivische Relativsätze (*ein Mythos, den sich jeder nach Bedarf zurechtzimmert; Mangel, der Gewalt gebiert; eine zu langsame Entwicklung; ein großer Kontinent, der alles hätte, um erfolgreich zu sein, der aber nicht erfolgreich ist*) sowie durch ergänzende Syntagmen adjektivischen Gehalts (*seine Geheimniskulte; Vorstellungen von Schönheit; die Politik der Realitäten; die Politik der Mythen; die unendliche Wiederholung der ewig gleichen Gesten und ewig gleichen Worte*).

Die Predigt nutzt gleichermaßen die sogenannte konative, inzitative (d.h. motivierende bzw. stimulierende) oder persuasive, auf den Empfänger ausgerichtete Funktion (also auf denjenigen, der die Botschaft empfängt, auf den Adressaten, den Zuhörer), der sich solcherart aufgefordert sieht, etwas zu tun, oder dem ausgeredet wird zu agieren. Der Empfänger ist in diesem Fall die Gesamtheit der Zuhörer und Leser der von Nicolas Sarkozy an der Universität von Dakar vorgetragenen Rede. Diese sind, weil dem afrikanischen Gesetz der Gastfreundlichkeit verpflichtet, zu höflich, um dem illustren Gast nicht zu applaudieren, wenn auch sicherlich spärlich. Die linguistischen Marker der konativen

Funktion sind das Pronomen der zweiten Person, ein Hinweis auf den Adressaten (*du*, das plurale *ihr* oder das höfliche *Sie*), die Anredeformen im Vokativ (*meine Damen und Herren, junge Afrikaner*[87], *Jugend Afrikas, stolze Jugend Afrikas, meine afrikanischen Freunde, meine lieben Freunde*) sowie der imperative, affirmative oder negative Modus (*hört, vernehmt, hört nicht, trennt euch nicht etc.*).

Die Rede von Dakar baut also auf der ersten Person Singular auf. Das *ich*, der Sendepol der Aussage, spricht selbstverständlich im Namen von Nicolas Sarkozy, dem Präsidenten der französischen Republik, und zugleich im Namen Frankreichs, aber auch im Namen Europas, was Unbehagen schaffen kann. Dieses dreifache *ich* richtet sich an ein *ihr*, das den Empfangspol darstellt, bestehend aus dem Publikum der Cheikh Anta Diop-Universität, der Elite der senegalesischen und insgesamt der afrikanischen Jugend, aus den Afrikanern, aus Afrika in seiner Gesamtheit, gesehen als monolithischer und homogener Block, ein bisschen wie eine Landschaft oder eine Region Frankreichs. Dem Redner ist nicht entgangen, dass die Afrikaner »untereinander verschieden« sind. Doch dies erscheint ihm wie ein Mysterium, »das erste Geheimnis Afrikas«. Ein anderes unergründliches Geheimnis Afrikas ist in den Augen von Nicolas Sarkozy, dass die Afrikaner in der Vergangenheit gegeneinander gekämpft haben, ja sich weiterhin bekämpfen und sich trotzdem als Afrikaner[88] fühlen:

87 Diese Anredeform ist die einzige, die eine statistisch hohe Frequenz erreicht: Sie erscheint zweiundzwanzig Mal im Text und ist die gesamte Rede hindurch das entscheidende phatische Element. Die anderen Termini erscheinen jeweils nur ein Mal, ganz so wie ein Hapax [Worte mit nur einer einzigen literarischen Belegstelle, Anm. des Übers.].

88 Man könnte dasselbe von den Europäern sagen, deren Geschichte von Kriegen geprägt ist und die ihrerseits nie aufgehört haben, sich als Europäer zu fühlen. Übrigens hat Nicolas Sarkozy in einer Rede, die er am 10. Oktober 2007 in Moskau vor den Studierenden der Universität Bauman gehalten hat, das Folgende erklärt: »Frankreich und Russland haben einander einige Male befehdet. Aber unsere beiden Völker haben einander niemals gehasst. […] Sie wissen tief in ihrer Seele, dass das, was sie verbindet, stärker ist als das, was sie trennt.« Warum sollte dies in Afrika anders sein?

> Ich möchte mich heute an alle Afrikaner wenden. Sie unterscheiden sich alle grundlegend voneinander, [...] und dennoch erkennen und anerkennen sie einander als Afrikaner. Hierin liegt schon ein erstes Geheimnis Afrikas. Jawohl, heute Abend möchte ich mich an alle Bewohner dieses geschundenen Kontinents wenden, vor allem an seine Jugend, an euch, die ihr einander bekämpft und oft so sehr gehasst habt, die ihr einander manchmal immer noch bekämpft und hasst, aber doch zugleich als Brüder erkennt und anerkennt, [...] in jenem geheimnisvollen Glauben, durch den ihr mit der afrikanischen Erde verbunden seid [...]

Das *ich* des Senders (mit seinen pronominalen Varianten *mir* und *mich* und seinen lexikalischen Varianten *Präsident der französischen Republik*, *Frankreichs* und anderswo *Europas*) ist hier ein glückliches Subjekt: wie Odysseus[89] zurückgekehrt von einer langen Reise, reich an Weisheit und Verstand, ohne Scham und Reue. Er ist stolz auf seine (selbstverständlich französische[90]) Geschichte, selbstsicher, arrogant und dominant. Der zukünftige Herrscher über die hexagonale Welt, der 2008 für sechs Monate Präsident von ganz Europa sein wird, ist nicht nach Dakar gekommen, um wen auch immer anzuhören oder was auch immer zu erfahren, *zu weinen, zu bemitleiden* oder *zu bereuen*. Natürlich ist er es, der im Besitz der Wahrheit ist; er ist es, der ganz Afrika, auf das er von oben herabsieht, etwas zu sagen hat:

> Ich bin nicht gekommen, um gemeinsam mit euch Tränen über das Elend Afrikas zu vergießen [...], um euer Schicksal zu beklagen [...], die Vergangenheit auszulöschen [...], die Fehler zu leugnen [...], um zu euch von Reue zu sprechen. *Ich bin gekommen, um euch zu sagen ...*

89 Sonett von Joachim du Bellay (1524–1560), *Heureux qui, comme Ulysse*, entnommen seinem Sammelband *Les Regrets*.

90 Nicolas Paul Stéphane Sárközy de Nagybócsa ist Sohn eines ungarischen Immigranten. Sein Vater, Pál Sárközy de Nagybócsa, verlässt Ungarn 1948 und geht ins Exil. Eine kürzlich erschienene Biografie: Nay, Catherine, 2007, *Un pouvoir nommé désir*, Paris, Grasset.

In einer flüchtigen Anwandlung von Skrupel leugnet Nicolas Sarkozy, den Knecht Ruprecht zu spielen und gekommen zu sein, um *Lektionen zu erteilen* und *zurechtzuweisen*: »Ihr jungen Afrikaner, ich bin nicht gekommen, euch eine Lektion zu erteilen. Ich bin nicht gekommen, euch zu maßregeln.« Jedoch wird er sogleich von den Tatsachen eingeholt, denn seine gesamte Rede ist in Wahrheit nichts weiter als eine lange Predigt, die absolute Wahrheiten verkündet, Plus- und Minuspunkte verteilt, den Afrikanern erklärt, was ihre Geschichte war, wer sie sind, wohin sie gehen, was sie machen, was sie tun oder lassen müssen, und ihnen den Weg aufzeigt, dem sie folgen sollen, um »in die Geschichte einzutreten«.

[...]

Das Ziel der Predigt ist eindeutig: Sie soll die positive Wirkung der Kolonisation herausstreichen, mit dem Finger auf Afrikas eigene Schuld an seinem Unglück zeigen, ein Argument vorbereiten, auf das der Redner jene Botschaft aufbauen kann, die ihm am Herzen liegt: die Frage der Immigration. Der französische Präsident gibt vor seinem sprachlosen Publikum rücksichtslos und ohne jede Hemmung lauter subjektive Wahrheiten von sich. Er maßt sich sogar an, seine Gäste zu schelten, sie zu demütigen, was er nirgendwo sonst wagen würde, bei keinem anderen Gesprächspartner, der ihn empfängt. Das ist es, was mehr als einen Zuhörer und Leser schockiert und empört hat, und nicht nur unter den Afrikanern. Étienne Smith, Forscher am CERI (*Centre d'Études et de Recherches Internationales*), fragt sich[91] mit Verwunderung:

> Man stelle sich nur einen Moment vor, wie sich Herrn Sarkozy nach China, Indien oder in die Vereinigten Staaten begibt und, statt über die Beziehungen Frankreichs zu diesen Ländern zu sprechen, sich anschickt, an ihrer statt eine Lehre aus ihrer Geschichte zu ziehen, ihre Fehler und Tugenden aufzulisten, ihnen zu sagen, was sie tun sollen, was sie nicht tun sollen, was sie hätten tun sollen und was sie nicht hätten tun sollen? Diese Art von Rede wäre auch in den anglophonen Ländern Afrikas schlicht undenkbar. Kann man sich den französischen Präsidenten in Vietnam vorstellen, wie er sich an »Asien« oder an die »Asiaten« wendet [...]?

91 Siehe seinen bereits genannten Artikel, Anm. 74.

> Offensichtlich hat sich Herr Sarkozy vom kolonialen Habitus, den er doch so gut zu beschreiben weiß, selbst noch nicht befreit. Die Kolonisatoren, so erklärt er uns, haben einen Fehler begangen, denn »sie schrieben deinen Vätern vor, was sie zu denken, zu glauben und zu tun hätten«. Das ist es zweifellos, was Herrn Sarkozy gestattet, den Söhnen zu sagen, was sie zu denken, zu glauben und zu tun haben …

Jean-François Bayart[92], Forschungsdirektor des CNRS[93] und Lehrbeauftragter am Institut für Politikwissenschaften in Paris, zeigt sich »verblüfft« über die Aussagen Nicolas Sarkozys an der Universität Dakar. Mit Bestürzung stellt er fest:

> Man ahnt, dass der Präsident im Bereich der Sozialwissenschaften recht unbedarft ist. Dennoch betont er, er sei bestrebt, gestützt auf die Reform von Universität und CNRS, ihre gesellschaftliche »Nützlichkeit« sicherzustellen. Im vorliegenden Fall gab es eine gute, aber leider verpasste Gelegenheit ihrer Nutzanwendung. Tatsächlich hätte die Lektüre einiger der zahlreichen Geschichts- und Anthropologiebücher, und seien es nur die leichter zugänglichen, in den letzten fünfzig Jahren von französischen Forschern geschriebenen, Nicolas Sarkozy darüber aufklären können, dass die afrikanischen Gesellschaften sehr wohl eine Geschichte haben. Dass diese sehr alt ist und eigene Ideen von »Fortschritt« hervorgebracht hat, so etwa den Begriff der *olaju* (wörtlich übersetzt »Lichter«) bei den Yoruba in Nigeria. […] Diese kleine Leseübung hätte ihn auch darüber informiert, dass den heutigen Afrikanern, ebenso wie ihren Vorfahren, Abenteuer nicht fremd sind und sie sehr wohl in der Lage sind, ›sich zur Zukunft aufzuschwingen‹. So etwa lässt sich die Auswanderung erklären …

Herr Sarkozy glaubt zu wissen, was für Afrika und die Afrikaner gut ist, und macht sich daran, es kundzutun. Das ist das eigentlich Verblüffende: Während man anderswo über Geld, Verträge und Geschäfte spricht, hält man in Schwarzafrika, wie in einem eroberten Land, Moralpredigten und spricht von Zusammenarbeit

92 Siehe seinen bereits genannten Artikel, Anm. 74.

93 *Centre national de la recherche scientifique*, 1939 gegründetes staatliches frz. Forschungsinstitut.

und Entwicklung. Ohne sie übrigens jemals wirklich anzugehen: *Zusammenarbeit* bedeutet hier »Hilfe und Beistand«; *Entwicklung* meint »Fortbestand der Unterversorgung, also Abhängigkeit«.[94] In Wahrheit ist Nicolas Sarkozy an die Universität Dakar gekommen, um eine einzige Botschaft zu überbringen: Frankreich, »das Land, in dem jeder willkommen ist« und das Land der Öffnung, »kann nicht das ganze Elend der Welt aufnehmen«[95] (gemeint ist »das ganze von Afrika ausgehende Elend«); es kann sich nicht für alle Kulturen dieser Welt öffnen. Im Klartext heißt dies, die Afrikaner sollen zu Hause bleiben.[96] Diese einfache Wahrheit zu verkünden, ist er gekommen, macht dafür aber einen ebenso weiten wie unnützen Umweg über die Kolonisation und ihre positive Rolle und wagt sich dabei in die riskanten Gefilde einer unverdauten Anthropologie, um mit ihrer Hilfe den Grund für das afrikanische Übel zu benennen.

Der französische Präsident weiß, dass seine etwas kurz geratene Erklärung zur Verantwortung der Afrikaner für ihr eigenes Unglück nicht überzeugend ist, wenn sie losgelöst wird von jeg-

94 Siehe zu dieser Frage Ngalasso Mwatha Musanji, 2007, »L'impact des politiques sociales dans les stratégies du développement en Afrique«, in: *Africa: Parcerias para o desenvolvimento. Actas do Colóquio (Comemoraçõs do dia de Africa)*, Lissabon, Novo Imbondeiro Editores, S. 47–62.

95 Von Michel Rocard, dem ehemaligen sozialistischen Ministerpräsidenten, geprägte Formel.

96 Aufgrund der kolonialen Vergangenheit wurde in Frankreich die afrikanische Immigration immer als Sonderfall betrachtet, sowohl von linken wie von rechten Regierungen. In diesem Sinne hat Nicolas Sarkozy kein Neuland betreten. Nach seinem Dakar-Besuch hat er am 27. November 2007 vor Studierenden der Tsinghua-Universität von Peking eine Rede gehalten, in der er erklärte: »Es gibt 3000 französische Studierende in China und viel mehr chinesische Studierende in Frankreich, ich glaube, es sind ungefähr 25–30 000. Ich möchte Ihnen sagen, dass Frankreich der Ansicht ist, dass es noch nicht genügend chinesische Studierende in seinen Universitäten gibt. Chinesische Studierende sind in Frankreich willkommen, sie sind seriös und fleißig und bereichern unsere Universitäten.« Quelle: http://www.elysee.fr. Zum Vergleich: 1998 gab es in Frankreich 62 990 afrikanische Studierende. Quelle: http://www.diplomatie-gouv.fr.

licher soziologischer Betrachtung in einer globalisierten Welt, in der niemand mehr in wirtschaftlicher Unabhängigkeit leben kann. Um seinen Aussagen den Anschein von Objektivität und Ehrlichkeit zu verleihen, anerkennt er halbherzig die bei der Kolonisation begangenen *Fehler* und *Verbrechen* und indirekt auch die verheerenden Folgen europäischer Einmischung in den afrikanischen Ländern: »[...] denn es hat sehr wohl Fehler und Verbrechen gegeben. Es gab den Menschenhandel, es gab die Sklaverei, Männer, Frauen und Kinder – gekauft und verkauft wie Waren.« Gelassen und schonungslos gibt er sogar scheinbar strenge Urteile über das *Erobererverhalten* der Europäer in Afrika ab, über ihr *herrisches* Wesen, ihre *Verachtung* für die autochthonen Kulturen und schließlich ihre *schädliche Wirkung* auf den Selbstfindungsprozess der Afrikaner:

> Die Europäer kamen als Eroberer nach Afrika. Sie eigneten sich das Land eurer Vorfahren an. Sie verbannten die Götter eurer Väter, ächteten deren Sprachen, deren Glauben und deren Bräuche. Sie schrieben euren Vätern vor, was sie zu denken, zu glauben, zu tun hätten. Sie durchschnitten bei euren Vätern das Band zur Geschichte, sie raubten ihnen die Seele, ihre Wurzeln. [...] Sie nahmen die Tiefe und den Reichtum der afrikanischen Seele nicht wahr. Sie glaubten sich überlegen [...]

Dann kommt er auf eine andere Auffassung zu sprechen, die ihm am Herzen liegt, eine Auffassung, der zufolge sich die Kolonisation durch den Bau von Brücken, Straßen, Krankenstationen und Schulen in Summe stärker positiv als negativ auf die Entwicklung Afrikas ausgewirkt habe, wie hoch auch immer der Preis gewesen sein mag, den die autochthone Bevölkerung in kultureller Hinsicht (als Verlust der Persönlichkeit und der Freiheit zur Selbstbestimmung) und in sozioökonomischer Hinsicht (Plünderung der Reichtümer des Kontinents und Konfiszierung der Früchte der Arbeit der Menschen) bezahlt hat:

> Der Kolonisator kam und nahm, er füllte seine Taschen, er machte sich alle und alles zu Nutzen, er plünderte Ressourcen und Schätze, die ihm nicht gehörten. Er raubte dem kolonialisierten Menschen

> seine Persönlichkeit, seine Freiheit, sein Land, die Frucht seiner Arbeit. Er hat genommen, aber bei allem gebotenen Respekt möchte ich sagen dürfen, dass er auch gegeben hat. Er baute Brücken, Straßen, Spitäler, Ambulanzen und Schulen.

An seiner in vielerlei Hinsicht fragwürdigen Argumentation zugunsten der Kolonisation festhaltend, gibt Nicolas Sarzkozy mit kaum verhohlener Genugtuung eine Reihe von Binsenweisheiten zum Besten:

> Der Kolonialismus ist nicht für alle Schwierigkeiten im heutigen Afrika verantwortlich zu machen. Er ist nicht verantwortlich für blutige Kriege, die sich Afrikaner untereinander liefern. Er ist nicht für Völkermorde verantwortlich. Er ist nicht für Diktatoren verantwortlich. Er ist nicht für Fanatismus und nicht für Korruption und Amtsmissbrauch verantwortlich. Er ist nicht verantwortlich für Verschwendung und Verschmutzung.

Es lohnt nicht, sich mit der Aufzählung der aktuellen Übel Afrikas aufzuhalten: Kriege, Völkermorde, Diktatoren etc. Halten wir nur fest, dass es sich beim Ausdruck *blutige Kriege* um eine Tautologie handelt, denn es gibt keine »unblutigen Kriege«. Selbst in Europa nicht. Schon gar nicht in Europa, wo die ungeheuren Fortschritte der Technologie zuallererst dazu benutzt wurden, den Anderen auszulöschen. Einen »zivilisierten Krieg« gibt es nicht. Der Plural *Völkermorde* überrascht, ebenso wie das Aufführen von *Diktatoren* (statt von *Diktaturen*, s.u.) in einer Liste sozialer Phänomene. Was den *Fanatismus*, die *Korruption*, den *Amtsmissbrauch*, die *Verschwendung* und die *Umweltverschmutzung* betrifft, so sind sie, kurz gesagt, keine spezifisch afrikanischen Plagen. Kurzum, hätte er sich die Mühe gemacht, sich vor seiner Ankunft in Dakar ein wenig zu informieren, wie es jeder kluge Reisende tut, und dabei andere Quellen als die parteiischen Verlautbarungen einiger dienstbeflissener und selbstsüchtiger Schmeichler konsultiert, so hätte Herr Sarkozy erfahren, dass seit ungefähr fünf Jahrzehnten afrikanische Intellektuelle, WissenschaftlerInnen[97] wie

97 Siehe z.B. Ki-Zerbo, Joseph, 1972, *L'histoire de l'Afrique noire*, Paris,

SchriftstellerInnen,[98] den schädlichen Einfluss des verklärenden Diskurses von der idyllischen Vergangenheit Afrikas anprangern, ebenso wie jenen naiven und verantwortungslosen Diskurs, der alles Unglück der Kolonisation zuschreibt, während seit nunmehr fünfzig Jahren, so lange, wie in manchen afrikanischen Ländern[99] die Kolonialherrschaft gedauert hat, Afrika – oftmals mit Beihilfe von Paris – diktatorische Systeme errichtet hat, die noch schlimmer sind, als es die Kolonisation war.

»Ich möchte hier sagen: Nicht alle Kolonisatoren waren Diebe und Ausbeuter.« Sicherlich nicht, und keine vernünftiger Mensch in Afrika denkt das oder hat das je gedacht. Mit derselben Überzeugung und Objektivität könnte man sagen, wobei sich das Sujet kaum verändert und man einfach vergleicht, was vergleichbar ist: »Nicht alle Immigranten in Frankreich sind Diebe, Aufrührer, Delinquenten, Fanatiker, Fundamentalisten, Polygamisten, Gesetzlose oder Feinde Frankreichs und der Franzosen etc.«

Der französische Staatspräsident sagt: »Afrika hat sein Unglück mit zu verantworten.« Wer könnte dies ernsthaft leugnen oder daran zweifeln? Aber ist das ein Grund, die Kolonisation zu rehabilitieren und für rechtens zu erklären, indem man das Unrecht bagatellisiert, das *Gebot der Reue* ablehnt, das man andernorts

Hatier; Eboussi Boulaga, Fabien, 1977, *La crise du Muntu*, Paris, Présence africaine; Mudimbé, Vumbi Yoka, 1988, *The Invention of Africa. Philosophy and the Order of Knowledge*, Bloomington, Indiana University Press.

98 Siehe vor allem die Romane von Ouologuem, Yambo, 1968, *Le devoir de violence*, Paris, Seuil; Kourouma, Ahmadou, 1970, *Les soleils des indépendances*, Paris, Seuil; ders., 1998, *En attendant le vote des bêtes sauvages*, Paris, Seuil; ders., 2000, *Allah n'est pas obligé*, Paris, Seuil; Fantouré, Alioum, 1972, *Le cercle des tropiques*, Paris, Présence africaine; Labou Tansi, Sony, 1979, *La vie et demie*, Paris, Seuil; ders., 1981, *L'état honteux*, Paris, Seuil; hinzu kommen einige andere, die ein kompromissloses Bild der neuen afrikanischen Machthaber und ihrer Verantwortung für die aktuelle Situation des Kontinents zeichnen.

99 Z.B. hat in der aktuellen Demokratischen Republik Kongo, dem ehemaligen Belgisch-Kongo, die Kolonialherrschaft offiziell 52 Jahre gedauert, von 1908 bis 1960.

befürwortet,[100] oder indem man das kollektive Gedächtnis der Völker brüskiert? Die Argumentation baut auf einem nicht stichhaltigen Syllogismus auf, einem Scheinbeweis, der auf ungeschickte, wenn nicht unehrliche Weise einen Ober- und einen Untersatz wie folgt verbindet: »Die Kolonisation hat Afrika geschadet. Zugleich hat Afrika sein Unglück mit zu verantworten. Also muss sich die Kolonisation nicht für die Schäden entschuldigen, die sie Afrika zugefügt hat.« Der gesunde Menschenverstand, der laut Descartes »die bestverteilte Sache der Welt«[101] ist, diktiert einen anderen Gedankengang: »Die Kolonisation hat Afrika Schaden zugefügt. Jeder Schaden muss wiedergutgemacht werden. Also muss die Kolonisation die Schäden beheben, die sie dem afrikanischen Kontinent zugefügt hat.« Unter diesen Bedingungen ist Reue, aufgrund ihrer symbolischen Bedeutung, das Mindeste an Entschädigung, das das Opfer von seinem Peiniger oder Aggressor erwarten kann. Es ist keine Schande, seine früheren Fehler zuzugeben und sich ihnen zu stellen. Es lässt einen wachsen. Wie es das heutige Deutschland in Bezug auf die Verbrechen des Nazi-Regimes getan hat, für die das deutsche Volk in keiner Weise verantwortlich war.[102]

Herr Sarkozy sieht sich veranlasst, die afrikanische Jugend – falls sie es vergessen haben sollte – daran zu erinnern, dass sie die Verbindung zweier verschiedener und recht gegensätzlicher Kulturen ist: »Ihr jungen Afrikaner, ihr seid die Erben der uralten Traditionen Afrikas [...] gehört die europäische Kultur auch euch.« Erinnern wir uns daran, dass die Frage der doppelten Kultur und der kulturellen Hybridität seit den 1930er Jahren das Schrifttum beherrscht, auch das von Léopold Sédar Senghor, von dem das Paar Guaino-

100 Man denkt unweigerlich an die Armenier und an die Juden in der jüngeren Geschichte.

101 1966, *Discours de la méthode*, Paris, Garnier-Flammarion, S. 33.

102 Angesichts der weltweiten Debatte um Faschismus, Verbrechen gegen die Menschlichkeit und individuelle bzw. kollektive Verantwortung mutet eine solche Formulierung verwegen an. Die Unbekümmertheit, mit der Europäer mitunter über Afrika urteilen, hat eben ihre spiegelbildlichen Entsprechungen, denen nur durch einen echten Dialog beizukommen wäre (Anm. des Übers.).

Sarkozy schwärmt. Gerade im Namen dieses *doppelten Erbes* und unabhängig vom Grundrecht auf Bewegungsfreiheit jedes Menschen ist die afrikanische Jugend daran interessiert, hinzugehen und zu schauen, was anderswo passiert. Es ist dieses doppelte Erbe, das der französische Präsident negiert, sobald es um die Frage der Immigration nach Frankreich geht, wo sie immer noch als eine Bedrohung gesehen wird,[103] während man in anderen Teilen Europas und Amerikas (vor allem in Kanada und den USA) anfängt, sie als eine mögliche Ressource für zukünftige Entwicklungen zu erkennen. Tzvetan Todorov, ein bedeutender französischer Wissenschaftler bulgarischer Herkunft[104], äußert sich über den letzten französischen Präsidentschaftswahlkampf in einem Interview mit der Zeitschrift *Elle*[105]:

> […] Das politische Leben, so wie es sich im Verlauf dieses Wahlkampfes darstellt, scheint mir keine Abhilfe für die wirklichen Probleme zu schaffen. Es favorisiert die Demagogie und den Populismus. Aktuellstes Beispiel in diesem Bereich: das »Ministerium für Zuwanderung und nationale Identität«, vorgeschlagen von Nicolas Sarkozy. Um einen Teil der Wählerschaft zu umschmeicheln, bringt man alles durcheinander: die nationale Identität, Resultat der Geschichte, und

103 In seinem Buch *La défaite de la pensée* (1987, Paris, Gallimard, S. 121f.) gibt Alain Finkielkraut Zeugnis von »jenem Teil der öffentlichen Meinung, der die wachsende ›Invasion‹ Europas durch Angehörige der unterentwickelten Länder anprangert. Für die ›neue Rechte‹ […] sind die Indigenen heutzutage die Bewohner des Alten Kontinents und die Kolonisten sind die Millionen Menschen, die, ganz so wie es Houari Boumedienne vorhergesagt hat, ›die armen südlichen Regionen der Welt verlassen, um im Bemühen um das eigene Überleben in die relativ leicht zugänglichen Räume der nördlichen Hemisphäre einzudringen.‹ Sicherlich ausgehungerte Kolonisten, die aber durch ihren massiven Zustrom im Begriff sind, die europäischen Völker zu überfluten und zu überfremden. […] was die Propagandisten der neuen Rechten wünschen, ist Europa dem schädlichen Einfluss fremden Zugriffs entziehen, ist der Erhalt der Differenz zwischen ihrer Gesellschaft und der sie umgebenden Welt.«

104 Er ist Fachmann für Literatur, Semiotik und Linguistik und Verfasser mehrerer grundlegender Werke in diesen Bereichen.

105 Zugänglich über die wöchentlich aktualisierte Website http://www.elle.fr/elle/societe/interviews/tzvetan-todorov-philosophe/(gid)/104296.

> die universellen Prinzipien der Gleichheit, den Respekt vor dem Individuum, die Laizität. Die Immigration muss kontrolliert ablaufen, aber sie ist keine Bedrohung an sich, sondern kann sogar eine Lösung für einige unserer Probleme sein.

Aber kommen wir zurück zur Rede von Dakar. Sarkozy erklärt der Jugend Afrikas, dass sie auf die *Werte der afrikanischen Kultur* stolz sein soll:

> Ich bin gekommen, euch zu sagen, dass ihr euch der Werte der afrikanischen Kultur nicht zu schämen braucht, dass diese Werte euch nicht nach unten, sondern nach oben ziehen.

Nach unten war das, was die Kolonisatoren ihnen weismachen wollten. Jedoch, und das ist allgemein bekannt, kämpft die afrikanische Jugend seit langem und in allen Bereichen der Kunst und Literatur für die Stärkung des *identitären Wertes der eigenen Kultur*.

Was »die *Renaissance*« angeht, »die Afrika braucht« und die Nicolas Sarkozy vorzuschlagen gekommen ist, so ist diese ihrerseits seit einigen Jahren in den innerafrikanischen Debatten allgegenwärtig,[106] und kein vernünftiger Mensch könnte behaupten, sie gründe sich auf die Einkapselung in Partikularismen anstelle einer Öffnung zum Universellen, wie sie Senghor in seinem berühmten »Stelldichein des Gebens und Nehmens« pries. Aimé Césaire, dieser andere große Herold der Négritude, verwies mit dem ihm eigenen großen Scharfsinn gerne darauf, dass die Gefahr, sich in Partikularismen zu verfangen, ebenso groß ist wie die, sich im Universellen aufzulösen.

Nicolas Sarkozy hat entschieden, sich in Dakar ausschließlich an die afrikanische Jugend zu wenden, »dieses Volk […] kürzlichen Erscheinens«, wie es Alain Finkielkraut ausdrückt,[107] das in Zukunft die Aufmerksamkeit aller politisch Verantwortlichen auf

106 »Renaissance africaine« war das Thema des dritten Weltfestivals der afrikanischen Kunst, das im Juni 2008 in Dakar (Senegal) stattfand.

107 Alain Finkielkraut, vgl. Anm. 103, S. 172.

sich ziehen wird. Die afrikanische Jugend ist gleichermaßen Zeuge und Akteur. Sie wird ermahnt und abgekanzelt. Zugleich erhält sie als Vademecum für die Zukunft Ratschläge, Ermahnungen, Anweisungen und Verbote aller Art. Sie wird angehalten, »sich auf die Beine zu stellen« und »die eigene Zukunft zu bauen […] vor Ort in Afrika«. Wir befinden uns hier ganz und gar in der konativen Funktion, grammatikalisiert durch die Verwendung des Imperativs:

> Ihr jungen Afrikaner, lasst euch nicht verführen von der Idee der Reinheit […] trennt euch nicht gewaltsam von dem, was euch reicher macht, […] lasst euch eure Zukunft nicht entwenden, […] hört nicht auf jene, welche euch hindern wollen, am Abenteuer der Menschen so teilzuhaben, wie es euch zusteht […] Hört vielmehr auf die große Stimme des Präsidenten Senghor […]. So hört denn, wie sehr Rimbaud Afrikaner ist, wenn er die Vokale mit Farben versieht […]

Die Rede von Dakar ähnelt der »Bergpredigt« mit ihrer Aufzählung der Seligpreisungen, vor allem aber durch die Auflistung der *Schwächen* und der *Probleme*, die auf dem schwarzen Kontinent lasten, der *Herausforderungen*, die es anzunehmen gilt, um hoffen zu dürfen, »in die Geschichte einzutreten«:

> Die Herausforderung besteht für Afrika darin, mehr in die Geschichte einzutreten. […] Das Problem Afrikas besteht darin, dass dieser Kontinent die unablässige Wiederholung aufgeben muss […] Das Problem Afrikas besteht darin, sich selbst treu zu bleiben und dabei zugleich in Bewegung zu bleiben […] Die Schwäche Afrikas […] bestand lange darin, nicht ausreichend an dieser großen kulturellen Durchmischung beteiligt zu sein.

Um den Afrikanern das notwendige Rüstzeug für die Bewältigung der Zukunft an die Hand zu geben, erklärt Herr Sarkozy der afrikanischen Jugend, dozierend in seinem Talar des frischgebackenen Anthropologen, die Gründe für den Rückstand ihres Kontinents.

Homo africanus oder die schrille Anthropologie

Nicolas Sarkozy tut zunächst so, als brandmarke er die Einstellung jener, die »nicht die Tiefe und den Reichtum der afrikanischen Seele begriffen haben, [die] von sich glaubten, sie seien überlegen [...] die glaubten, sie hätten alle Rechte [...] die die afrikanische Kultur als rückständig ansehen«. Er geißelt »diejenigen, die die Afrikaner für große Kinder halten«. Er rennt sogar offene Türen ein, indem er feststellt: »Der Afrikaner ist ebenso *logisch und vernünftig* wie der Europäer.« Er fährt fort: »Ihr jungen Afrikaner, ich möchte euch sagen, dass das Drama Afrikas nicht in seiner *angeblichen Unterlegenheit* in Kunst, Philosophie und Kultur liegt. Denn gerade in den Bereichen der Kunst, der Philosophie und der Kultur ging das Abendland bei Afrika in die Schule.«

Diese Vorgehensweise erscheint von vornherein verdächtig. Sie gehört zu einer Rhetorik der Verschleierung, die die wahren Gefühle des Sprechers in Bezug auf das Objekt, über das er spricht, verbirgt und unerwartete Schlussfolgerungen erwarten lässt. In der Tat, einige Seiten weiter sind Maske und Handschule abgelegt, mit entblößtem Kopf und mit bloßen Händen lässt Nicolas Sarkozy sich gehen. Da ist kein Zweifel mehr, da wird verkündet: »Der afrikanische Mensch ist nicht ausreichend in die Geschichte eingetreten.« Voll Gelehrsamkeit erklärt er: Wenn Afrika so viele Schwierigkeiten hat, in Schwung zu kommen, *sich in die Zukunft zu stürzen, sich ein Ziel zu setzen*, so liegt das daran, dass der *afrikanische Mensch* im Gegensatz zum *modernen Menschen* (gemeint ist *der Europäer*) am Rande der Universalgeschichte stecken geblieben ist, *reglos* inmitten einer *unverrückbaren Ordnung*, in Unkenntnis jeglicher Idee von *Abenteuer* und *Eroberung*, der Voraussetzung für einen möglichen *Fortschritt*:

> Das Drama Afrikas besteht darin, dass der afrikanische Mensch nicht ausreichend in die Geschichte eingetreten ist. Der afrikanische Bauer, der seit Jahrtausenden im Gleichklang mit den Jahreszeiten lebt und für den ein erfülltes Leben in der harmonischen Beziehung zur Natur besteht, dieser afrikanische Bauer kennt nichts anderes als die ewige Wiederkehr der Zeit, die ihren Rhythmus durch die unendliche Wiederholung der ewig gleichen Gesten und ewig glei-

> chen Worte erfährt. In dieser Vorstellungswelt, wo alles immer wieder von neuem beginnt, ist kein Platz für das Abenteuer Mensch, für die Fortschrittsidee. In diesem geistigen Kosmos, wo von der Natur alles vorgegeben wird, ist der Mensch zwar von der Angst gegenüber der Geschichte, von dieser Pein des modernen Menschen verschont, aber der Mensch bleibt unbeweglich: verhaftet in einer unverrückbaren Ordnung, wo alles von Anbeginn festgelegt scheint. Niemals schwingt sich da der Mensch auf zur Zukunft. Niemals kommt es ihm in den Sinn, aus der Sphäre der Wiederholung herauszutreten, um sich eine eigene Bestimmung zu erschließen.

Diese Behauptung über das Wesen des *Homo africanus* gehört zu jenen Äußerungen, die wegen ihres ebenso willkürlichen wie überzogenen Charakters am meisten überrascht und schockiert haben. Das kommt daher, dass sie undifferenziert einen Wust abgenutzter Schablonen wiederbelebt, eine Aneinanderreihung von Klischees, Vorurteilen und Stereotypen, entwickelt im 19. Jahrhundert von Theoretikern des Rassismus wie Georg Wilhelm Friedrich Hegel (1770–1831)[108] und Joseph Arthur de Gobineau (1816–1882),[109] vulgarisiert durch ihre Epigonen wie Lucien Lévy-Bruhl (1857–1939)[110] und, in gewisser Weise, Leo Frobenius (1873–1938)[111] bzw. Placide Tempels (1906–1977)[112]. Die Bibliothek von Sarkozy ist eindeutig alt und verstaubt, die Mehrheit seiner Referenzen stammt aus der Kolonialzeit oder der Zeit davor. Das heutige Afrika würde

108 *La raison dans l'histoire* (dt.: *Die Vernunft in der Geschichte*), Paris, 10/18, 2003 (Vorlesung an der Universität Berlin, gehalten zwischen 1822 und 1831).

109 1853 u. 1855, *Essai sur l'inégalité des races humaines.*

110 1921, *La mentalité primitive* (dt.: *Die geistige Welt de Primitiven*). In seinem letzten, posthum veröffentlichten Werk, *Carnets* (1949, Paris, PUF), kehrt er zum Kernbereich seines Denkens zurück.

111 1910, *Und Afrika sprach.* Es stimmt, dass dieser Autor einer der ersten war, der von den »afrikanischen Zivilisationen« gesprochen hat. Vgl. dazu sein Werk *Histoire des civilisations africaines*, 1936, übersetzt von Dr. H. Back und D. Ermont, Paris, Gallimard (1. Aufl. 1933) und das großen Einfluss auf die Gründer der Negritude Léopold Sédar Senghor und Aimé Césaire ausgeübt hat.

112 1945, *La philosophie bantoue*, Elisabethville, Lovania.

sich gemäß einer solchen Darstellung auf den afrikanischen Bauern reduzieren, der *im Gleichklang mit den Jahreszeiten* lebt und eher danach trachtet, in *Harmonie mit der Natur* zu leben als sie zu beherrschen, der stärker von *Empfindung*, *Instinkt* und vom *Mythos* als von Vernunft geleitet wird, eher vom Bedürfnis zu *glauben* als zu verstehen, der stärker *empfindet*, als dass er denkt! Wie im *Kindesstadium* der Menschheit:

> Denn jedes Volk hat einmal die Zeit des ewigen »Jetzt« erlebt, die von dem Wunsch bestimmt war, das Universum nicht zu beherrschen, sondern in Übereinstimmung mit ihm zu leben. Zeit der Empfindung, des Instinkts, der Intuition. Zeit des Geheimnisses und der Initiation. Mystische Zeit, wo das Heilige allgegenwärtig war in einer Welt der Zeichen und Entsprechungen. Es ist dies die Zeit der Magier, der Zauberer und der Schamanen. Die Zeit des hohen Wortes, das von den Menschen geachtet, von den Generationen weitergegeben wird und das über Jahrhunderte hindurch heilige Erzählungen überliefert, die so alt sind wie die Götter selbst. Afrika hat die Völker der Erde an ihre gemeinsame Kindheit erinnert. Es hat ihnen die einfachen Freuden und kurzlebigen Glücksmomente dieser Kindheit, aber auch ein fundamentales Bedürfnis, zu erfühlen statt mit dem Verstand zu erfassen, das Bedürfnis, Harmonie zu leben statt Welt zu erobern.

Das erinnert an die Unterscheidung zwischen *Mythos* und *Logos*, die die Griechen in jenem hermeneutischen Ansatz vornahmen, der die Überlegenheit der Philosophie gegenüber der Mythologie festschreiben sollte. Näher zur Gegenwart hin lässt dies unweigerlich an die berühmte Formel von Leopold Sédar Senghor denken, die da lautet: »Die Intuition ist schwarz, die Vernunft hellenisch.« Auf der zwanghaften Suche nach einem autochthonen Bezug für seine Phantasiegebilde hat der Redner oder sein Redenschreiber nicht bemerkt, dass es sich hier um eine der in Afrika am meisten kritisierten Ideen des »großen Dichters« der Négritude handelt.

Die vorrangige sprachliche Funktion dieses Teils der Rede ist eindeutig referenzieller bzw. kognitiver Natur und ihr Gegenstand, der *afrikanische Mensch*, ein reines Phantasiegebilde des

Abendlandes. Grammatisch zum Ausdruck gebracht wird diese Funktion durch den Gebrauch des Pronomens für die dritte Person (er, sie [Sg.], sie [Pl.]) und lexikalisch durch ein Vokabular, das vor allem in den Sinnbezirk der Unbeweglichkeit gehört (*seit Jahrtausenden, dieselben Gesten, dieselben Reden, vorgezeichnet, ewige Präsenz, ewiger Neubeginn der Zeit, bewegungsloser Mensch, unveränderliche Ordnung, Wiederholung ohne Ende, beständig wiederholen, unablässig wiederkäuen, von Generation zu Generation, von Jahrhundert zu Jahrhundert, Sehnsucht [nach dem verlorenen Paradies], nach dem Mythos* (*Zeit des Mysteriums, mystische Zeit, Zeit der Magier, Zauberer und Schamanen, mystische Vergangenheit, Mystik, Religiosität, Glaubenssehnsucht, afrikanische Mentalität*), des Weiteren in das Bezeichnungsfeld der Sensibilität bis hin zur Rührseligkeit (*Zeit des Empfindens, Bedürfnis zu spüren, Instinkt, Intuition*) sowie in den Bereich der Oralität (*Zeit der Rede, der Legenden*) und das in Summe den »ersten Menschen« kennzeichnet, der sich mit *schlichten Freuden* und *kurzlebigen Glücksmomenten* begnügt.

Auf diskursiver Ebene dominieren erklärende Verlautbarungen in verneinender Form *(Der afrikanische Mensch ist nicht ausreichend … eingetreten … Der afrikanische Bauer … kennt nur … In dieser Vorstellung … gibt es keinen Platz weder für … noch für … Niemals schwingt sich da der Mensch auf zur Zukunft. Niemals kommt es ihm in den Sinn …).*

Nun ist eines der profiliertesten Merkmale der referenziellen Funktion die Möglichkeit, die Aussage in Frageform zu präsentieren (*Ist der afrikanische Mensch nicht in ausreichendem Maße in die Geschichte eingetreten? Lebt der afrikanische Bauer im Gleichklang mit den Jahreszeiten? Bleibt er unbeweglich inmitten einer unverrückbaren Ordnung? Lebt er in der immerwährenden Gegenwart? etc.*). Dabei widersprechen die von der Geschichtswissenschaft, der Philosophie oder der Anthropologie gelieferten Antworten auf die hier gestellten Fragen jeder vorschnellen und überholten Aussage zum Wesen des afrikanischen Menschen: Das Afrika des »*ewigen Jetzt*« oder der »*unverrückbaren Ordnung*« existiert nicht und hat niemals existiert. Außer im Kopf der größten Ignoranten und Bilderstürmer.

Indem er von Afrika ein mythisches, für tendenziöse Argumentationen anfälliges Bild zeichnet, indem er des Weiteren einen pseudowissenschaftlichen Ton anschlägt und einen Haufen Klischees über den *afrikanischen Menschen* formuliert, indem er schließlich seine eigene Unkenntnis zur Theorie erhebt, begibt sich Sarkozy ins Kielwasser jener schrillen Anthropologie, die in der Art von *Tim im Kongo* das Bild eines Bananen-Afrikas vermittelt und sich ihre Inspiration aus den übelsten rassistischen Texten holt. Er bestätigt, so leid es ihm tut, die Überlegenheit Europas über den Rest der Welt, im Besonderen über Afrika: Europa repräsentiere, so Sarkozy, den »Ruf nach Freiheit, nach Emanzipation und Gerechtigkeit, nach Gleichheit von Frau und Mann«, den »Ruf nach universeller Vernunft und universellem Bewusstsein«. Damit begibt er sich de facto in eine hierarchisch erhöhte Position (die eines Lehrers, der im Besitz des Wissens ist, zugleich die Macht und Autorität hat, zu verkünden, zu bewerten und zu maßregeln) und weist seiner Zuhörerschaft (bestehend aus StudentInnen, aber auch aus der lokalen intellektuellen Elite und den RepräsentantInnen der senegalesischen Politik, unter ihnen Präsident Abdoulaye Wade, sein Gastgeber) in autoritärer Weise die niedrigere Position zu (die des ungebildeten und ignoranten Schülers, der die Aufgabe hat, zuzuhören und zu lernen). Dieses Gebaren zeugt von Eitelkeit und, mehr noch, von Kolonialismus.[113]

113 Zum Kolonialismus siehe Césaire, Aimé, 1955, *Discours sur le colonialisme*, Paris, Présence africaine (dt.: 1968, *Über den Kolonialismus*, Berlin, Wagenbach); Memmi, Albert, 1957, *Portrait du colonisé*, précédé de *Portrait du colonisateur*, Vorwort von Jean-Paul Sartre, Paris, Corrêa (dt.: 1994, *Der Kolonisator und der Kolonisierte*, Hamburg, Europäische Verlagsanstalt) und 2004, *Portrait du décolonisé arabo-musulman et quelques autres*, Paris, Gallimard; Fanon, Frantz, 1952, *Peau noire, masques blancs*, Paris, Seuil (dt.: 1980, *Schwarze Haut, weiße Masken*, Frankfurt/Main, Suhrkamp) und 1961, *Les damnés de la terre*, Vorwort von Jean-Paul Sartre, Paris, Maspero (dt.: 1969, *Die Verdammten dieser Erde*, Hamburg, Rowohlt).

Die neuen Kleider des Kolonialismus

Die Rede von Nicolas Sarkozy ist von zahlreichen Beobachtern in Afrika und Frankreich als »neokolonialistisch« beurteilt worden. Zu Recht. Einige, wie Boubacar Boris Diop, haben sie als »schwarzenfeindlich« [»negrophob«[114] im frz. Original, Anm. des Übers.] eingestuft, andere, wie Bernard-Henri Lévy, gar als »rassistisch«[115]. Ihre Verteidiger, allen voran der Verfasser der Rede, Henri Guaino, entrüsten sich ihrerseits darüber, dass man sich über die in der Rede von Dakar getätigten Äußerungen hat entrüsten können. In einem Artikel, erschienen in *Le Nouvel Observateur,*[116] empört sich Guaino:

> Man hat es gewagt, von Rassismus zu sprechen, weil vom »afrikanischen Menschen« die Rede war. Ist Aimé Césaire Rassist, wenn er vom *»schwarzen Menschen«* [»homme noir« im Original, P.C.] spricht? Sind alle jene, die vom *»abendländischen Menschen«* oder vom *»europäischen Menschen«* gesprochen haben, Rassisten? [...] Man hat eine Passage aus ihrem Zusammenhang gerissen und Skandal gerufen: *»Das Drama Afrikas besteht darin, dass der afrikanische Mensch nicht ausreichend in die Geschichte eingetreten ist.«* Aber man vergisst die Fortsetzung: *»Jedes Volk hat die Zeit des ewigen Jetzt erlebt* [...]« Wo ist der Skandal?

Der Skandal liegt darin, im Jahre 2007 zu behaupten, wie es im 19. Jahrhundert die Überlegenheits- und Kolonialtheoretiker getan haben, dass zwar alle Völker eine »Zeit des ewigen Jetzt« gekannt haben, Afrika aber noch immer in ihr verharrt. Dies diente als Argument für die koloniale Besetzung und ihre vorgebliche

114 Vgl. Diop, Boubacar Boris/Tobner, Odile/Verschave, François-Xavier, 2005, *Négrophobie*, Paris, Les Arènes.

115 Was Anlass zu dem folgenden schönen Austausch von Freundlichkeiten auf nicht gerade hohem Niveau gegeben hat: Bernard-Henri Lévy: »Guaino [der Verfasser der Dakar-Rede, Anm. d. Übers.] ist ein Rassist [...] Diese Rede ist eine rassistische Rede.« Henri Guaino: »Dieser kleine eingebildete Idiot interessiert mich nicht [...] Er hat Schaum vor den Lippen und ist voller Hass.« Transzendental!

116 Nr. 2245, 15.–21. November 2007, S. 18.

»zivilisatorische Mission«. Während die Kolonisierung darin besteht, das Territorium von anderen materiell zu besetzen und es zum eigenen Nutzen auszubeuten, ist der Kolonialismus eine Geisteshaltung, die dadurch gekennzeichnet ist, dass sie Raum und Zeit des Anderen symbolisch besetzt und ihn daran hindert, selbst über sein Territorium und seine Geschichte zu bestimmen, ja dass sie ihm ihre vorgeblich »überlegene« Art zu denken, zu sprechen und zu handeln aufzwingt, ihm das Recht auf das Wort nimmt ebenso wie die Möglichkeit, sich selbst, seine eigene Welt zu definieren (deren räumliche und zeitliche Verortungen sowie das materielle und spirituelle Umfeld), die eigenen künstlerischen, sprachlichen und literarischen Ausdrucksformen zur Geltung zu bringen, seinen Lebensweg selbst zu erklären, den eigenen Weg durch die Geschichte nachzuzeichnen und sein eigenes Zukunftsprojekt zu entwerfen. Der Kolonialismus besteht darin, sich selbst zum Subjekt zu machen und den Anderen zum bloßen Objekt zu degradieren, sich beim Anderen so zu benehmen, als wäre man zu Hause, die Haltung des Gastgebers einzunehmen, obwohl man Gast ist. Kurz, sich zum »Kreiskommandanten« aufzuschwingen, wie in der Zeit des Kolonialismus.

Wesentliches Erkennungsmerkmal des Kolonialismus ist die Selbstherrlichkeit oder der Drang zu herrschen, zu befehlen, zu urteilen, zu verordnen, vorzuschreiben, an der Spitze zu stehen und anzutreiben. Dies zeigt sich in der Rede von Nicolas Sarkozy an der Arroganz (der Unfähigkeit zuzuhören, zu lernen und zu diskutieren), am Paternalismus (der Tendenz, seine Herrschaft unter dem Vorwand des Beschützens durchzusetzen, also Lektionen zu erteilen, Moralpredigten zu halten) sowie an der Geringschätzung des Anderen (der Leugnung seiner Geschichte, der Vergewaltigung seiner Rede, der Gewaltanwendung auch gegenüber seiner Erinnerung). Durch die Verweigerung von Reue, die er als unangemessen und unpassend betrachtet, nimmt er paradoxerweise die Position des »Unparteiischen« ein, des »Schiedsrichters«. Die Haltung des Räubers, der sich unter die Menge seiner Verfolger mischt und am lautesten von allen schreit: »Haltet den Dieb!«

Der Sakozy-Diskurs rekurriert ständig auf Sprechakte, die Ausdruck autoritärer Macht sind: Aufruf *(Jugendliche von Afrika,*

Jugend von Afrika), Ermahnung und Einschärfung *(weicht nicht zurück, hört nicht, lasst euch nicht, hört, vernehmt, öffnet die Augen, Afrika muss neu aufgebaut werden [...], die Plünderung der afrikanischen Eliten, deren Afrika für seine Entwicklung bedarf, muss ein Ende haben)*.

Das deutlichste sprachliche Merkmal des Autoritätsanspruchs ist der Einsatz des unerwünschten Duzens. Im vorliegenden Fall handelt es sich um das koloniale *Du*, dessen Pluralform, das *Ihr*, die Summe aus *Du* + *Du* + *Du* ist. Seine Verwendung wird begleitet von spezifischen Anredeformen (*afrikanische Jugend, junge Afrikaner, meine afrikanischen Freunde*) und dem Modus des Imperativs.

Gegründet auf unerschütterliche Gewissheiten und auf ein übersteigertes Ego, greift der Sakozy'sche Diskurs hochfrequent auf den Gebrauch von Verben des Willens zurück (*wollen* und in geringerem Maße *wünschen*), die als Subjekt das *Ich* des Senders oder seine pronominalen und lexikalischen Ersatzformen (*wir* bzw. *Frankreich* und *Europa*) haben:

> Ich will mich heute Abend an alle Afrikaner wenden [...] *Was Frankreich* gemeinsam mit Afrika machen *möchte*, [...] *Frankreich will* sich mit Europa dafür einsetzen, *will* sich mit euch allen dafür einsetzen [...] Ihr wollt die Einheit Afrikas? Auch *Frankreich will* sie. [...] Wenn Afrika, Frankreich und Europe sie gemeinsam wollen, dann wird es uns gelingen. Aber *wir* können nicht einen Willen *an eurer statt* zum Ausdruck bringen.

Die Rede von Nicolas Sarkozy baut auf einer autoritären Kommunikationsform auf, in der der Befehl das ausschlaggebende Element ist und in der die unterstellten Wünsche des Gesprächspartners durch den Sprecher definiert und ausgedrückt werden. Durch den Willen des *ich* hat das Verb *wollen* zugleich das aussagende *du* oder dessen pronominale und lexikalische Ersatzformen (*ihr* bzw. die *Jugend Afrikas, die jungen Menschen Afrikas, Afrika, die Afrikaner*) als Subjekt:

> *Die Jugend Afrikas will* nicht auf Gedeih und Verderb den skrupellosen Schlepperbanden ausgeliefert sein. [...] *Afrika will*, dass man nicht an seiner Stelle die Zukunft plant, [...] *Afrika will*, was

> Frankreich will […] Ihr jungen Afrikaner, *ihr wollt* Entwicklung […] Aber wollt ihr das wirklich? *Wollt ihr*, dass Willkür, Korruption und Gewalt ein Ende haben? […] *Wollt ihr*, dass es überall verlässlich einen Rechtsstaat gibt […] *Wenn ihr das wollt*, stellt Frankreich sich mit Nachdruck an eure Seite.

Neben den Verben des Wollens (*wollen* und *wünschen*) finden sich in signifikant hoher Frequenz Verben des Typs *wissen*, *glauben*, *können*, *müssen*:

> *Ich weiß*, wie viele von euch in der Konfrontation mit Afrikas Schwierigkeiten den Wunsch hegen, Afrika zu verlassen. *Ich weiß* um die Lockungen des Exils […] welchen Belastungen sich die meisten stellen *müssen*, […] dass sie manchmal sogar ihr Leben aufs Spiel setzen, […] dass sie durch nichts zurückzuhalten sind. Ich *glaube* nicht, dass die jungen Menschen Afrikas nur wegziehen, um der Not zu entkommen. Ich *glaube*, dass die jungen Menschen Afrikas ihr Land verlassen, weil sie wie alle jungen Menschen die Welt erobern wollen. […] Die Jugend Afrikas *muss* das Gefühl bekommen, dass ihr die Welt […] gehört […] dass alles möglich wird, genauso wie den Menschen in der Renaissance alles möglich schien […] Ich *weiß* sehr gut, dass die Jugend Afrikas *nicht* als einzige in der Welt Hausarrest bekommen *darf*. Sie *kann nicht* als einzige in der Welt nur wählen dürfen zwischen illegaler Immigration und dem fatalen Rückzug auf sich selbst.

Obwohl bar jener traditionellen Feierlichkeit, die dieser Art Medienereignis gewöhnlich anhaftet, ist der von Nicolas Sarkozy gewählte Ton energisch und dozierend, abwechselnd erklärend *(der afrikanische Mensch ist nicht …, Afrika hat seinen Anteil an Verantwortung …, die Kolonisierung ist nicht verantwortlich …, der Kolonisator ist gekommen, er hat genommen, er hat sich bedient …, das Problem Afrikas ist …)*, fragend[117] *(Wollt ihr, dass Willkür, Korruption und Gewalt ein Ende haben? Wollt ihr, dass es auf afrikanischem Boden keine Hungersnot mehr gibt?)* und befehlend *(Hört nicht auf diejenigen, die …, lasst euch nicht entwenden …, hört vielmehr auf die Stimme des Präsidenten Senghor, … hört, wie sehr Rimbaud Afrikaner ist …, öffnet die Augen und betrachtet nicht mehr …)*. Der

117 Es handelt sich hier um rein rhetorische Fragen.

französische Präsident vergisst nicht, Bedingungen zu nennen, die Frankreich seinen afrikanischen Partnern für seine Hilfe abverlangen könnte *(Ihr wollt Frieden auf dem afrikanischen Kontinent?* [...] *Den wünscht sich auch Frankreich.)*.

Dieser gegenüber seinen Gesprächspartnern durch und durch infantilisierende Ton richtet sich stärker an das Gefühl als an den Verstand, ersetzt die Reue des Peinigers durch die Schuldzuweisung an das Opfer, das Aufbegehren der Jugend durch deren Abhängigmachung von Frankreich. Gleiches gilt für die Unaufrichtigkeit vorgeschlagener Scheinlösungen zur Lösung der wahren Probleme, die sich den Afrikanern heute stellen: Probleme der Infrastruktur und der Energieversorgung, der Ernährung und der Gesundheit der Bevölkerungen, der Erziehung und Ausbildung, der Demokratie und der guten politischen Führung, des Handels und der Umweltverschmutzung etc.

Es überrascht die Eindringlichkeit, mit der Nicolas Sarkozy die jungen Menschen Afrikas an das afrikanische Territorium binden möchte, da Frankreich sie nicht alle aufnehmen kann. Wo er doch gleichzeitig erklärt:

> Die Jugend Afrikas muss das Gefühl bekommen, dass ihr die Welt ebenso gehört wie allen anderen jungen Menschen dieser Welt. [...] Sie kann nicht als einzige in der Welt nur wählen dürfen zwischen illegaler Immigration und dem Rückzug auf sich selbst.

Aber wie es scheint, ist Frankreich nicht mehr das bevorzugte Ziel der Auswanderungswilligen. Wenn sie »Gefahren für ihr Leben« auf sich nehmen, so denken viele an Großbritannien, an Kanada, an die USA, ja sogar an Australien und an China.[118]

118 In einem Dossier auf einer chinesischen Website mit dem Titel »Die afrikanischen Studierenden interessieren sich mehr und mehr für China« findet sich die folgende Information: »Laut den neuen Statistiken des chinesischen Bildungsministeriums waren Ende September 2007 in China 21 000 afrikanische Studierende aus insgesamt 50 Ländern registriert, die im Genuss eines staatlichen chinesischen Stipendiums waren, zuzüglich 8000 weiteren Studierenden, die auf eigene Kosten eingereist waren.« Quelle: http://www.chine-informations.com/export.

Schließlich wundert man sich darüber, dass sich Nicolas Sarkozy ausschließlich an die »jungen Menschen« wendet, sie schuldig spricht, sie, die ersten Opfer der von Frankreich immer wieder zusammen mit korrupten lokalen Regimen umgesetzten Afrikapolitik, statt eine energische Botschaft an die aktuell amtierenden afrikanischen Herrscher zu senden, die die Hauptverantwortlichen für die Übel des Kontinents sind.

Der unauffindbare Bruch

Selbst wenn man mit der Lupe sucht, findet man in der Rede von Dakar nicht den Schatten einer neuen oder originellen Idee, von der eine motivierende oder dynamisierende Wirkung ausgehen könnte. Man findet nichts über die neue Art der franko-afrikanischen Kooperation, nichts über das in den letzten Zügen liegende Frankoafrika.

Euroafrika? Das ist eine echte neue falsche Idee, die schon in den 1950er Jahren von Gaston Defferre und Léopold Sédar Senghor[119] lanciert worden war und von ihren Initiatoren in dem Moment aufgegeben wurde, als die afrikanischen Staaten die Unabhängigkeit erlangten, um durch die attraktivere, weil unmittelbar profitträchtige Idee des Frankoafrika ersetzt zu werden. Das Bestreben des französischen Präsidenten, den Afrikanern Europa zu verkaufen, erscheint unter diesen Bedingungen surreal, wenn nicht irreal, weil es einer kollegialen Entscheidung bedarf, die Frankreich nicht allein treffen kann. Was halten Deutschland, Italien, Polen, Bulgarien, Malta, Zypern … davon? Das Projekt *Eurafrique* wird zukünftig im Verbund mit dem anderen von Nicolas Sarkozy propagierten »Großprojekt« präsentiert werden, dem der *Mittelmeerunion*, deren Negativziel es ist, den Eintritt der Türkei in die Europäische Union zu verhindern.

Wenn die in der Rede aufgeworfenen Probleme auch durchaus

119 Siehe 1971, *Liberté 2. Nation et voie africaine du socialisme* (dt.: *Nation und afrikanischer Weg zum Sozialismus*), Paris, Seuil, S. 90. »L'Eurafrique, unité économique de l'avenir« (Sitzung der französischen Nationalversammlung vom 17. Januar 1952).

real sind (schlechte Regierungspolitik in armen und verschuldeten Staaten, Korruption und Amtsmissbrauch, Hunger und Gewalt etc.), so fällt auf, dass es an konkreten Lösungen fehlt. Angekündigt als ein Höhepunkt des Nicolas Sarkozy so teuren »Bruchs«, hat diese Rede die Versprechungen nicht gehalten und alle, die sie gehört haben, enttäuscht. Es handelt sich um eine verblüffende Einmischung, in der die Arroganz der Unwissenheit den Rang streitig macht, eine Entgleisung, an gedankenloses Provozieren grenzend, eine Beschimpfung, gar eine Beleidigung.

Dieser Redner empfiehlt für Afrika ebenso wie für Frankreich und Europa eine Art Bruch, den er *Renaissance* nennt und von dem er weder die Achsen noch die Konturen näher beschreibt. Ansonsten ähnelt die Ansprache des einige Monate zuvor gewählten französischen Präsidenten auf befremdende Art einer nicht enden wollenden Wahlkampfrede: eher zögerlich als Ausdruck eines Wollens (*ich will, Frankreich will, Europa will*) und ohne klaren Inhalt. In Summe hat man es mit einem Text zu tun, der nicht der unter Politikern häufig anzutreffenden Phrasendrescherei huldigt, sondern der Kautschuk-Sprache, seinem demagogischen Gegenstück, das die Zuhörerschaft streichelt und sie dabei im Inhaltlichen an der Nase herumführt. Mit der Magie der Worte[120] spielend und aus Wortschwall und Gerede geradezu einen Kult machend, präsentiert Sarkozy doch nur einen Katalog von ebenso allgemeinen wie vagen Ideen, die zwar im ersten Moment verführerisch klingen, deren Substanz sich aber bei näherem Hinsehen rasch verflüchtigt:

> Frankreich will mit Afrika gemeinsam der Wirklichkeit ins Auge sehen. Eine Politik der Realitäten und nicht mehr eine Politik der Mythen machen. Frankreich will zusammen mit Afrika die gemeinsam verantwortete Entwicklung erreichen. Frankreich will mit Afrika gemeinsame Projekte verwirklichen, gemeinsame Wettbewerbszentren, gemeinsame Universitäten, gemeinsame Forschungsstätten. Frankreich will mit Afrika eine gemeinsame Strategie im gro-

120 Zur Magie der Worte siehe die Nummer 64 der Zeitschrift *Politique africaine* (1996), »Démocratie: le pouvoir des mots« (unter der Leitung von Mwatha Musanji Ngalasso).

ßen Zusammenhang der Globalisierung erarbeiten. Frankreich will zusammen mit Afrika eine Immigrationspolitik erreichen, die gemeinsam ausgehandelt und gemeinsam beschlossen wird, damit Afrikas Jugend in Frankreich und in ganz Europa in Würde respektvolle Aufnahme findet. Frankreich will zusammen mit Afrika eine Allianz der französischen und der afrikanischen Jugend schaffen, damit die Welt von morgen eine bessere Welt wird. Frankreich will zusammen mit Afrika Eurafrika vorbereiten, jene große gemeinsame Bestimmung, die Europa und Afrika bevorsteht.

Was ist eine *Politik der Realitäten*? Was ist die *gemeinsame Entwicklung*? Was ist eine *gemeinsam ausgehandelte Immigrationspolitik*[121]? Worin bestehen die *gemeinsamen Projekte*, die *gemeinsamen Wettbewerbszentren*, die *gemeinsamen Strategien* im Zusammenhang der Globalisierung? Wie werden die *gemeinsamen Universitäten und Forschungsstätten* funktionieren? Ein Rätsel. Und diese fabelhafte Allianz *der französischen und der afrikanischen Jugend*? Nichts Klares. Nichts Präzises. Nichts Konkretes. Nichts als Sand in die Augen. Ein Bildschirm voller Rauch.

Auf den Bruch, Jugend von Afrika, heißt es also weiter warten. Oder ihn selbst herbeiführen … vor Ort oder anderswo.

Übersetzt von Peter Cichon und Vera Carla Poschauko

121 Halten wir fest, dass nicht ein einziges Mal von der »selektiven Einwanderung« die Rede war, die dem ehemaligen Innenminister am Herzen lag.

Das Afrikabild der Präsidenten der Fünften Republik Frankreichs

Odile Tobner

Odile Tobner ist Professeur agrégé für Literaturwissenschaft, war verheiratet mit dem 2001 verstorbenen Schriftsteller Mongo Beti; gemeinsam mit ihm hat sie die Zeitschrift *Peuples noirs – Peuples africains* gegründet und von 1978 bis 1991 geleitet. Seit 1993 ist sie für die Buchhandlung Librairie des Peuples Noirs in Yaoundé (Kamerun) verantwortlich. Überdies ist sie seit September 2005 Präsidentin des Vereins *Survie*.
Wichtigste Publikationen: (gem. mit Mongo Beti) *Dictionnaire de la négritude*, Paris, L'Harmattan, 1989; Zeitschrift *Peuples noirs – Peuples africains*, die auf www.mongobeti.org eingesehen werden kann; *Négrophobie* (gem. mit Boubacar Boris Diop und François-Xavier Verschave), Paris, Les Arènes, 2005; *Du racisme français*, Paris, Les Arènes, 2007.

Alle sechs Präsidenten der Fünften Republik haben sich als Freunde Afrikas bezeichnet. Mehr über das reale Verhältnis zu jenen, die Frankreich so lange unter dem Joch der Kolonisation gehalten hat, sagt uns aber eine Untersuchung ihrer Äußerungen und Taten. Man kann zumindest behaupten, dass die Beziehung alles andere als klar ist. Bis zum gegenseitigen Respekt, der in den Beziehungen zwischen Staaten mehr wert ist als Freundschaft, liegt noch ein langer Weg vor uns. Hat nicht der angesehenste dieser Präsidenten, General de Gaulle, gesagt, dass ein Staat, der seinen Namen verdient, keine Freunde hat? Rufen wir uns kurz die Aussagen und Haltungen der Präsidenten in Erinnerung: Charles de Gaulle (1958–1969), Georges Pompidou (1969–1974), Valéry Giscard d'Estaing (1974–1981), François Mitterrand (1981–1995), Jacques Chirac (1995–2007) und schließlich Nicolas Sarkozy im Jahr 2007.

Charles de Gaulle, der erste Präsident der Fünften Republik, lernte Afrika kennen, nachdem das Mutterland Frankreich von den Deutschen überrannt worden war. Tatsächlich gründete er die Widerstandsbewegung des Freien Frankreich auf sein Kolonialreich, das für die Kriegsanstrengung der Alliierten einen erheblichen Beitrag an Menschen, Rohstoffen und Finanzmitteln beizusteuern hatte. Am 30. Januar 1944 eröffnete General de Gaulle in Brazzaville eine Konferenz der Gouverneure der französischen Territorien in Afrika unter Vorsitz des Kolonialministers Pleven. In seiner kurzen Rede, später berühmt geworden unter dem Namen »Rede von Brazzaville«, entwirft er das Projekt einer Reform des Kolonialreiches, das in der Verfassung von 1946 zur »Union française« werden sollte. Die Kolonien sind von da an Überseeterritorien (*territoires d'outre-mer*) und können politische Vertreter wählen. Diese zum Mythos gewordene Rede verdient es, wieder gelesen zu werden.

De Gaulle entwirft ein idyllisches Bild der Kolonisierung:

> Einer jahrhundertealten zivilisatorischen Berufung folgend [...] haben die Franzosen seit einem halben Jahrhundert einen großen Teil Schwarzafrikas erschlossen, befriedet und zur Welt hin geöffnet. Einen Erdteil, den seine Weite, die Härten des Klimas, die natürlichen Hindernisse, die Armut und Heterogenität seiner Bevölkerungen seit Anbeginn der Geschichte in einem Zustand des Leidens und der Unzugänglichkeit gehalten hatten.

Hier kommt der Kolonialmythos mit seinen Lügenbegriffen zum Vorschein: »Zivilisation« und »Befriedung« werden verwendet, um einen der grausamsten und verheerendsten Eroberungszüge zu beschreiben. Dazu kommt das fantasmagorische Bild eines in Geschichtslosigkeit dahinvegetierenden Afrika. Überzeugt von der Überlegenheit des Kolonisators, spürt de Gaulle dennoch, dass die auf dem alten »Code de l'indigénat« beruhende Kolonialverwaltung nicht mehr zeitgemäß ist. Daher gilt es, die Verwaltung der Überseeterritorien zu reformieren.

Die dieser Reform zugrunde liegende Philosophie stellt er so dar:

> Im französischen Afrika wie in allen anderen Territorien, in denen die Menschen unter unserer Fahne leben, wird es aber keinen echten Fortschritt geben, wenn die Menschen in ihrem Heimatland nicht moralisch und materiell davon profitieren, wenn sie sich nicht nach und nach auf ein Niveau erheben, auf dem sie fähig sind, an der Regelung ihrer Angelegenheiten mitzuwirken.

Hier kommt es auf jedes Wort an: »erheben«, »nach und nach«, »an der Regelung ihrer Angelegenheiten mitwirken«. Ich sehe da nicht die Spur eines Befreiungsversprechens für Menschen mit gleichen Rechten, sondern bloß den Versuch, die Herrschaftsform so anzupassen, dass sie erträglich erscheint.

Weiter bewegt de Gaulle sich nie. Nach zwei blutigen Kolonialkriegen und angesichts der zunehmenden Unabhängigkeitsbestrebungen der Kolonialvölker schlägt er eine Fassadenbehübschung der *Union française* vor: Sie wird zur *Communauté française*, diesmal mit lokalen Verwaltern. Sékou Touré lehnt diese Konstruktion ab, sehr zum Ärger de Gaulles, der Guinea dafür teuer bezahlen lässt. Aber das Gebäude bricht zwei Jahre später auseinander, als die Überseeterritorien die Unabhängigkeit erhalten. Der brüske Richtungswechsel Frankreichs verschleiert den Beginn einer Vasallisierungspolitik, denn die Unabhängigkeit erstreckt sich weder auf die Armee – die neuen Staaten werden von der französischen Armee verteidigt – noch auf die Währung – der Franc der Kolonien wird zum Franc der *Communauté financière africaine*.

Das unterschwellige Hinarbeiten auf einen Satellitenstatus der afrikanischen Staaten findet seinen Niederschlag in der Installierung einer »Arbeitsgruppe Afrika« (*cellule africaine*) im Élyséepalast, einer geheimen Instanz zur Führung der Satellitenstaaten unter der Fuchtel von Jacques Foccart. Die Verachtung, die dieser für die an der kurzen Leine geführten afrikanischen Präsidenten empfindet, scheint auf jeder Seite seiner *Mémoires* durch. Er schreibt dieselbe Verachtung auch de Gaulle zu – man hat jeden Grund, ihm zu glauben –, wenn er folgende Äußerung referiert:

> Wissen Sie, jetzt ist es bald genug mit Ihren Negern. Sie überrumpeln mich, man sieht ja niemand anderen mehr. Jeden Tag sind Neger im Élysée, Ihretwegen muss ich sie empfangen, Ihretwegen muss ich sie zum Essen einladen. Ich bin hier von Negern umzingelt. [...] Und das alles hat überhaupt keinen Sinn! Lassen Sie mich mit Ihren Negern in Ruhe; ich will zwei Monate lang keinen hier sehen, verstehen Sie? Keine Audienz, bevor zwei Monate vorüber sind. Es geht gar nicht so sehr um die Zeit, die das in Anspruch nimmt, auch wenn

> das schon sehr ärgerlich ist, aber es macht auch einen schlechten Eindruck im Ausland: Man sieht jeden Tag nur Neger im Élysée.[122]

De Gaulle sieht Afrika mit den Augen eines Erben der Kolonisation, der stolz auf sie ist und sie vollkommen gerechtfertigt findet. Die afrikanischen Kolonien Frankreichs dienten ihm während des Zweiten Weltkriegs als Basis für den Aufbau des Freien Frankreich. Wenn er auch der Meinung war, dass sich der französische Machtanspruch auf andere Weise äußern sollte, so war seine Politik darauf gerichtet, diesen Machtanspruch um jeden Preis durchzusetzen. Sein Blick auf die Afrikaner ist voll Verachtung. Jacques Foccart setzte er zur Kontrolle der afrikanischen Staaten ein, um mit allen politischen Tricks die Bedeutung Frankreichs in der Welt abzusichern. Es ist widersinnig, in ihm einen Anwalt der Emanzipation Afrikas zu sehen.

1969 folgt Georges Pompidou auf de Gaulle. Er hat vielleicht mehr Achtung vor den afrikanischen Staatschefs, weil er in den dreißiger Jahren Mitstudent Léopold Sédar Senghors in Paris war. Seine Afrikasicht manifestiert sich in den Reden, die er während seiner Reisen auf dem Kontinent hält. Am 5. Februar 1971 hält er eine Ansprache vor der senegalesischen Nationalversammlung, die eine akademische Würdigung der repräsentativen Demokratie und der parlamentarischen Arbeit enthält. Er malt ein exaktes Bild der Entwicklungsprobleme und des Ungleichgewichts in den Handelsbeziehungen zwischen den agrarischen und den industrialisierten Ländern. Er befürwortet eine Entwicklungshilfe in Höhe von 1 % des BIP der Letzteren, nicht aus Barmherzigkeit, sondern aus politischem Realismus: »Es wäre sinnlos zu glauben, dass der Weltfrieden mit der Ungerechtigkeit der Unterentwicklung zusammengehen kann; deswegen liegt es im strikten Eigeninteresse der entwickelten Staaten, die dramatische Konfrontation zwischen Reichtum und Armut zu vermeiden.«[123]

122 Foccart, Jacques, 1968–1969, *Mémoires*, Bd. 2: *Le Général en mai. Journal de l'Élysée*, Paris, Fayard/Jeune Afrique. Unterhaltung vom 8. Novemer 1968.

123 Georges Pompidou, zit. nach der Website des CNRS (nach Datum gereihte Texte).

Am 26. Januar 1972, bei einer Pressekonferenz in Niamey (Niger), ruft Pompidou die agrarische Bestimmung der Sahel-Staaten in Erinnerung, spricht aber auch den Uranabbau im Niger an, den Frankreich damals gerade in Angriff nimmt; dann lobt er die Großzügigkeit seines Landes, das dem Niger gerade eine Vorauszahlung auf die künftigen Gewinne dieses Abbaus zugestanden hat, und fügt noch hinzu:

> Ich möchte nicht schließen, ohne zu sagen, dass diese Tat niemals völlig uneigennützig ist, das Urangeschäft zeigt es recht gut, aber im Wesentlichen ist sie uneigennützig. Sie ist vom Gefühl bestimmt, vom Gefühl der Verantwortung gegenüber Völkern, denen wir einst unsere Herrschaft aufgezwungen haben und denen gegenüber wir eine moralische Verantwortung bewahren.

Am 13. November 1973, in Paris, ist Georges Pompidou Vorsitzender der ersten Konferenz der Staatschefs der frankophonen afrikanischen Länder, einer Konferenz, die ihm seiner Aussage zufolge vom Präsidenten des Niger, Hamani Diori, vorgeschlagen wurde. Hier präzisiert er seine Auffassung vom ökonomischen Ungleichgewicht zwischen den entwickelten Ländern mit ihrem ständig steigenden Lebensstandard und der Armut der Dritten Welt. Er stellt die Führung der internationalen Finanzinstitutionen in Frage:

> Es wäre allerdings wünschenswert, dass drei Viertel der Weltbevölkerung die Lösung der Finanzprobleme nicht aus der Presse erfahren, so wie es gegenwärtig der Fall ist.

Die Schlusssequenz, bemerkenswert in der Hinsicht, dass sie Wort für Wort heute wieder vorgetragen werden könnte, verweist auf

> die Gefahren, die unsere Welt vor allem wegen der Verschlechterung der Beziehungen zwischen industrialisierten Ländern und Entwicklungsländern bedrohen.

Pompidou, der es mit einer gewissen Hellsichtigkeit bei ökonomischen Themen bewenden lässt, erwähnt in seinen Reden in Afrika mit keinem Wort die politische Realität des Kalten Kriegs, die die französische Politik in ihrer Praxis vor Ort beherrscht. Noch immer ist Foccart für die Afrikapolitik Frankreichs verantwortlich, mehr noch als unter de Gaulle, auch deshalb, weil es dem Präsidenten selbst an Engagement fehlt. Zwischen 1969 und 1974 erreicht die Verfolgung fortschrittlicher afrikanischer Politiker mit der öffentlichen Hinrichtung von Ernest Ouandié, dem Chef des kamerunesischen Untergrunds (15. Januar 1971), und der Ermordung von Outel Bono, einem tschadischen Oppositionellen in Paris (26. August 1973), ihren Höhepunkt. Unter Pompidou wird, auf Druck von Foccart, Mongo Betis Buch *Main basse sur le Cameroun* per Dekret des Innenministers beschlagnahmt (30. Juni 1972). Es gibt also einen evidenten Widerspruch zwischen der in den Reden dargelegten humanistischen Vision eines Afrikas, dessen Entwicklung zu unterstützen sei, und der brutalen Repressionspolitik. Kurz nach dem Tod Pompidous (2. April 1974) stürzt in einem Staatsstreich schließlich auch Hamani Diori, weil er den Uranpreis im Niger kontrollieren wollte (15. April 1974).

Schon bevor Valéry Giscard d'Estaing zum Präsidenten gewählt wurde (Mai 1974), hatte er, damals noch Finanzminister, mit dem Präsidenten der Zentralafrikanischen Republik, Jean-Bedel Bokassa, freundschaftlichen Umgang gepflegt. Von 1970 an frönte er seiner Jagdleidenschaft während zahlreicher Aufenthalte in Zentralafrika, und seine erste Reise als Präsident führte ihn in dieses Land. Es gab früher bereits Verbindungen der Familie Giscard d'Estaing zum alten Oubangui-Chari, das dann Zentralafrika wurde. Valérys Vater, Edmond Giscard d'Estaing, hatte nach dem Ersten Weltkrieg die SFFC (Société Financière Française Coloniale) gegründet, und deren Filiale war die CFSO (Compagnie Forestière Sangha Oubangui). 1929 von der Banque d'Indochine übernommen, verblieb die SFFC unter der Leitung von Edmond Giscard d'Estaing und wurde 1953 zur SOFFO (Société Financière de France et d'Outre-mer). Das ganze 20. Jahrhundert hindurch sollten die Geschäfte dieses Finanzverbunds durchaus prosperieren.

Giscard d'Estaing hat keine bedeutende Rede zur Afrikapolitik gehalten. Unter seiner Präsidentschaft wurden durch militärische Blitzeinsätze von Frankreich kontrollierte Regimes an die Hebel der Macht gebracht oder dort gehalten, im Tschad, in Zaire – man erinnere sich an die Fallschirmjäger in Kolwezi[124] – in Zentralafrika, in Mauretanien und in Djibuti. Als sich sein Freund Bokassa erst zum Marschall, dann zum Kaiser erklärt, wird er wegen seiner überhandnehmenden Gewalttätigkeit 1979 schließlich in einer Kommandoaktion des französischen Militärs abgesetzt. Kurz darauf platzt der Skandal der »Diamanten Bokassas«, von denen Giscard d'Estaing profitiert haben soll, was 1981 nicht unwesentlich zum Scheitern seiner Wiederwahl beiträgt. Vorher schon, anlässlich des Besuchs des zentralafrikanischen Präsidenten David Dacko, bekundet Frankreich in einem Communiqué des Elyséepalastes »seine Solidarität mit einem befreundeten Land, das zu den ärmsten der Welt gehört«.

Mit der Machtübernahme durch die Linke 1981 glaubten nicht wenige Afrikaner, dass die neokolonialen Beziehungen zu Ende wären. Die Desillusionierung blieb nicht aus. François Mitterrand, von dem man angesichts seiner Vergangenheit und seiner politischen Aussagen – »Algerien ist Frankreich«, »Krieg als einzige Verhandlungsform« – nicht viel erwarten durfte, ändert nichts am paternalistischen System, das seit den Unabhängigkeitserklärungen die Politik bestimmt. Jean-Pierre Cot, Minister für Zusammenarbeit und Entwicklung und Verfechter eines tiefgreifenden Systemwechsels, tritt nach eineinhalb Jahren zurück. Unter seinem Nachfolger Christian Nucci wird das Ministerium für Zusammenarbeit Schauplatz des Skandals des »Carrefour du développement«, der die Spitze des Eisbergs der korrupten französischen Afrikapolitik ans Tageslicht bringt. Der Mord an Thomas Sankara, Präsident von Burkina Faso (15. Oktober 1987), zeigt, dass im französischen Einflussbereich weiterhin Jagd auf Systemkritiker gemacht wird.

Mitterrands Rede von La Baule, gehalten am 20. Juni 1990 als

124 Geiselbefreiungsaktion der Fremdenlegion (mit belgischer Unterstützung) in Zaire, heute Demokratische Republik Kongo, im Mai 1978 (Anm. des Übers.).

Schlussrede der 16. Konferenz der frankophonen afrikanischen Staaten, hat wie die Rede von Brazzaville den schmeichelhaften Ruf der Fortschrittlichkeit, der im einen wie im anderen Fall übertrieben ist. Zwanzig Jahre nach Pompidou trifft Mitterrand dieselben Feststellungen, die bestätigen, dass die in den Reden seiner Vorgänger versprochene Politik einer Entwicklung Afrikas durch Bindung an Frankreich gescheitert ist: »Es ist wahr, dass Afrika vom Wachstum vergessen wurde und ein Stiefkind des Fortschritts ist.« Angesichts der ewigen Geschichte des Scheiterns sei es sinnvoll, nach den Ursachen zu suchen. Aber das Problem wird umgangen:

> Wir werden uns nicht lange beim Versuch, den Schuldigen namhaft zu machen, aufhalten. Die Verantwortung ist geteilt.

Die Entscheidungsmacht ist allerdings ganz und gar nicht geteilt, und die Machtverhältnisse befinden sich in einem katastrophalen Ungleichgewicht! Aber was macht das schon!

Die große Neuerung ist, dass Mitterrand die Demokratie zum Thema macht. Böse Zungen mögen behaupten, dass man dieses Thema 1990, kurz nach dem Fall der Berliner Mauer, schwerlich hätte vermeiden können. Indem er es aufgreift, hinkt er der Geschichte eher hinterher, als dass er ihr voraneilen würde, wie de Gaulle in Brazzaville. Die Ereignisse reißen uns mit sich fort, also tun wir so, als könnten wir sie steuern. In Wahrheit geht es vor allem darum, zu bremsen:

> Wie wollen Sie die Demokratie verwirklichen, als ein Prinzip der Vertretung der Nation durch mehrere Parteien, wie wollen Sie den Wettstreit der Ideen und die Presse organisieren, während zwei Drittel der Bevölkerung in Armut leben?

So gelangt man tatsächlich in eine Aporie. Einerseits muss man gut entwickelt sein, um in einer Demokratie zu leben, andererseits fördert Demokratie die Entwicklung. Mitterrands Vorliebe gilt dem allerreinsten Konservatismus. Zugespitzt heißt es dann:

> Sie werden in gleichen Maß auf dem Weg der Freiheit vorankommen, wie Sie es auf dem Weg der Entwicklung tun. Übrigens könnte man die Formel auch umkehren: Indem Sie den Weg der Entwicklung nehmen, begeben Sie sich auch auf den Weg zur Demokratie.

Diese sorgfältig gewählten Worte haben den Vorteil, dass sie die ach so ersehnte Demokratie *ad calendas graecas* oder auf den Sankt-Nimmerleins-Tag verschieben, oder auf ein anderes ebenso unbestimmtes wie unwahrscheinliches Datum. Mitterrand erhebt die Demokratie nicht zu einer politischen Grundbedingung. Mit einer Einmischung in die innenpolitischen Probleme der Staaten hält er sich gern zurück:

> Es liegt in der Hand Ihrer freien Völker, Ihrer von mir respektierten souveränen Staaten, den eigenen Weg zu suchen, die Etappen und das Tempo selbst zu bestimmen.

Wie schon Pompidou zeigt auch Mitterrand eine gewisse Hellsichtigkeit:

> Wenn ich zum Beispiel feststellen muss, dass der Kapitalfluss von Süden nach Norden größer ist als jener von Norden nach Süden, dann sage ich, dass hier irgendetwas nicht funktioniert. Der Kolonialismus ist nicht tot. Es handelt sich nicht mehr um den Kolonialismus der Staaten, sondern um den Kolonialismus der Wirtschaft und der informellen Geldflüsse [*circuits parallèles*].

Die Feststellung, dass »irgendetwas nicht funktioniert«, was offensichtlich jede Hoffnung auf Entwicklung zunichte macht, beschließt ein Referat, in dem der Fortschritt der Entwicklung als Königsweg zur Demokratie dargestellt wurde. Dem Wort allein, und nicht seinem Inhalt, wird in dieser Rede Glanz verliehen.

Jacques Chirac ist sicherlich der französische Politiker mit den engsten Beziehungen zu Afrika. Seine lange Politkarriere beginnt 1962 unter de Gaulle im Umfeld Pompidous und setzt sich unter Giscard fort, in der *cohabitation* ist er Premierminister unter Mitterrand, schließlich zwei Amtsperioden Präsident. Diese Karriere bringt ihn in alle Schlüsselpositionen der französischen

Politik, so auch der wichtigsten, der Afrikapolitik. Als Premierminister unter Mitterrand (1986) holt er Foccart, der zuvor von Giscard ausgebootet worden war, als Berater zurück, und dann noch einmal nach seiner Wahl zum Präsidenten.

Februar 1990. In einem Interview für Europe 1 fragt die Journalistin Catherine Nay Jacques Chirac, »ob es nicht ein wenig rassistisch ist, den Afrikanern das Recht auf ein Mehrparteiensystem abzusprechen, wie es für alle anderen Bürger weltweit gilt«. Die Antwort vermittelt einen guten Eindruck von dem an überholte Traditionen gebundenen Bild, das Chirac von Afrika hat:

> Wenn die Länder Afrikas ein Charakteristikum haben, dann ist es das, dass sie zerstritten sind, aber nicht aus ideologischen Gründen. Es gibt keinen ideologischen Konflikt zwischen Afrikanern in dem einen oder anderen Land, sondern ethnische Trennlinien. In diesen Ländern gibt es eine große Anzahl von Stammesgesellschaften, die ihre eigenen Traditionen haben, ihre eigene Kultur, ihre eigene Geschichte, und die einander immer bekämpft haben. Eine der großen Bemühungen der modernen Staatsführer dieser Länder seit der Unabhängigkeit ist es, diese Bevölkerungsgruppen zu einigen, gegenseitiges Verständnis zu fördern, eine nationale Einheit zu schaffen und die Lebensverhältnisse zu verbessern. Wenn Sie, einfach weil Europa es gut findet, die Bildung einer bestimmten Anzahl von Parteien fördern, was ich verstehen kann, was geschieht dann? Es wird sofort eine Partei pro Stamm geben und anstelle von Demokratie Konfrontation, vielleicht sogar Anarchie. Man sollte zuerst gut nachdenken, bevor man anderen seine eigenen Überzeugungen aufdrängt. Demokratie kann sich in verschiedenen Formen darstellen. Wie ich höre, sollte man zwischen verschiedenen Parteien die Wahl haben. Das hat keinen Sinn in Afrika, wo es keine ideologischen Gräben gibt.

Im selben Jahr, 1990, wiederholt er sein Lob für das System der Einheitspartei in Afrika:

> Man kann die Demokratie in einem Land nicht danach beurteilen, ob es ein Mehrparteiensystem gibt oder nicht. […] Es gibt Regimes mit Einheitsparteien, in denen man auf die Demokratie voll und ganz Rücksicht nimmt: ich denke da an die Elfenbeinküste (*Côte d'Ivoire*).

Wie man weiß, wurden in jener Zeit die Oppositionellen der Elfenbeinküste mit Einkerkerung und sogar Ermordung bedroht.

Einige Wochen vor seinem Abschied aus dem Amt, bei der Eröffnung der 24. Konferenz der Regierungschefs Afrikas und Frankreichs (15. Februar 2007), kann man bei Jacques Chirac einen gewissen Denkfortschritt feststellen. Der historischen Entwicklung hinkt aber auch er hinterher. Er, der in den zwölf Jahren seiner Präsidentschaft den Siegern aller manipulierten Wahlen in Afrika regelmäßig seine wärmsten Glückwünsche übermitteln ließ, erteilt nun einen letzten Rat:

> Die Erfahrung lehrt uns, dass die Stabilität der Staaten vor allem vom demokratischen Kalender und von regelmäßigen Wahlen abhängt. Krisen haben ihren Ursprung oft in umstrittenen Wahlergebnissen, die die Legitimität der Gewählten in Frage stellen. Man muss den Rechtsstaat stärken. Wir unterstützen die klaren Grundsätze der Afrikanischen Union, was diesen Punkt betrifft.

Diese scharfsinnige Erkenntnis in letzter Stunde bleibt freilich folgenlos, da sie (von ihm) nie mehr verwirklicht werden muss. So holt man sich die Lorbeeren, ohne je den Preis dafür zahlen zu müssen.

Man durfte hoffen, dass sich die französischen Machtinhaber auf den Weg machen würden, um die Beziehungen zu Afrika endgültig zu modernisieren – aber war das möglich angesichts einer solchen Tradition von verachtungsvollen und scheinheiligen Äußerungen? Und da haben wir die letzte Präsidentenrede, die dritte, die Berühmtheit erlangen sollte nach jenen von Brazzaville und La Baule: die durch ihre rückwärtsgewandten, rassistisch eingefärbten Aussagen skandalträchtige Rede von Nicolas Sarkozy, gehalten in Dakar am 26. Juli 2007. Die Beschwörung eines geschichtslosimmobilen Afrika ist ein Echo der Rede de Gaulles in Brazzaville, die selbst auf dem Boden der kolonialistischen Tradition steht. Und was den Bruch (*rupture*) betrifft, ein Begriff, mit dem Nicolas Sarkozy die von ihm geplante Afrikapolitik von der seiner Vorgänger absetzen will, so hat diese aufgeregte, selbstgefällige und widersinnige Rede vielleicht endgültig den Zauber gebrochen, der die Reden von Brazzaville und La Baule als Befreiungsreden verklärt hat, wo sie doch nichts anderes waren als Ausdruck französischer Überlegenheitsgefühle bei de Gaulle und paternalistischer Gerissenheit bei Mitterrand.

Im Licht dieser Reden ist es nicht Afrika, sondern Frankreich, das im Immergleichen und einer geschichtsfernen Haltung festzustecken scheint. Man ist überrascht, wie hartnäckig dieses Verleugnen ist. Wie kann man zugeben, dass Verbrechen begangen wurden, und zugleich kein Zeichen des Bedauerns zeigen? Was zwang den französischen Präsidenten, von der Sklaverei und der Kolonisation zu sprechen? Letztlich scheint es, dass er diese Themen nur deshalb angesprochen hat, um sich, wie er von Rede zu Rede zwanghaft wiederholt, an der Weigerung zu delektieren, ein »Reuebekenntnis« (*repentance*) abzulegen, das niemand von ihm verlangt. Manchmal wird die Verdrängungsanstrengung geradezu freudianisch:

> Der Kolonialismus ist nicht für alle Schwierigkeiten im heutigen Afrika verantwortlich zu machen. Er ist nicht verantwortlich für blutige Kriege, die sich Afrikaner untereinander liefern. Er ist nicht für Völkermorde verantwortlich. Er ist nicht für Diktatoren verantwortlich. Er ist nicht für Fanatismus und nicht für Korruption und Amtsmissbrauch verantwortlich. Er ist nicht verantwortlich für Verschwendung und Umweltverschmutzung.

Den kolonialen Straßenbau einmal ausgenommen, wird die historische Hinterlassenschaft in ihrer Gesamtheit zu den Akten gelegt. All das hatte keinerlei Folgen. Warum dann dieses Plädoyer der Verteidigung?

Ganz einfach: um besser anklagen zu können. Schuld ist Afrika, wo die Leute einander töten, verkaufen und nichts tun. Ein derart heftiger Ausbruch verschlägt einem die Sprache. Ist das der neue politische Diskurs? Pompidou hat wenigstens die von Ungleichheit geprägten Handelsbeziehungen angesprochen, Mitterrand die Kapitalflucht. Chirac hat sich dazu durchgerungen, von Wahlfälschungen zu sprechen. Giscard hat sogar eingestanden, dass das Land, aus dem seine Familie so ungeheure Dividenden schöpfen konnte, eins der ärmsten des Planeten ist. Freilich kommt Nicolas Sarkozy nach fünfzig Jahren absoluter Ineffizienz ins Amt, nach so vielen Reden, in denen die Missstände benannt wurden, ohne auch nur den Ansatz einer Abhilfe zu bringen. Man nimmt den Zustand zur Kenntnis und wendet sich anderen Problemen zu. Der Diskurs ist zwangsläufig verbraucht, da er sich auf nichts Konkretes mehr bezieht.

Die Präsidentenreden dieser fünfzig Jahre werfen ein klares Licht auf das hartnäckige Unverständnis, das die Konsequenz einer Kolonisation ist, die niemals objektiv erforscht wurde und für die man sich nie verantwortlich sah. Alle diese Reden kommen ausnahmslos von oben herab und erwarten keine Antwort. Die wichtigen afrikanischen Stimmen, die dagegengesprochen haben, wurden nie gehört. Heute nehmen sich die Afrikaner das Recht, ihre Geschichte und die ihrer Eroberer zu schreiben, aus ihrer eigenen Sicht, die nie gefragt war, und sie tun das, um ihren Völkern, die ein Fundament für ihre Menschenwürde brauchen, das notwendige Wissen dafür bereitzustellen. Die Geschichtsschreibung ist nur *eine* Möglichkeit, die Tatsachen zu betrachten, sie mag mehr oder weniger weit gesteckt, mehr oder weniger detailreich sein, niemals aber ist sie vollständig. Das Gleichgewicht in der Welt verlangt, dass alle Stimmen gehört werden und dass man endlich das Monopol des Sprechens und das Monopol der Macht aufhebt, da beide nur Wahnsinn und Grauen zur Folge haben.

Übersetzt von Peter Friedrich

Unkenntnis, Unverständnis oder bewusste Provokation?

Demba Moussa Dembélé

Demba Moussa Dembélé hat an Universitäten Frankreichs und der Vereinigten Staaten von Amerika studiert. Er ist als Wirtschaftswissenschaftler ausgebildet, spezialisiert auf dem Gebiet der Weltwirtschaft und des internationalen Finanzwesens. Sein Interesse gilt unter anderem der wirtschaftlichen Integration Afrikas, den afrikanischen Außenschulden, der Afrikapolitik der Weltbank und des Internationalen Währungsfonds sowie der internationalen Zusammenarbeit.

Er war insbesondere im Rahmen des Wirtschaftsministeriums des Senegal tätig sowie als wissenschaftlicher Mitarbeiter am Institut für Internationales Finanzwesen in Washington. In Zusammenarbeit mit senegalesischen und afrikanischen NGOs hat er die Auswirkungen der Strukturanpassungsprogramme und der Globalisierung auf die Entwicklung Afrikas untersucht. Er ist Gründungsmitglied des Forum social africain (FSA) und Mitglied mehrerer internationaler Netzwerke.

Heute leitet er das afrikanische Forum für Alternativen, ein Forschungsnetzwerk mit folgenden Zielsetzungen: Beiträge zur Kritik des neoliberalen Paradigmas, kritische Analyse der afrikanischen Erfahrungen mit Entwicklungsprogrammen, Beiträge zur Frage einer endogenen Entwicklung Afrikas.

Wichtigste Publikationen:

»Afrique subsaharienne: mouvements sociaux et résistances à la mondialisation néolibérale«, in: *État des résistances dans le Sud,* Centre Tricontinental & Éditions Syllepse, 2007.

Als Herausgeber:

À la recherche d'un nouveau paradigme de développement, Manila-Dakar, ISGN, 2006.

Les Transformations économiques et sociales en Afrique, Institut africain de la Gouvernance, 2006.

Le FMI et la Banque mondiale en Afrique: de l'échec des programmes d'ajustement au fiasco de l'Initiative PPTE, Manila-Dakar, ISGN, 2005.

Der Kolonialismus und der Imperialismus sind mit uns noch nicht fertig, wenn sie ihre Fahnen und ihre Polizeitruppen aus unseren Ländern abgezogen haben. Jahrhunderte hindurch haben sich die Kapitalisten in den unterentwickelten Gebieten wie wahre Kriegsverbrecher benommen. Die Deportationen, die Massaker, die Zwangsarbeit, die Sklaverei, das waren die Hauptinstrumente des Kapitalismus zur Vermehrung seiner Reserven an Gold und Diamanten und zur Errichtung seiner Macht.

Frantz Fanon, *Die Verdammten dieser Erde*

In seiner Rede vom 26. Juli 2007 an der Universität Cheikh Anta Diop in Dakar entfaltete Nicolas Sarkozy vor seinen Zuhörern die nahezu unermessliche Weite seiner Unkenntnis der afrikanischen Geschichte und der wahren Gründe für den »unterentwickelten« Status Afrikas.

Die Integration Afrikas in die Welt samt Folgen

Mit der Behauptung, »das Drama Afrikas« bestehe darin, dass »der afrikanische Mensch nicht ausreichend in die Geschichte eingetreten« sei, verrät Herr Sarkozy sein krasses Unwissen über die Geschichte Afrikas und über die Beziehungen, die dieser Kontinent mit der restlichen Welt, vor allem auch mit Europa unterhält.

Selbst eine bescheidene Beschäftigung mit der Geschichte des Kapitalismus hätte Nicolas Sarkozy zu der Erkenntnis verholfen, dass diese Geschichte von Anfang an mit dem Blut, dem Schweiß und den Ressourcen der afrikanischen Völker geschrieben worden ist. Im ersten Buch von *Das Kapital* erklärt Karl Marx, wie der transatlantische Sklavenhandel zu dem beigetragen hat, was er »ursprüngliche Akkumulation des Kapitals« nennt. Joseph Ndiaye, Museumskonservator der »Maison des esclaves« (»Haus der Sklaven«) auf Goree (Senegal), bezeichnet diese Tragödie zu Recht als »den größten Genozid der Geschichte«, bei dem Afrika seine besten Söhne und Töchter, insgesamt ein Vielfaches von zehn Millionen Menschen, verloren hat (Cheikh Anta Diop 1987). Die schwerwiegenden Folgen dieser Massenvernichtung bestimmen bis heute die wirtschaftliche und soziale Entwicklung Afrikas (Diop-Maes 2007).

Nach den Männern und Frauen kamen die Ressourcen dran: Afrikas Boden wurde kolonisiert, der Raubbau durfte beginnen. In seinem außerordentlich komplexen Buch weist Walter Rodney (1981) nach, dass der Kolonialismus ein entscheidender Faktor für den Rückstand Afrikas und für die Industrialisierung und sonstige Entwicklung Europas war. Dasselbe Phänomen wurde auch schon von afrikanischen HistorikerInnen und ForscherInnen untersucht, namentlich von Professor Ki-Zerbo in einer seiner wichtigsten Publikationen (Ki-Zerbo 1978).

Halten wir also für Herrn Sarkozy fest, dass Afrika mit der westlichen Welt zu einem Zeitpunkt in Kontakt kam, als diese gerade das Mittelalter hinter sich gelassen hatte und ihre Renaissance zu gestalten begann. Der Kontakt erfolgte in zweierlei Form: Sklavenhandel und Kolonialismus, zwei Faktoren, die für die wirtschaftliche und soziale Entwicklung Afrikas ausschlaggebend werden sollten. Sie zerstörten nicht nur das sozioökonomische Gefüge der vorkolonialen Gesellschaft, sondern systematisch auch die afrikanische Kultur und Mentalität. Somit sind die heutigen Probleme Afrikas weder durch eine fehlende noch durch eine verspätete »Integration« des Kontinents in die Welt zu erklären, sondern durch die Art und Weise, wie er in die kapitalistische Weltwirtschaft integriert und wie Letztere zum Blühen gebracht wurde, nämlich durch das Blut und den Schweiß von Afrikas Söhnen und Töchtern sowie durch die schamlose Plünderung afrikanischer Ressourcen.

Aber Klischees sind langlebig. Im Grunde übernimmt Nicolas Sarkozy bloß die vereinfachenden »Erklärungen«, die von der Weltbank und dem Internationalen Währungsfonds (IWF) gern aufgetischt werden, wenn sie nämlich das Scheitern ihrer Kuren auf die angeblich fehlende Integration Afrikas in die neoliberale Wirtschaftsordnung zurückführen. Im Wesentlichen geht es bei diesem Thema um die sogenannte »Marginalisierung« Afrikas im Welthandel. Selbst wenn man den afrikanischen Anteil am

Welthandel mit 2 % ansetzt, bleibt unbestritten, dass kein anderer Kontinent eine vergleichbare Öffnung zur Welt aufweist. Laut UNCTAD (Konferenz der Vereinten Nationen für Handel und Entwicklung) machte der gesamte Handel Afrikas (also Exporte und Importe zusammengerechnet) im Zeitraum 2000/2001 50,4 % des Bruttoinlandprodukts (BIP) aus, während er 1980/1981 45 % betrug (CNUCED 2003a). Mit anderen Worten, im Jahr 2001 stammte mehr als die Hälfte des nationalen Einkommens dieses Kontinents aus dem Wirtschaftsaustausch mit dem Rest der Welt. Zum Vergleich der entsprechende weltweite Mittelwert: rund 16 %; der Mittelwert für Europa: 12,8 %; und der für die USA: 13,2 % (Amin 2001).

Die These von der »Marginalisierung« Afrikas in der Weltwirtschaft gehört somit relativiert. In Wirklichkeit hat – wie ich noch ausführen werde – ein Zuviel an »Integration« Afrika so anfällig für von außen kommende Erschütterungen und zum Hauptopfer der neoliberalen Globalisierung gemacht.

Das Veto für den Kolonialismus

Nicolas Sarkozy gilt als Vertreter einer »komplexfreien Rechten«, die im Zusammenhang mit der Kolonialgeschichte Frankreichs keine »Reue« aufkommen lassen will. Seine Rede bestätigt das. Sie fügt sich nahtlos in eine Tendenz der Aufwertung ein, die von den »positiven Aspekten« des Kolonialismus spricht und nur am Rande die »negativen Aspekte« nicht unerwähnt lässt. Sarkozy im Originalton:

> Der Kolonisator kam und nahm, er füllte seine Taschen, er machte sich alle und alles zu Nutzen, er plünderte Ressourcen und Schätze, die ihm nicht gehörten. Er raubte dem kolonialisierten Menschen seine Persönlichkeit, seine Freiheit, sein Land, die Frucht seiner Arbeit.

Doch schon im nächsten Satz versucht Sarkozy, die Verbrechen des Kolonialismus durch die Aufzählung seiner »Leistungen« zu relativieren, ja zu rechtfertigen:

> Er hat genommen, aber bei allem gebotenen Respekt möchte ich sagen dürfen, dass er auch gegeben hat. Er baute Brücken, Straßen, Spitäler, Ambulanzen, Schulen. Er machte Brachland fruchtbar, er investierte Mühe, Arbeit und Wissen. Ich möchte hier sagen dürfen: Nicht alle Kolonisatoren waren Diebe und Ausbeuter.

Wir haben es hier mit der alten Leier der Ideologen zu tun, die ihr verherrlichendes Veto für Kolonialismus und Imperialismus einlegen. Ein bis zum Überdruss wiederholter Refrain, auf den schon Aimé Césaire in seinem *Discours sur le colonialisme* (1955) mit folgenden denkwürdigen Sätzen geantwortet hatte:

> Man erzählt mir von Fortschritt, von »Leistungen«, von geheilten Krankheiten, von weit über das ursprüngliche Niveau gehobenem Lebensstandard. Ich aber spreche von Gesellschaften, die um sich selbst gebracht wurden, von zertretenen Kulturen, von ausgehöhlten Institutionen, von beschlagnahmtem Land, von ermordeten Religionen, von vernichteter Kunst, von außerordentlichen *Möglichkeiten*, die unterdrückt wurden. Man wirft mir Fakten an den Kopf, Statistiken, Kilometerzahlen von Straßen, Kanälen, Eisenbahnen. Ich spreche von […] Millionen Menschen, die man ihren Göttern, ihrer Erde, ihren Sitten, ihrem Leben, dem Leben, dem Tanz, der Weisheit entriss. […] Man präsentiert mir Schiffsladungen von Baumwoll- und Kakaoexporten, Hektare von angepflanzten Ölbäumen und Weinstöcken. Ich aber spreche von natürlichen *Wirtschaftsstrukturen*, von harmonischen und lebensfähigen *Wirtschaftsstrukturen*, von dem Eingeborenen angemessenen *Wirtschaftsstrukturen*, die zerrüttet wurden, von chronischer Unterernährung,[125] einer landwirtschaftlichen Entwicklung, die einzig den Interessen der Metropolen dient, vom Raubbau an Erzeugnissen, Raubbau an Grundstoffen. (Césaire 1968: 23–24)

125 Monika Kind übersetzt Aimé Césaire stellenweise sehr frei. Hier liegt außerdem eine Auslassung vor. Eine textgetreuere Übersetzung könnte lauten: »… von […] *Wirtschaftsstrukturen*, die zerrüttet wurden, von zerstörten Lebensmittelkulturen, von geschaffener chronischer Unterernährung …« (Anm. der Übers.).

In Wirklichkeit war der Kolonialismus ein in allen Bereichen wirksames Zerstörungsunternehmen. Und genau diese Zerstörung hat Afrika ausgeblutet und das natürliche Wachsen einst blühender Gesellschaften unterdrückt. In vielerlei Hinsicht waren die afrikanischen Gesellschaften weiter entwickelt als die europäischen, speziell wenn man an die barbarischen Aspekte des fast tausendjährigen Mittelalters in Europa denkt. Königreiche wie Ghana oder Mali waren richtungweisend nicht nur auf wirtschaftlichem, sondern auch auf wissenschaftlichem, technischem und kulturellem Gebiet. Eine Stadt wie Timbuktu in Mali war eine international angesehene Drehscheibe für Wirtschaft und geistiges Leben (Cheikh Anta Diop 1987).

Die vereinzelten »Leistungen«, mit denen sich die Apologeten des Kolonialismus à la Sarkozy brüsten, dienten nur einem Zweck: Sie sollten die Machtausübung in den Kolonien absichern und die Plünderung der für das Mutterland bestimmten Ressourcen organisieren helfen. Diese »Leistungen« hatten außerdem die systematische Zerstörung der Kultur und Mentalität der kolonisierten Gesellschaften zum Ziel, wobei sich die Kolonisatoren auf ihre vermeintliche kulturelle Überlegenheit beriefen. Fazit: Keine einzige vorkoloniale Struktur von einiger Relevanz blieb von der blinden Wut der Kolonisatoren verschont; bei allem, was diese Europäer in den eroberten Ländern vorfanden, machten sie in wilder Entschlossenheit *Tabula rasa*. Also sind die strukturellen Mängel und die Auslandsorientierung der afrikanischen Wirtschaft, sind der Staat, die Währungs- und Finanzinstitutionen allesamt reine Produkte der Kolonisation, und letztendlich geht das Scheitern der postkolonialen »Entwicklung« – wie Samir Amin zu Recht bemerkt – auf das Scheitern der »Dekolonisation« und den Bankrott des Kapitalismus zurück, der den Rändern des Systems aufgezwungen wurde (Amin 2001).

Von den vermeintlichen und realen Wurzeln der Krise in Afrika

Es mag gerade noch verständlich sein, dass Nicolas Sarkozy Afrikas Geschichte nicht kennt, seine (vorgetäuschte oder tatsächliche) Unkenntnis der wahren, tiefen Wurzeln der wirtschaftlichen und sozialen Entwicklungsprobleme im heutigen Afrika ist allerdings kaum nachvollziehbar.

Mit seiner Meinung, dass die Afrikaner das Scheitern der postkolonialen Entwicklung großteils selbst zu verantworten hätten, ist Herr Sarkozy nicht alleine. In diesem Ansatz wird die Schuld immer wieder bei »Korruption«, »Amtsmissbrauch«, »schlechter Regierungsführung« u.a.m. gesucht. »Der Kolonialismus«, sagt Nicolas Sarkozy, »ist nicht für alle Schwierigkeiten im heutigen Afrika verantwortlich zu machen.« Mag sein. Trotzdem bleibt das koloniale Erbe einer der Hauptgründe für die Krise, die der afrikanische Kontinent durchmacht. In der nachfolgenden Analyse soll dies dargelegt werden.

Das ungünstige internationale Umfeld

Teil des erwähnten Erbes ist die internationale Arbeitsteilung, in der Afrika die Rolle des Rohstofflieferanten zugeteilt bekam. Innerhalb des herrschenden Wirtschaftssystems tun vor allem die ehemaligen Kolonialmächte alles, um diese Arbeitsteilung aufrechtzuerhalten. Zusätzliche Verstärkung erfährt sie durch eine neoliberale Politik, wie sie namentlich von den internationalen Finanzinstitutionen diktiert wird. Auf diese Weise wird die Wirtschaft der afrikanischen Länder unweigerlich anfälliger für Erschütterungen von außen gemacht.

Preisschwankungen bei Grundstoffen

Laut UNCTAD sind die afrikanischen Exporte zu zwei Dritteln aus un- oder halbverarbeiteten Produkten zusammengesetzt. Auf siebzehn der zwanzig wichtigsten Exportartikel des Kontinents trifft das zu. Nun sind aber die Preise dieser Waren Senkungen zwischen 10 und 18 % unterworfen, nachweislich in der Zeit zwischen 1981 und 2001. Im Jahr 2001 fielen die Preise für Kaffee um 35 %, für Baumwolle um 19 %, für Fisch um 21 %. In den 1970er und 1980er Jahren waren die Preisschwankungen bei den afrikanischen Exportartikeln zweimal so stark wie bei den asiatischen, in den 1990er Jahren viermal so stark wie bei den Exporten der hochentwickelten Länder. Diese Fluktuationen erklären den rückgängigen Anteil Afrikas an den weltweiten Exporten (von ca. 6 % im Jahr 1981 auf ungefähr 2 % im Jahr 2002) bei gleichzeitig sinkendem Anteil an den weltweiten Importen (von 4,6 % auf 2,1 %) (CNUCED 2003b).

Unter den Faktoren, die zu solchen Preisschwankungen führen, stechen zwei heraus: ein viel zu hohes Angebot auf den internationalen Märkten, das seinerseits aus der Exportorientierung der afrikanischen Nationalwirtschaften resultiert, welche vorwiegend auf den Abbau der Auslandsschulden ausgerichtet sind; und insbesondere die von den Industrieländern praktizierten Agrarsubventionen.

Subventionspolitik der Industriestaaten

Der Skandal um die von den USA und Europa gewährten Subventionen für Baumwolle hat die ganze Tragweite der Scheinheiligkeit im internationalen Handel zutage treten lassen. So gewährt die amerikanische Regierung ihren rund 25 000 Baumwollexporteuren jährlich Subventionen von drei bis vier Milliarden Dollar, wodurch das Preisniveau für Baumwolle auf dem internationalen Markt sinkt und die afrikanischen Produzenten mit ihrer weit konkurrenzfähigeren Baumwolle das Nachsehen haben. 2002 verursachten die amerikanischen Baumwoll-Subventionen einen Preissturz von über 25 % und damit Einbußen von mehr als 300 Millionen Dollar bei den Einkünften von Ländern wie Benin, Burkina Faso und Mali, die alle als Länder »mit geringem Entwicklungsstand« – »Less Developed Countries« (LDC) – gelten. In der Republik Benin und in Mali überstiegen diese Verluste die von den USA in jenem Jahr geleistete »Entwicklungshilfe«. Im Fall Malis war der Verlust etwa gleich hoch wie die »Rückzahlungserleichterung« für seinen multilateralen Schuldendienst, eine »Erleichterung«, die von Weltbank und IWF im Rahmen einer Initiative zugunsten der »hochverschuldeten armen Länder« / »Pays Pauvres Très Endettés« (PPTE) zugesagt worden war (CNUCED 2003b).

Schätzungen zufolge pumpen die OECD-Länder, also der Club der »reichsten Länder«, täglich mehr als eine Milliarde Dollar in Agrarsubventionen. Dabei entstehen jährliche Summen, die die »Hilfsgelder« an die Länder der südlichen Halbkugel um mehr als das Sechsfache übersteigen. Ganz zu schweigen von den durch solche Agrarsubventionen verursachten Einbußen, die die südlichen Länder bei ihren Exporterlösen hinnehmen müssen. Diese Verluste betragen mehrere hundert Milliarden Dollar und betreffen vor allem jene Produkte, für deren Gewinnung eine hohe Zahl an Arbeitskräften erforderlich ist (CNUCED 2000). Das Entwicklungsprogramm der Vereinten Nationen/United Nations Development Programme (UNDP) zieht daraus den Schluss, dass die Bedeutung eines Landes im Welthandel nicht so sehr von seinem »relativen [also an den Konkurrenten gemessenen] Vorteil« abhängt, sondern vielmehr von seinem »relativen Zugang zu Subventionen«! (PNUD 1997)

Einer der kostenintensivsten Subventionsapparate ist die Gemeinsame Agrarpolitik der EU. Sie und diverse protektionistische Maßnahmen wie sanitäre Bestimmungen (Menschen, Tiere und Pflanzen betreffend) oder das Regelwerk für den Herkunftsnachweis und nicht zuletzt auch die Tarifspirale bei den Fertigprodukten sind allesamt hauptverantwortlich für den starken Knick bei den Exporten aus den AKP-Ländern[126] in die EU: Sie betrugen 1976 7 % des gesamten Importvolumens der EU, 2001 waren es nur mehr 3,6 % (Oxfam international 2006).

Gleichzeitig überschwemmt die Europäische Union den afrikanischen Markt unbekümmert mit ihren Produkten aus subventionierten Branchen und schadet auf diese Weise der heimischen

126 Die Gruppe der afrikanischen, karibischen und pazifischen Staaten, kurz AKP-Staaten, bezeichnet eine internationale Organisation von derzeit 79 Ländern (zumeist frühere Kolonien Frankreichs und Großbritanniens). Das Hauptinteresse dieser Organisation gilt der wirtschaftlichen Zusammenarbeit (Anm. der Übers.).

Produktion in Afrikas Staaten. So haben beispielsweise die europäischen Tiefkühl-Hühnerkeulen in mehreren afrikanischen Ländern (v.a. Kamerun, Côte d'Ivoire, Senegal) den gesamten nationalen Geflügelsektor in die Knie gezwungen. Im Senegal verloren zwischen 1995 und 2002 die in dieser Sparte aktiven Unternehmen in ihrem eigenen Land 70 % ihres Marktanteils an die europäischen Hühnerkeulen-Importeure. Vergleichbares spielt sich in anderen Lebensmittelsektoren ab, etwa bei Milchprodukten, Tomaten oder Zwiebeln (Dembélé 2003).

Terms of Trade: der Abwärtstrend bei Afrikas Außenhandelsbedingungen

Solche wirtschaftspolitischen Entwicklungen zogen in Afrika eine deutliche Verschlechterung der sogenannten Terms of Trade [also des Verhältnisses zwischen Exportgüter- und Importgüterpreisen] nach sich. Von 1980 bis 1990 ging die Kaufkraft bei afrikanischen Exporten im Durchschnitt um 37 % zurück, und die Effektivpreise der Rohstoffe (Erdöl ausgenommen) sanken im selben Zeitraum um 45 %. Diese Tendenz verstärkte sich in den 1990er Jahren. Zwischen 1997 und 2001 verloren die afrikanischen Exporte die Hälfte ihrer durch den Vergleich mit dem Fertigprodukte-Import errechneten Kaufkraft. Anders ausgedrückt: Im Jahr 2001 mussten die afrikanischen Staaten fast doppelt so viel exportieren, um genauso viel wie 1997 importieren zu können (CNUCED 2003a).

Experten schätzen, dass die nicht-erdölexportierenden Länder Afrikas durch die Entwicklung der Terms of Trade von den 1970er Jahren bis Ende der 1990er Jahre einen Geldverlust in Höhe von 120 % ihres BIP hinnehmen mussten. Rechnet man nun zu diesem Verlust die Einbußen hinzu, die aus den protektionistischen Maßnahmen der Industriestaaten resultieren und mit 20 Milliarden Dollar pro Jahr angesetzt werden können, so hat Afrika zwischen 1970 und 1990 durchschnittlich 70 Milliarden Dollar pro Jahr verloren (Banque mondiale 2004).

Zur Veranschaulichung dieser Verluste streicht die UNCTAD heraus, dass bei Annahme stabiler Terms of Trade zwischen 1980 und 2000 in Afrika der Weltmarktanteil dieses Kontinents doppelt so hoch wäre wie augenblicklich; die jährliche Wachstumsrate läge jeweils um 1,4 % höher und das durchschnittliche Pro-Kopf-Einkommen wäre – gemessen am Wert im Jahr 2000 – um mindestens 50 % gestiegen (CNUCED 2001).

Alle bisher angeführten Zahlen und Zusammenhänge verdeutlichen, welche Rolle die internationalen Wirtschaftsbedingungen bei der Entstehung und Zuspitzung der Krise auf dem afrikanischen Kontinent gespielt haben. Einen weiteren Beleg dieser Krise liefert die Analyse der Auslandsverschuldung.

Die Fron des Schuldendienstes

Angesichts der oben erwähnten Exportverluste und des gleichzeitigen Preisanstiegs bei den importierten Gütern und Dienstleistungen waren die afrikanischen Länder gezwungen, ausländische Finanzierungen in Anspruch zu nehmen, ohne die sie ihre wachsenden Schulden gegenüber ebenfalls ausländischen Gläubigern nicht hätten bedienen können. Doch wegen der ungleichen Machtverhältnisse, die zwischen Afrika und dem Westen als Folge kolonialer Herrschaftsstrukturen nach wie vor bestehen, hatten die Gläubiger leichtes Spiel, durch das Diktat spezieller Bedingungen für die Kreditvergabe ihre Herrschaft über Afrikas Staaten noch auszubauen und den Raubbau an deren Ressourcen fortzusetzen. Folgerichtig war die Gewährung von Krediten für die afrikanischen Länder in den meisten Fällen an die Verpflichtung geknüpft, bei den Gläubigerländern Waren und Dienstleistungen zu höheren als den marktüblichen Preisen einzukaufen. Und mehrmals waren die gelieferten Waren dann nicht eindeutig hochwertig bzw. – gemessen am internationalen Markt – deutlich minderer Qualität. Gar nicht zu reden von dem häufig exorbitanten Zinssatz solcher Kredite.

Diese und andere Faktoren verursachten die Schuldenkrise Ende der 1970er und Anfang der 1980er Jahre. Auch um dieser Krise dauerhaft begegnen zu können, wurden die afrikanischen Staaten an die Weltbank und den IWF verwiesen. Doch die Finanzpolitik dieser beiden Institutionen trug nur zur Verschlimmerung der Krise bei. Laut einem UNCTAD-Bericht kam es daraufhin buchstäblich zu einer Schuldenexplosion:

> Afrika erlebte zwischen 1970 und 1999 einen deutlichen Anstieg seiner Auslandsverschuldung [...] Ein gewaltiger Anstieg war im Zuge der Strukturanpassungen der 1980er und beginnenden 1990er Jahre zu verzeichnen; die Gesamtschuld des Kontinents kletterte 1995 – also im Jahr vor der Initiative zugunsten der »hochverschuldeten armen Länder« (PPTE) – auf 340 Milliarden Dollar (CNUCED 2004).

Festzuhalten ist, dass die Verschuldung während der Strukturanpassungen nicht nur explodierte, sondern vor allem auch zu einer der wesentlichen systemischen Ursachen für die Verarmung des afrikanischen Kontinents wurde. Ungeheure Mengen Geld wanderten in der Folge in die Taschen der reichen Länder. Die Länder südlich der Sahara z.B. leisteten zwischen 1980 und 2002 einen globalen Schuldendienst von über 250 Milliarden Dollar – ein Betrag, der viermal so hoch war wie die tatsächliche Höhe ihrer Schulden im Jahr 1980. Zwischen 1998 und 2002 betrugen ihre Rückzahlungen 49,3 Milliarden Dollar ... um einen ursprünglichen Kredit von geschätzten 35 Milliarden Dollar zu bedienen. Das bedeutet einen Reingewinn von 14 Milliarden Dollar für die reichen Länder (Toussaint 2005).

Der erwähnte UNCTAD-Bericht trifft folgende Feststellung:

> Bei flüchtiger Betrachtung stellt man fest, dass Afrika zwischen 1979 und 2002 Kredite in Höhe von ca. 540 Milliarden Dollar bekam und Tilgungen sowie Zinszahlungen in Höhe von ca. 550 Milliarden Dollar leistete. Aber es blieb ein Kreditkontingent von 295 Milliarden Dollar bestehen. Die Länder südlich der Sahara erhielten 294 Milliarden Dollar, zahlten 268 Milliarden Dollar als Schuldendienst zurück, stehen jedoch bei ihren Gläubigern immer noch mit 210 Milliarden Dollar in der Kreide. Selbst wenn man die neuen und noch ausstehenden Zinsen nicht einberechnet, ergäbe die Rückzahlung dieses Betrags eine Umkehr des ursprünglichen Geldflusses (CNUCED 2004).

Das Paradoxon ist somit perfekt: Der gemäß allgemeiner Einschätzung »ärmste Kontinent« gewährleistet in Wirklichkeit einen Netto-Transfer von Finanzmitteln an die gemäß allgemeiner Einschätzung reichsten Länder und die internationalen Finanzbehörden, die doch behaupten, sie kämen Afrika »zu Hilfe«! Ein Scheinparadox, denn die Verschuldung ist bloß einer von mehreren Mechanismen in der übergreifenden Verarmungsstrategie gegenüber Afrika. Die Finanzpolitik von Weltbank und IWF ist ein anderer Beleg dieser Strategie.

Die Folgen der Finanzpolitik von Weltbank und IWF

Es handelt sich dabei um eine Finanzpolitik, die in der Tat massiv zur Verarmung Afrikas seit 1980 beigetragen hat. Dies vor allem infolge der für die Kreditvergabe erarbeiteten Rahmenbedingungen, mit denen die afrikanischen Staaten gezwungen wurden, nicht mehr rechtmäßigen, weil im Laufe der Zeit vielfach beglichenen Schuldforderungen immer weiter zu entsprechen. Dieses Perpetuum mobile ergibt sich aus den Zinsschwankungen auf den Finanzmärkten, aus Geldabwertungen in dichter Folge (Dembélé 2004) und aus Strafzahlungen, die bei Umschuldungen durch den Pariser Club[127] entstanden waren. Außerdem sorgten die von Weltbank und IWF praktizierten Rahmenbedingungen nicht nur für einen Schuldenzuwachs, sondern für eine weitreichende Benachteiligung Afrikas auch in anderen Wirtschaftsbereichen. Die Liberalisierung des Handels und der Investitionen, die Privatisierung von Staatsbetrieben und Dienstleistungen der öffentlichen Hand sowie die den afrikanischen Regierungen auferlegte Austerity-Politik hatten den Einbruch mehrerer Wirtschaftszweige, die Schwächung des Staates, wachsende Ungerechtigkeit und den Anstieg der Armut auf ungeahnte Höhen zur Folge.

127 Der Pariser Club (Club de Paris) ist ein internationales Gremium, das zwischen Gläubigerstaaten und zahlungsunfähigen Staaten vermittelt (Anm. der Übers.).

Die Kosten für die Liberalisierung des Handels und der Investitionen

Laut der britischen NGO Christian Aid hat die Liberalisierung des Handels die afrikanischen Länder in zwanzig Jahren rund 272 Milliarden Dollar gekostet (Christian Aid 2005). Dies wird in der Studie am Beispiel Ghanas illustriert. Der diesbezügliche Kostenaufwand dieses Staates von geschätzten 10 Milliarden Dollar während 15 Jahren ist vergleichbar mit dem Einnahmeverlust, der entstünde, wenn das ganze Land eineinhalb Jahre lang jede Arbeit einstellen würde! Noch andere derartige Beispiele werden genannt. Zudem beschleunigte die Liberalisierung des Handels und der Investitionen die Kapitalflucht. Auch die Kommission für Afrika (Blair-Kommission) gibt zu, dass jährlich mindestens 15 Milliarden Dollar aus Afrika zu den westlichen Banken abwandern. Sie vermutet des Weiteren, dass der Gesamtumfang des den afrikanischen Ländern illegal entzogenen Kapitals mindestens mit 50 % der afrikanischen Verschuldung anzusetzen sei (Commission pour l'Afrique 2005). Also mindestens 100 Milliarden Dollar!

Nüchterne Bestätigung erfährt diese Vermutung durch die Zahlen, die in früheren Berichten vorgelegt wurden. Da ist von einem Gesamtkapital in Höhe von 90 % des afrikaweiten BIP die Rede, Kapital, das sich seinen illegalen Weg von Afrika zu den westlichen Banken und in die Steuerparadiese gebahnt habe. Tatsächlich setzte die UNCTAD die Gesamthöhe der Kapitalflucht bereits 1998 mit 70 % des Privatvermögens an, und sie fügte damals folgendes Rechenexempel hinzu: Würde man diesen Betrag in die Herkunftsländer zurückholen, so käme es zur Bildung von Brutto-Anlagekapital in dreifacher Höhe des aktuellen Werts! (CNUCED 1998)

Die Einführung des Freihandels führte zum Bankrott heimischer Unternehmen, und die Privatisierung und Schließung staatlicher Betriebe setzten massenweise Arbeitskräfte in der Fertigungsindustrie frei. Im Senegal ging die Beschäftigung in diesem Bereich in den 1980er Jahren um mindestens ein Drittel zurück; dieser Effekt wurde in den 1990er Jahren durch die Abwertung des Franc

CFA (im Januar 1994) noch verstärkt. In Ghana fiel die Zahl der in den Fabriken Beschäftigten zwischen 1987 und 1993 von 78 700 auf 28 000.

In Sambia kam es in der Fertigungsindustrie zwischen 1990 und 2000 zu einem Verlust von mehr als 325 000 Arbeitsplätzen, was besonders in Sambias Textilindustrie spürbar war, die in acht Jahren von insgesamt 34 000 Arbeitsplätzen 30 000 verlor (Dembélé 2003).

Was es kostet, wenn man den Gürtel enger schnallen soll

Zu diesen strategischen Liberalisierungs- und Privatisierungsmaßnahmen traten die Maßnahmenpakete der sogenannten Austerity-Politik. »Den Gürtel enger schnallen« hieß im Klartext, den Zusammenbruch der afrikanischen Wirtschaftssysteme akzeptieren. Die ausschließliche Budgetorientierung der Austerity-Doktrin bedeutete den rapiden Rückgang der Wirtschaftswachstumsraten während beinahe der ganzen Strukturanpassungsphase, und sie bedeutete nicht zuletzt weniger Staat, vor allem schwindenden staatlichen Handlungsspielraum im Sozialbereich. So gingen die staatlichen Investitionen im jährlichen Durchschnitt von 23 % des BIP zwischen 1975 und 1979 auf 18 % zwischen 1980 und 1984 und auf 16 % zwischen 1985 und 1989 zurück (CNUCED 2001). Laut Angaben der Weltbank betrug der gesamtafrikanische Durchschnittswert dieser Investitionsquoten 18,6 % in der Zeit von 1981 bis 1990 und 17,2 % in der Zeit von 1991 bis 2000 (Banque mondiale 2004).

Dabei ist zu berücksichtigen, dass diese kontinentalen Mittelwerte manchmal krasse Unterschiede zwischen den einzelnen Ländern verdecken. Insgesamt lässt sich jedenfalls sagen, dass während der Strukturanpassungsphase das Investitionsvolumen in den einzelnen Ländern Afrikas unter dem Niveau geblieben ist, das noch vor dem Eingriff von Weltbank und IWF gegolten hatte.

Die Folge des Investitionsrückgangs war ein deutlich sinkendes Wachstum des Bruttoinlandsprodukts. Es lag in den 1970er Jahren im Jahresdurchschnitt bei 3,5 %. Zwischen 1981 und 1990 fiel es um die Hälfte auf 1,7 %. Deshalb nannte man die 1980er Jahre, wenn es um Afrikas wirtschaftliche Entwicklung ging, »das verlorene Jahrzehnt«. Es war das Jahrzehnt, in dem Afrika für den Schuldendienst gegenüber dem Ausland viermal so viel Geld aufwendete wie für den Gesundheitsbereich und zweimal mehr als für den Bildungssektor.

Eine solche Wirtschaftspolitik hatte zwangsläufig verheerende Auswirkungen auf die sozialen Indikatoren in den afrikanischen Ländern.

Die Auswirkungen der Strukturanpassungen im Sozialbereich

Laut UNCTAD war im Jahr 2000 das durchschnittliche Pro-Kopf-Einkommen in Afrika gegenüber 1980 um 10% gesunken. In Geldwerten ausgedrückt: 323 Dollar pro Einwohner im Jahr 1997 gegenüber 522 Dollar im Jahr 1981 (CNUCED 2001). Auch die Weltbank verzeichnet zwischen 1981 und 2001 einen Gesamtverlust beim Pro-Kopf-Einkommen von 13% des kontinentalen BIP. Aus ihrer oberflächlichen Perspektive, die »Armut« auf Geldwerte beschränkt, vermerkt die Weltbank, dass die Zahl der Menschen, die mit dem Gegenwert von einem Dollar pro Tag auskommen müssen, im selben Zeitraum von 160 Millionen auf 314 Millionen angestiegen ist (Banque mondiale 2004).

Laut Angaben der Vereinten Nationen befinden sich 34 der 49 LDC (»Least Developed Countries«) in Afrika. Alle diese Länder mussten die sogenannten Strukturanpassungen über sich ergehen lassen. Es sind Länder, denen Folgendes gemein ist: hohe wirtschaftliche Verletzbarkeit, extrem niedrige Indikatoren für menschliche Entwicklung sowie Konzentration der Exporte auf ein minimales Produktsortiment. UNCTAD-Angaben zufolge gilt für die afrikanischen LDC, dass 65% der Einwohner mit weniger als einem Dollar pro Tag und neun von zehn Menschen mit dem Gegenwert von zwei Dollar pro Tag auskommen müssen (CNUCED 2002b).

Schlussfolgerung

Gewiss doch, »der Kolonialismus ist nicht für alle Schwierigkeiten im heutigen Afrika verantwortlich zu machen«, und es steht außer Zweifel, dass die afrikanischen Regierungen für die wirtschaftliche und soziale Krise in ihren Ländern mitverantwortlich sind. Aber der Hauptgrund für diese Krise ist das koloniale Erbe, dessen Wirkung von der Last unrechtmäßiger Schulden und von den nicht minder unrechtmäßigen Rahmenbedingungen der Weltbank und des IWF verstärkt wird.

Was nun die Konflikte anbelangt, so steht auch hier außer Zweifel, dass interne Faktoren sie mitbestimmt haben, und natürlich ist der Kolonialismus »nicht verantwortlich für blutige Kriege, die sich Afrikaner untereinander liefern [und] er ist nicht für Korruption und Amtsmissbrauch verantwortlich«. Aber der Kolonialismus hat gerade auch hier unbestreitbare Nachwirkungen gezeitigt, und das oben analysierte wirtschaftspolitische Gesamtpaket hat entscheidend zum Zustandekommen und zur Verschärfung der Konflikte auf dem afrikanischen Kontinent beigetragen. Denn wie verfuhren Weltbank, IWF und westliche Regierungen? Sie eliminierten die Gewinne, die in den 1960er und 1970er Jahren unter großen Opfern erwirtschaftet worden waren; sie schwächten den Staat, das Symbol der Einheit und des nationalen Zusammenhalts in multiethnischen, labilen Ländern; sie lösten staatliche Strukturen, die nicht zuletzt nationale Solidarität gewährleisteten, auf; und sie zwangen die afrikanischen Regierungen zur Verramschung der Staatswirtschaft an ausländisches Kapital. Und bei alldem sollen die beiden internationalen Finanzbehörden, soll der Westen keinen Anteil am Ausbruch und an der traurigen Kontinuität von Konflikten in Afrikas Staaten haben?

Die Politik von Weltbank und IWF schuf leider auch ideale Bedingungen für das Gedeihen der »Korruption«, denn diese Institutionen propagierten individualistische Wertvorstellungen, die die Verlockungen persönlichen Gewinns und die persönliche Karriere wichtiger als alles andere erscheinen lassen. Sie vertieften den Graben zwischen sozialen Schichten und Klassen. Sie verschärften geschlechtsspezifische Benachteiligungen und drängten Bevölkerungsschichten mit prekären Lebensbedingungen noch weiter an den Rand. Sie betrieben gewaltsam den Anschluss an die neoliberale Globalisierung, und zwar über die Strategie des neoliberalen Wildwuchses und der Verschleuderung des Nationalguts in den afrikanischen Staaten, die so erleben mussten, wie sich innerhalb (und außerhalb) ihrer Grenzen alle möglichen Formen des Mangels, Arbeitslosigkeit, extrem schlechte Lebensbedingungen und wirtschaftliche bzw. soziale Isolation in vielen Bereichen breitmachten. All das führt zu Korruption.

In Wirklichkeit ist Korruption ein wesentlicher Bestandteil des kapitalistischen Systems und der neoliberalen Politik, die den afrikanischen Ländern aufgezwungen wurde. Korruption ist mit Sicherheit keine »afrikanische Besonderheit« und sie ist folglich auch kein »Hindernis« für Entwicklung auf afrikanischem Boden, wie die internationalen Finanzbehörden gern behaupten, wenn sie ihre fehlgeschlagene Politik rechtfertigen wollen. Übrigens wandern die Bestechungsgelder direkt in die Steuerparadiese bzw. in die westlichen Banken, deren Regierungen da gern ein Auge zudrücken. Auch die Blair-Kommission bestätigt dies: »Zahlreiche führende [afrikanische] Politiker bereicherten sich um viele Milliarden Dollar […] unter Zuhilfenahme der Finanzsysteme der hochentwickelten Länder« (Commission pour l'Afrique 2005: 132).

Unter diesen Bereicherungsspezialisten finden sich selbstredend die »Freunde« des Herrn Sarkozy, seine wichtigsten Partner in »Frankoafrika«. Diese Politiker sind regelrechte Schaltstellen des französischen Neokolonialismus. Auf unterschiedliche Weise erhalten sie weiterhin die Unterstützung Frankreichs, nicht zuletzt auf militärischem Gebiet, wie man in jüngster Zeit im Tschad und in Zentralafrika beobachten konnte. Jene afrikanischen Leitfiguren hingegen, die dieses mafiöse System durchbrechen wollen, werden Opfer von Wirtschaftsblockaden oder eines Staatsstreichs, wenn sie nicht überhaupt ermordet werden, wie das Beispiel Thomas Sankaras zeigt.

Und auch das ist Alltag in den Beziehungen des Westens zu Afrika: Afrikanischen Staaten wird jede Glaubwürdigkeit genommen, sie werden finanziell ausgeplündert, ihre Volksvertretungen werden in die Belanglosigkeit gedrängt, die Wirtschafts- und Finanzpolitik wird ihrer Kontrolle entzogen ... und am Ende fordert man sie auf, doch endlich eine »gute Regierungsführung« zu installieren! Letztere wird nämlich zur unabdingbaren Voraussetzung für Entwicklung deklariert, während sie doch eher als das Resultat von Entwicklung anzusehen ist, was das Beispiel ebenjener hochentwickelten Länder zeigt, die sich heute als Oberlehrer gegenüber Afrika gebärden (CNUCED 2002a). Auch Weltbank und IWF werden nicht müde, von Afrika eine »gute Regierungsführung« zu fordern, für die sie selbst freilich den Beweis schuldig bleiben.

Zusammenfassend lässt sich sagen, dass die heutigen Schwierigkeiten auf dem afrikanischen Kontinent Ergebnis einer *bewussten Politik* sind, die sich ebenso aus einer vergangenen wie aus einer aktuellen Quelle speist: aus hierarchischen Verhältnissen im Sinne von Herr und Knecht und aus der internationalen Arbeitsteilung als Erbschaft des Kolonialismus, als ungebrochene Praxis im Neokolonialismus und als Ausdruck der Polarisierungstendenz des Kapitalismus. Gewiss sind afrikanische Politiker für diese Situation in erheblichem Ausmaß verantwortlich. Sie müssen vor allem verantworten, fast alle Strukturen und Formen der Einflussnahme – etwa den CFA-Franc in den meisten ehemaligen französischen Kolonien – unverändert aus dem Kolonialismus übernommen zu haben. Sie müssen sich leider vorwerfen lassen, dass sie den Politikern des Westens vertraut und daher mit zu verantworten haben, dass deren versprochene »Hilfe« zur Entwicklungsförderung Afrika in Wirklichkeit in die jetzige Sackgasse manövriert hat. Sie müssen sich zu Recht vorwerfen lassen, die staatliche Souveränität nicht gewahrt und verteidigt, sondern das Schicksal ihres Landes der Weltbank und dem IWF überantwortet zu haben, zum großen Vorteil dieser beiden Institutionen und zum verheerenden Nachteil für Land und Menschen. Und was schlagen Weltbank und IWF heute vor? Die »Reduzierung der Armut«. Mehr fällt ihnen nicht ein?

Die Chancen auf Entwicklung in Afrika werden verbaut, afrikanische Staaten werden zugrunde gerichtet, über die Privatisierungspolitik werden Ressourcen und Reichtum des Kontinents zu einem westlichen Selbstbedienungsladen umfunktioniert, über Schuldendienst und Kapitalflucht werden die Ressourcen systematisch aus Afrika hinausgeschaufelt, die intellektuelle Ausdünnung wird begünstigt … und nach alledem der Vorwurf an Afrika, es sei selbst schuld, wenn es der Weltentwicklung so »hinterherhinke«!

Wir stellen uns entschieden gegen die Aussagen der internationalen Finanzinstitutionen und der westlichen Politiker vom Typ des Nicolas Sarkozy, der versucht, die Hauptverantwortung für Afrikas Krise auf die afrikanische Bevölkerung und die afrikanischen Regierungsverantwortlichen abzuwälzen. Wer das tut, beleidigt die Intelligenz der Afrikaner.

Die falschen Lösungen des Nicolas Sarkozy

Zunächst zeichnet er ein düsteres Bild von Afrika, wie es in seiner Vorstellung aussieht, »eine Realität«, die gekennzeichnet ist »durch zu viel Hunger, zu viel Elend […], Mangel, der Gewalt gebiert […], eine zu langsame Entwicklung, eine nicht ausreichend ertragreiche Landwirtschaft, nicht genug Straßen, nicht genug Schulen, nicht genug Spitäler«. Dann gibt er »Ratschläge« und macht Vorschläge, um »Lösungen« der geschilderten Probleme herbeizuführen.

> Frankreich will zusammen mit Afrika die gemeinsam verantwortete Entwicklung erreichen. Frankreich will mit Afrika gemeinsame Projekte verwirklichen, gemeinsame Wettbewerbszentren, gemeinsame Universitäten, gemeinsame Forschungsstätten. Frankreich will mit Afrika eine gemeinsame Strategie im großen Zusammenhang der Globalisierung erarbeiten.

Die leere Hülse der »Co-Entwicklung«

Nicolas Sarkozy ist nicht der erste französische Staatschef, der diese falschen Lösungen für die in Afrika gegebenen Strukturprobleme vorschlägt. Die »Co-Entwicklung«, also die »gemeinsam verantwortete Entwicklung«, ist ein Teil des Maßnahmenpakets, das darauf abzielt, die »irreguläre« oder »klandestine« Einwanderung zu bremsen. Als eine Art Entgegenkommen schlägt man vor, ein paar Projekte zu finanzieren, um die Jugend »an Ort und Stelle« zu halten, sie vom Abenteuer der Emigration abzubringen. In Wirklichkeit ist Sarkozys Co-Entwicklung eine Spiegelfechterei, durch die die Jagd auf die »Irregulären« verschleiert, ja sogar gerechtfertigt werden soll. Darüber hinaus geht es um die jährliche Statistik und das Erkaufen des Einverständnisses afrikanischer Behörden, die »illegale« Emigration zu bekämpfen.

Dazu kommt, dass der Begriff der »Co-Entwicklung«, wie ihn Sarkozy gebraucht, nichts anderes ist als der französische Abklatsch der Entwicklungszusammenarbeit, welche die Brutstätten des Neoliberalismus wie Weltbank und IWF seit bald drei Jahrzehnten pausenlos betreiben. Gemäß der reinen Lehre der Neoliberalen beschränkt sich die »Entwicklung« auf eine simple Erweiterung der Märkte. Somit kann man den Afrikanern in der Theorie einen Zugang zu den europäischen Märkten anbieten, wie im Falle der Wirtschaftspartnerschaftsabkommen (WPA), obwohl man genau weiß, dass der Beitrag der afrikanischen Länder hauptsächlich aus Rohstoffen besteht, deren Preis – wie oben erörtert – von den Schwankungen der nicht regulierten Märkte abhängt.

Im Lichte dieser Analyse kann man wirklich am Nutzen der »Co-Entwicklung« à la Sarkozy für Afrika und vor allem für die afrikanische Jugend zweifeln.

Eine »andere Globalisierung«?

Neben der »Co-Entwicklung« schlägt Nicolas Sarkozy eine Zusammenarbeit zwischen Afrika, Frankreich und Europa mit dem Ziel einer »anderen Globalisierung« vor.

> Was ihr wollt, ist eine andere Globalisierung, mit mehr Menschlichkeit, mehr Gerechtigkeit, mehr Regeln. Ich bin gekommen euch zu sagen, dass auch Frankreich das will. Frankreich will kämpfen, Seite an Seite mit Europa, mit Afrika, mit all jenen in der Welt, die die Globalisierung umgestalten möchten. Wenn Afrika, Frankreich und Europa das gemeinsam wollen, dann wird es uns gelingen.

Indem er eine »andere Globalisierung« vorschlägt, attackiert Sarkozy ohne Umschweife »den Kollektivismus und den Progressivismus«, also die Eingriffe des Staates und der Sozialpolitik, die darauf abzielten, den sozialen Zusammenhalt zu sichern und gegen Ungleichheiten und Benachteiligungen zu kämpfen, lauter Dinge, die die neoliberale Ideologie von heute verabscheut. Man darf also fragen, was mit dieser »anderen Globalisierung«, von der Sarkozy spricht, gemeint ist. Alles spricht dafür, dass sie der heutigen Globalisierung, für die Sarkozy übrigens so eifrig plädiert wie kaum ein anderer, so ähnlich ist wie ein Zwilling dem anderen (Ramonet 2007).

Was Afrika betrifft, trägt die »Globalisierung« nach europäischem Muster tatsächlich die Züge der Wirtschaftspartnerschaftsabkommen, die Frankreich und die EU den Afrikanern aufzwingen wollen, eben weil sie die Regeln der Welthandelsorganisation (WTO) »einhalten« wollen. Ganz Afrika lehnt ein solches Projekt ab, das hat man beim Gipfeltreffen Afrika–EU in Lissabon (8.–9. Dezember 2007) gesehen. Keines der Länder, nicht einmal jene, die die »interimistischen« Abkommen infolge einer schamlosen Erpressung durch die Europäische Kommission unterzeichnet haben, rühmte die »Vorzüge«, welche die EU an den WPA hervorhob. Mit anderen Worten, die afrikanischen Regierungen und Völker lehnen die Art der »Globalisierung« ab, die Europa und Frankreich in Afrika um jeden Preis durchsetzen wollen.

»Unterstützung« für Eigenständigkeit auf dem Ernährungssektor?

Trotz alledem geizt Nicolas Sarkozy nicht mit »Ratschlägen« für Afrika, dem er bei der Suche nach Lösungen für seine Probleme »helfen« will. So ruft er die afrikanischen Länder zur Produktion für den eigenen Bedarf auf:

> Wollt ihr, dass es auf afrikanischem Boden keine Hungersnot mehr gibt? Wollt ihr, dass auf afrikanischem Boden nie mehr ein Kind an Hunger stirbt? Dann strebt die Autarkie im Lebensmittelbereich an! Fördert Lebensmittelkulturen! Zuallererst muss Afrika selbst produ-

> zieren, um die Ernährung zu sichern. Wenn ihr das wollt, ihr jungen Afrikaner, dann haltet ihr die Zukunft Afrikas in euren Händen und Frankreich wird mit euch zusammenarbeiten, um diese Zukunft zu errichten.

Herr Sarkozy sollte zunächst wissen, dass Afrika nicht auf ihn gewartet hat, um die Notwendigkeit, sich selbst zu ernähren, zu erkennen. Es ist etwa ein Vierteljahrhundert her, da hatte Thomas Sankara, vor seiner schändlichen Ermordung durch Frankoafrika und dessen afrikanische Komplizen,[128] sein Land auf diese Schiene gestellt. Vor dem Inkrafttreten der Wirtschaftsanpassungsprogramme waren viele Länder auf dem Ernährungssektor autark. Darüber hinaus gibt Sarkozy vor, nicht zu wissen, dass die Mehrzahl der afrikanischen Länder auf Druck der Weltbank und des IWF hin die Entwicklung von »Nahrungsmittelkulturen« zugunsten von Produkten für den Export aufgegeben haben. Das geschah im Namen des »relativen Vorteils«, da es nach Auffassung der genannten Institutionen für die afrikanischen Länder weniger »kostenintensiv« wäre, ihren Lebensmittelbedarf zu importieren, als ihn durch Eigenproduktion zu befriedigen.

Solche »Ratschläge« der Weltbank und des IWF kamen Afrika ziemlich teuer zu stehen, führten sie doch zu seiner wachsenden Abhängigkeit vom Lebensmittelimport. Diese Abhängigkeit hat den Einfluss der Finanzinstitutionen wachsen lassen, da sie immer mehr Kredite und Darlehen für die Bezahlung der Lebensmittelimporte gewährten, allerdings zu drakonischen Konditionen, wie man weiß.

Letzten Endes erwies sich die von den Institutionen durchgesetzte Politik als katastrophal für die Länder Afrikas. Nach Auskunft der FAO und anderer Agenturen der Vereinten Nationen leiden etwa 43 Millionen Afrikaner an der Hungersnot, die mehr

128 1987 wurde der Staatschef von Burkina Faso von Putschisten ermordet. Der Verzicht der Regierung auf jegliche gerichtliche Untersuchung wurde seitens des Komitees für Menschenrechte der Vereinten Nationen verurteilt (Anm. der Übers.).

Menschen tötet als Malaria, Tuberkulose und Aids zusammen (Dembélé 2007).

Es gibt noch ein anderes Faktum, das Herr Sarkozy nicht kennen will, nämlich die Überflutung der afrikanischen Märkte mit subventionierten Produkten, von denen oben die Rede war. Diese Überflutung gefährdet viele Branchen der Wirtschaft, die laufend ihren Beitrag zur Selbstversorgung Afrikas mit Lebensmitteln leisten. Man schätzt, dass die Subventionierung der Landwirtschaft in Europa und anderen industrialisierten Ländern für den zunehmenden Mangel an Lebensmitteln in den Entwicklungsländern verantwortlich ist. Dieser Mangel wird ausgeglichen durch Importe, die wiederum durch Kredite und Anleihen bei den Getreideexportländern und den internationalen Finanzinstitutionen finanziert werden! Man nimmt an, dass die Lebensmittelimporte in den Ländern südlich der Sahara zwischen 1997 und 1999 80 % aller Warenimporte ausmachten. Seither hat sich die Lage nicht gebessert (PNUD Making Trade Work o. J.).

Das also sind die Fakten, die Nicolas Sarkozy scheinbar nicht kennt und um deren Veränderung sich weder Frankreich noch Europa »bemühen« werden, da sie selbst die Hauptverantwortlichen für diese Fakten sind. Schon gar nicht werden sich die Weltbank oder der IWF darum bemühen, stattdessen werden sie zur »Ernährungssicherheit« raten, da diese dem neoliberalen Credo entspricht. Gemäß dieser Auffassung können die afrikanischen Länder jederzeit ihre »Ernährungssicherheit« gewährleisten, nämlich solange der »Markt« Getreide liefert, das sie mit Hilfe der von den beiden Finanzinstitutionen und den produzierenden Ländern gewährten Darlehen importieren können. Eine solche Politik bringt für Afrika große Gefahren mit sich, einerseits eine gesteigerte Abhängigkeit von außen, andererseits und vor allem die Verschärfung der Krise der afrikanischen Landwirtschaft mit ihren gigantischen Auswirkungen auf Wirtschaft und Gesellschaft.

Afrika, Frankreich, Europa und die Wirtschaftspartnerschaftsabkommen

Nicolas Sarkozy wendet sich an die Jugend Afrikas und spricht sie in folgender Weise an:

> Was ihr wollt, ist eine andere Globalisierung, mit mehr Menschlichkeit, mehr Gerechtigkeit, mehr Regeln. Ich bin gekommen euch zu sagen, dass auch Frankreich das will. Frankreich will kämpfen, Seite an Seite mit Europa, mit Afrika, mit all jenen in der Welt, die die Globalisierung umgestalten möchten. Wenn Afrika, Frankreich und Europa das gemeinsam wollen, dann wird es uns gelingen.

Freilich, was diese afrikanische Jugend vorfindet, das sind ein Frankreich und ein Europa, die ihre Grenzen abriegeln und ihre Maßnahmen zur Überwachung und Unterdrückung ausweiten. Frontex an Afrikas Küsten, so wie im Senegal.[129] Was die afrikanische Jugend sieht, das ist die Kriminalisierung und Verfolgung junger Afrikaner, der sogenannten Illegalen, denen man bis in ihre Wohnung nachjagt, um die von der französischen Regierung beschlossenen Ausweisungskontingente zu erfüllen. Was die afrikanische Jugend feststellt, das ist die Intensivierung einer Politik vonseiten Frankreichs und Europas, die einheimische Betriebe Afrikas kaputt macht und den Transfer von Bodenschätzen Afrikas zum »alten Kontinent« beschleunigt, einer Politik also, die jede Hoffnung auf Entfaltung der Jugend Afrikas im eigenen Land zunichte macht.

Diese Situation wird sich noch verschlimmern, sobald die Partnerschaftsabkommen, die die Europäische Union Afrika um jeden Preis aufzwingen will, unterzeichnet sein werden. Ziel dieser Abkommen ist die Einrichtung des »Freihandels« zwischen

129 Frontex ist die Europäische Agentur für die operative Zusammenarbeit an den Außengrenzen. Sie koordiniert die operative Zusammenarbeit der Mitgliedstaaten im Bereich des Schutzes der Außengrenzen, unterstützt die Mitgliedstaaten bei der Ausbildung von nationalen Grenzschutzbeamten und legt u. a. gemeinsame Ausbildungsnormen fest (Anm. der Übers.).

den afrikanischen Ländern und der größten Handelsmacht der Erde, deren durchschnittliches Einkommen pro Einwohner mehr als vierzigmal höher ist als das der Afrikaner. Diese Abkommen werden die Landwirtschaft in Afrika in einem nie dagewesenen Ausmaß ruinieren und jede Chance, die von Sarkozy »angeratene« Ernährungssouveränität zu erreichen, zunichte machen. Die Gemeinsame Agrarpolitik der Europäischen Union wird eines der Werkzeuge dieses umfassenden Akts der Zerstörung sein.

Es ist aber nicht nur der Sektor Landwirtschaft, der von den Partnerschaftsabkommen bedroht wird. Die wenigen Industrien, die es in den afrikanischen Ländern noch gibt, laufen nämlich Gefahr, schlicht und einfach zu verschwinden, was die Entindustrialisierung Afrikas, die bereits von den Strukturanpassungsprogrammen eingeleitet wurde, beschleunigen wird. Das gesteht übrigens ein hoher EU-Beamter in einer Äußerung, die von der NGO Oxfam zitiert wurde, ganz offen ein: »Die Liberalisierung des Handels mag vielleicht die Konsumenten ermuntern, Produkte zu erschwinglichen Preisen zu kaufen, sie könnte aber ebenso den Zusammenbruch der Industrie in Westafrika beschleunigen.« (Oxfam International 2006, 5)

Tatsache ist, dass alle Chancen auf Industrialisierung des Kontinents in Gefahr wären, gelänge es der EU, den afrikanischen Ländern ihren Willen aufzuzwingen. Denn indem sie in Verhandlungen über gewisse Fragen der Investitionen, des Wettbewerbs und der nationalen Märkte – Fragen, die unter dem Namen »Singapur-Themen« bekannt geworden sind[130] – keinen Zentimeter von ihrer politischen Linie abweicht, versucht die EU, den afrikanischen Ländern ein wesentliches Instrument bei der Ausarbeitung und Realisierung von politischen Konzepten zur Förderung ihrer Industrialisierung zu entziehen. Gerade weil diese europäischen Strategien von großer Tragweite sind,

130 Die Singapur-Themen wurden im Rahmen der Konferenz der Welthandelsorganisation in Singapur 1996 diskutiert. Es handelte sich um die Senkung der Zölle auf Produkte der Informationstechnologie (Computer) und die Öffnung der nationalen Märkte im Bereich der Banken und Versicherungen sowie der Telekommunikation (Anm. der Übers.).

wurden sie von den AKP-Staaten und den anderen Staaten des Südens im Rahmen einer WTO-Konferenz in Mexiko im September 2003 abgelehnt.

Unbeschadet dieser Ablehnung hat die EU-Kommission bei den Verhandlungen über die Wirtschaftspartnerschaftsabkommen neuerlich die Rede auf ihre Handelsstrategien gebracht, mit der Absicht, die afrikanischen Länder und die anderen Länder der AKP von ihrem Entschluss abzubringen. Aber alle diese Länder haben ihre entschiedene Ablehnung einer Einbeziehung der Singapur-Themen in die Wirtschaftspartnerschaft bekräftigt. Nun, das entlockt der EU-Kommission kaum mehr als ein Achselzucken, denn für sie kommen die Wirtschaftspartnerschaftsabkommen nicht in Frage, wenn die Investitionen nicht liberalisiert werden: »Es wird keine Partnerschaftsabkommen geben ohne die Regelungen hinsichtlich der Investitionen und eine uneingeschränkte Reziprozität« (Oxfam International 2006, 6).

Die Europäische Union strebt eindeutig die Erlangung eines entscheidenden Vorteils für ihre Investoren gegenüber möglichen afrikanischen Konkurrenten an. Daher soll nach dem Willen der Europäischen Kommission das Prinzip der »Nicht-Diskriminierung« europäischer Investoren in den Partnerschaftsverträgen enthalten sein. Das bedeutet aber, dass die afrikanischen Länder diese Investoren behandeln müssten, wie sie auch ihre eigenen Staatsbürger behandeln. Mit anderen Worten, die europäischen Investoren genössen alle Vorteile, die die afrikanischen Regierungen ihren Staatsbürgern gewähren könnten. Wenn eine solche Klausel durchginge, würden die afrikanischen Länder darauf verzichten, ausländische Investitionen zu regulieren. Sie könnten nicht die geringsten Bedingungen stellen, etwa in Form einer Begrenzung des ausländischen Kapitalanteils an einem Unternehmen oder in Form von Verpflichtungen, was die Einstellung eines gewissen Prozentsatzes von lokalen Arbeitskräften oder die Nutzung von lokalen Ressourcen betrifft. Eine schwerwiegende Konsequenz bestünde zudem in dem Recht der ausländischen Investoren, die afrikanische Regierung zu verklagen, sobald diese Entschlüsse fasste, die der Investor als »diskriminierend« und seinen Interessen abträglich empfände!

So gelangt man zu der Feststellung, dass die EU mit ihrem Insistieren auf der Einbeziehung der Singapur-Themen die afrikanischen Länder genau jener Instrumente berauben will, die Europa, die Vereinigten Staaten und die anderen industrialisierten Länder in der Phase ihrer Industrialisierung benutzt haben. Die Geschichte lehrt, dass die Staaten nur dann das Lob des »freien Handels« und der Liberalisierung singen, wenn sie sich ihrer Überlegenheit über die Konkurrenz sicher sind (Chang 2003).

Daraus folgt, dass die Partnerschaftsabkommen in ihrer heutigen Form eine Hauptgefahr für die langfristige Entwicklung Afrikas darstellen, ganz zu schweigen von ihren oben bereits analysierten Auswirkungen. Unter anderem so erklärt sich die fast einhellige Abwehrfront der afrikanischen Regierungen und Völker. Eine andere, nicht minder grundlegende Erklärung für diese Ablehnung liegt in der großen Gefahr, die die Partnerschaftsabkommen für die Integration und Einheit des afrikanischen Kontinents darstellen. Nichtsdestoweniger ergehen sich die Regierenden Europas, darunter Nicolas Sarkozy, in »Versicherungen«, wie sehr sie diese Einheit »unterstützen«. Ohne mit der Wimper zu zucken, behauptet Nicolas Sarkozy sogar: »Frankreich wünscht die Einheit Afrikas, da nur die Einheit Afrikas Afrika den Afrikanern zurückgeben wird.« Und doch ist die ganze Welt Zeuge des von der EU ausgeübten Drucks, ihrer Erpressungen, die auf die Sprengung der Einheit und der Solidarität der afrikanischen Länder abzielen, indem sie mit Drohungen gegen diese Länder versucht, jedes für sich zur Unterzeichnung der »Interimsverträge« über die Öffnung der Märkte zu veranlassen.

Eine solche Erpressung hat die kleinräumige Integration, einen der Stützpfeiler der afrikanischen Einheit, ins Wanken gebracht. Zahlreiche Beobachter sind der Meinung, die Partnerschaftsabkommen in ihrer aktuellen Form brächten die Gefahr mit sich, dass die Zentrifugaltendenzen der afrikanischen Wirtschaften sich noch verstärken, ja manche zögern nicht, von einer möglichen »Desintegration« im Fall der Unterzeichnung der Partnerschaftsabkommen zu sprechen.

In Wahrheit entspricht die Einheit Afrikas weder den Interessen Frankreichs noch denen Europas. Diese Interessen verlangen vielmehr die Aufrechterhaltung der Balkanisierung mit dem Ziel der Schwächung und weiteren Beherrschung, denn eine echte Vereinigung Afrikas wird zwangsläufig zu seiner Emanzipation und zum Ende des Kolonialpakts führen.

Abschließend sei gesagt, dass in der Debatte um die Partnerschaftsabkommen deutlich wird, wie sehr die Europäische Union versucht, aus Letzteren ein Instrument der totalen Rekolonisierung Afrikas zu machen. Wenn also Nicolas Sarkozy »aufrichtig« sein will, hat er nun Gelegenheit, diese Tugend zu beweisen, indem er nämlich die anderen Regierenden Europas dazu bringt, auf die Stimmen der Völker und der Regierungen Afrikas, die die Partnerschaftsverträge in ihrer aktuellen Form einhellig verwerfen, zu hören.

Wenn nun aber Frankreich und Europa den Entschluss gefasst haben, die wirtschaftliche und soziale Lage der afrikanischen Länder zu verschlechtern, wie stellen sie sich dann vor, dass diese Länder ihre Angehörigen, besonders die jüngsten, zurückhalten sollen. In der gegenwärtigen Situation grenzt Nicolas Sarkozys Appell an die Adresse der afrikanischen Jugend ans Grotesk-Komische, wenn er sagt:

> Man soll nach Afrika wieder zurückkehren, um es aufzubauen. Man soll ihm Bildung, Kompetenz und Dynamik seiner führenden Köpfe bringen. Man soll der brutalen Ausdünnung der afrikanischen Eliten ein Ende setzen, weil Afrika diese Eliten für seine Entwicklung braucht.

Solches in einem Augenblick, in dem Europa dazu beiträgt, die Zukunft der afrikanischen Jugend auf ihrem eigenen Kontinent zu verdüstern, und seine Politik der »selektiven Legalisierung der Immigration« darauf abzielt, »die afrikanischen Eliten brutal auszudünnen«.

Der Weg in die Zukunft

Wenn also Nicolas Sarkozy durch seine Rede eine »andere Vision« der Zusammenarbeit zwischen Frankreich und Europa einerseits und Afrika andererseits in den Raum stellen wollte, so ist dies gründlich danebengegangen. Sein mittelmäßiger und anmaßender Vortrag ist nichts anderes als die mit Provokationen gewürzte Wiederholung neoliberaler Klischees, wie sie den Afrikanern so oft von Vertretern des dominanten Systems zwecks Betäubung jeglicher Wachsamkeit vorgebetet wurden. Die Rede von Herrn Sarkozy mit all ihren »Vorschlägen« ist nur eine neuerliche Bekräftigung der Weltanschauung und der Ziele »Frankoafrikas«, anders gesagt, eine mafiöse Abart des französischen Neokolonialismus.

Die sogenannte »andere Globalisierung«, die er Afrika vorschlägt, ist identisch mit jener, von der die Multinationalen profitieren, darunter seine Freunde Bolloré und Bouygues,[131] die Schlüsselsektoren der afrikanischen Wirtschaft kontrollieren, sie immer weiter ausplündern und auf diese Weise die Verarmung des Kontinents vorantreiben.

Nein, Herr Sarkozy hat von den Wünschen und Sehnsüchten der afrikanischen Jugend keine Ahnung. Wenn er sie aufruft, »nicht länger die Weltkultur als eine Bedrohung ihrer Identität, sondern als etwas, das auch ihr eigen ist«, zu betrachten, so ist ihm offensichtlich nicht klar, dass diese »Weltkultur« in den Augen der afrikanischen Jugend das widerwärtige Gesicht der Auffanglager besitzt, wie sie überall auf den französischen Flughäfen und auch in all den Festungen eingerichtet sind, welche Europa und andere Länder zum Schaden dieser Jugend erbaut haben.

In einem Punkt aber kann man ihm zustimmen, nämlich wenn er sagt: »Afrika will nicht, dass man es wohltätig unterstützt. Afrika will keine Hilfe. Afrika will keine Sonderrechte. Afrika will und verdient Solidarität, Verständnis und Respekt.« Ja, gewiss, Afrika

131 Im Mai 2007 geriet der frisch gewählte französische Staatspräsident Nicolas Sarkozy wegen Vorteilsannahme in die öffentliche Kritik, da er, direkt nach seiner Wahl und noch vor seinem Amtsantritt, auf Einladung und Privatkosten von Vincent Bolloré einen seiner Privatjets benutzte und eine Malta-Kreuzfahrt auf einer seiner Luxusyachten antrat (Anm. der Übers.).

braucht keine milde Gabe. Es braucht die Freiheit, seine eigene Vision von seiner Entwicklung und vom Weg bzw. den Mitteln zu ihrer Verwirklichung zu definieren. Dieser Weg verläuft notwendigerweise über die Beendigung des Kolonialpakts und der *Françafrique*. Die fast einhellige Ablehnung der Wirtschaftspartnerschaftsabkommen durch die afrikanischen Länder ist das Zeichen einer Bewusstwerdung: Afrika darf nicht mehr hinnehmen, dass man ihm eine Politik aufzwingt, die gegen seine Interessen verstößt. Herr Sarkozy und Europa sollen merken, dass Afrika aufgehört hat, »naiv« zu sein, dass es seine Entscheidungen ohne wie auch immer geartete Steuerung von außen treffen wird und dass es nie wieder Beute für gegenwärtige oder künftige »Raubtiere sein will«.

Auf diesem Weg gilt es weiterzugehen. Die afrikanischen Völker und Regierungen müssen ihr Denken frei machen, sich geistig entkolonisieren, um ihre Würde und ihren Stolz wiederzufinden und ihr Schicksal entschlossen in die Hand zu nehmen. Die Afrikaner müssen die Debatte über die Entwicklung ihres Kontinents an sich ziehen und dürfen nicht zulassen, dass andere in ihrem Namen sprechen bzw. Afrika sein Verhalten diktieren. Es gilt, die von der Kolonisation überkommenen Strukturen abzuschaffen und die Einmischung der internationalen Finanzbehörden zu beenden. Es ist notwendig, die von der Abhängigkeit vom Ausland geprägte Mentalität zu überwinden und die Idee, Afrikas Entwicklung beruhe auf der »Hilfe« von außen, unglaubwürdig werden zu lassen.

Wir hoffen, dass ein Verdienst der Rede von Nicolas Sarkozy und der Debatte über die Wirtschaftspartnerschaftsabkommen darin bestehen wird, den afrikanischen Regierungen und Völkern endlich die Augen zu öffnen, damit sie erkennen, wie notwendig es ist, das gesamte koloniale Erbe in Frage zu stellen und den Weg zu einer autonomen, authentischen Entwicklung einzuschlagen. Es ist Zeit, dass Afrika aufhört, »auf der Matte der anderen« zu schlafen, und endlich seine eigene »Matte« hervorbringt, so wie es der leider schon verstorbene Professor Joseph Ki-Zerbo sein Leben lang immer wieder gefordert hat (Ki-Zerbo 1992).

Übersetzt von Reinhart Hosch und Fritz Peter Kirsch

Literatur

Amin, Samir (2001), »L'économie politique de l'Afrique et la mondialisation«, in: *Et si l'Afrique refusait le marché?*, Alternatives Sud, volume VII, n° 3, 37–48.

Banque mondiale [Weltbank] (2004), *Indicateurs de développement de l'Afrique 2004*, Washington D. C., Weltbank.

Césaire, Aimé (1968), *Über den Kolonialismus* (*Discours sur le colonialisme*, 1955), aus dem Französischen von Monika Kind, Berlin, Wagenbach.

Chang, Ha-Joon (2003), »Du protectionnisme au libre-échangisme: une conversion de façade«, in: *Le Monde diplomatique*, Juni 2003.

Cheikh Anta Diop (1987), *L'Afrique noire précoloniale*, Paris, Présence Africaine.

Christian Aid (2005), *The Economics of Failure: the Real Costs of »Free Trade« for Poor Countries*, London.

CNUCED [UNCTAD] (1998), *Rapport sur le commerce et le développement 1998. Partie 2: L'Afrique subsaharienne*, New York und Genf, Vereinte Nationen.

CNUCED [UNCTAD] (2000), *Rapport sur les pays les moins avancés 2000* , New York und Genf, Vereinte Nationen.

CNUCED [UNCTAD] (2001), *Le développement économique en Afrique. Bilan, perspectives et choix de politiques économiques*, New York und Genf, Vereinte Nationen, September 2001.

CNUCED [UNCTAD] (2002a), *Développement économique en Afrique. De l'ajustement à la réduction de la pauvreté: quoi de neuf?*, New York und Genf, Vereinte Nationen.

CNUCED [UNCTAD] (2002b), *Rapport sur les pays les moins avancés 2002* , New York und Genf, Vereinte Nationen.

CNUCED [UNCTAD] (2003a), *Le développement économique en Afrique. Performances commerciales et dépendance à l'égard des produits de base*, New York und Genf, Vereinte Nationen, September 2003.

CNUCED [UNCTAD] (2003b), *Rapport sur le commerce et le développement 2003*, New York und Genf, Vereinte Nationen.

CNUCED [UNCTAD] (2004), *Le développement économique en Afrique. Endettement viable: oasis ou mirage?*, New York und Genf, Vereinte Nationen, September 2004.

Commission pour l'Afrique (2005), *Notre intérêt commun*, London, Februar 2005.

Dembélé, Demba Moussa (2003), *Dette et destruction au Sénégal. Une étude sur vingt ans d'intervention de la Banque mondiale et du FMI*, London, World Development Movement.

Dembélé, Demba Moussa (2004), »Les mauvais comptes du franc CFA«, in: *Le Monde diplomatique*, Juni 2004.

Dembélé, Demba Moussa (2006), *Les politiques macro-sociales du développement africain*, Dakar, Institut africain de la Gouvernance.

Diop-Maes, Marie-Louise (2007), »Mémoire de la traite négrière. Conséquences sur l'Afrique«, Beilage zu *Le Monde diplomatique*, November 2007.

Ki-Zerbo, Joseph (1978), *Histoire de l'Afrique noire: d'hier à demain*, Paris, Hatier.

Ki-Zerbo, Joseph (Hg.; 1992), *La Natte des autres: pour un développement endogène en Afrique*, Paris/Dakar, Karthala/Codesria.

Oxfam International (2006), *Unequal Partners: How ACP–EU Economic Partnership Agreements (EPAs) Could Harm the Development Prospects of Many of the World's Poorest Countries*, London.

PNUD/UNDP (1997), *Rapport mondial sur le développement humain.*

PNUD/UNDP (o. J.), *Making Trade Work for the Poor*, New York.

Ramonet, Ignacio (2007), »Nicolas Sarkozy«, in: *Le Monde diplomatique*, Oktober 2007.

Rodney, Walter (1981), *How Europe Underdeveloped Africa*, Washington D.C., Howard University Press.

Toussaint, Eric (2005), *La dette de l'Afrique au début du troisième millénaire*, Vortrag im Workshop über Afrikas Verschuldung, organisiert von der Commission de l'Union africaine, in Addis-Abeba, 21.–22. März 2005.

Frankophonie: das zweifelhafte Alibi

Lye M. Yoka

Lye Yoka ist am 27. März 1947 in Kinshasa (Demokratische Republik Kongo) geboren. Er hat an der Universität Paris III – Sorbonne nouvelle studiert und das Lizentiat in Philosophie und Literatur (Option Romanische Philologie) sowie die Agregation mit Lehrbefähigung für die Oberstufe sowie das Doktoratsstudium (Lettres) abgeschlossen.
Berufliche Tätigkeiten: Vizedirektor am Institut National des Arts in Kinshasa mit Zuständigkeit für die Universitäten, Direktor des Universitätsverlags von Zaire, Sektionschef beim Kulturministerium, Berater des Premierministers in kulturellen Angelegenheiten, Direktor der kongolesischen Vereinigung von Verlegern, Schriftstellern und Komponisten, Kommissar des belgisch-kongolesischen Kulturprojekts »Yambi«.
Heute unterrichtet er als ordentlicher Professor am Institut National des Arts und als Gastprofessor an der katholischen Universität von Kinshasa. Er wirkt auch als Gutachter beim Büro der Unesco in der Demokratischen Republik Kongo (RDC) und leitet das kongolesische Observatoire des cultures urbaines.
Als Schriftsteller und Journalist wurde er mit kongolesischen und internationalen Literaturpreisen ausgezeichnet (u. a. Preis der Vereinigung kongolesischer Schriftsteller 2000, Großer Preis der Novellistik RFI 1976, Preis der Zeitschrift *Le Monde diplomatique* 1991).
Er ist Redaktionsmitglied bei der *Revue de l'Institut africain* in Brüssel und hat auch einige soziologisch orientierte Arbeiten verfasst: *Kinshasa, signes de vie,* Paris, Harmattan, 2000; *Congo-River* (als Mitglied eines Teams), Brüssel, Luc Pire. Er ist Koautor der Begleittexte zu den Filmen *Mobutu, roi du Zaïre* und *Congo-River* des belgischen Filmemachers Thierry Michel.

Die Frankophonie – Frankreich ausgenommen

Ein Symptom: In der Rede von Nicolas Sarkozy in Dakar gibt es keinen direkten Hinweis auf die Frankophonie, die doch als Basis der internationalen Zusammenarbeit Frankreichs gilt, besonders was die ehemaligen Kolonien anlangt. Als einzige vage Anspielung kann ein (vieldiskutiertes) Senghor-Zitat gelten:

Das Französische schenkte uns durch seinen Wortschatz die in unseren Muttersprachen so seltenen Abstrakta. Bei uns haben die Wörter einen natürlichen Nimbus aus Erdsaft und Blut; die Wörter des Französischen hingegen strahlen diamantengleich und tausendfach wie ein Feuerwerk, das unsere Nacht erhellt.

Das ist sicher nicht die beste Definition des Französischen, die der Dichter-Präsident formulierte.

Ein solches Verschweigen der Frankophonie ist symptomatisch, tatsächlich existiert die Frankophonie ja nur außerhalb des europäischen Frankreich. Der beste Beweis hierfür: Die ganze Fünfte Republik hindurch und insbesondere seit Pompidou ist das für die Frankophonie zuständige Ministerium fast immer ein weisungsgebundenes Staatssekretariat, das sich vor allem um Kooperationen kümmert. Wer aber in Frankreich »Kooperation« sagt, meint mehr oder weniger internationale, »frankoafrikanische« Beziehungen mit den ehemaligen Kolonien sowohl innerhalb als auch außerhalb der Einflusszone. Die Rede von der engen Verflechtung zwischen »Kooperation«, als Synonym von »Frankoafrika«, und »Frankophonie« ist also nichts anderes als eine Vormundschaft, die nicht als solche gelten will.

Die verschlungenen Pfade der Frankophonie

Im Übrigen ist die Geschichte der Frankophonie mit dem Hin und Her ihrer Begrifflichkeit ein Paradox, das den Gedanken an ein ständiges Ringen um Rechtfertigung und letztlich um ein Alibi nahelegt.

Als die Präsidenten Léopold Sédar Senghor, Diori Hamani und Habib Bourguiba gegen Ende der 1960er Jahre in bester Absicht die Idee der Frankophonie lancierten, schrieben sie ihr die Funktion eines besonders wirksamen Instruments im Dienste eines neuartigen und Neues versprechenden Typs der Kooperation auf der Basis der frankophonen (d. h. nicht spezifisch französischen) Kultur zu, wobei sie sowohl an den Gewinn dachten, den die kulturelle Vielfalt und die Begegnung der Zivilisationen bringen würde, als auch an die neue Würde der diversen Identitäten. Einheit in der Verschiedenartigkeit, so hieß die Devise.

Am Anfang war dieses Konzept sowohl kognitiver als auch politischer Natur. Kognitiv war es, weil es teilweise die Thesen der Négritude mit ihrem zweifachen Anliegen – einerseits Öffnung zur Menschheitskultur, andererseits Hervortreten der »authentischen Seele Afrikas« – unterstützte. Der kognitive Aspekt bestand ferner in der Bezugnahme auf die französische Sprache als traditionelles Erbe der gebildeten Eliten Afrikas.

Aber die von Senghor, Hamani und Bourguiba verfolgte Linie war auch politischer Natur, handelte es sich bei den dreien doch um Staatschefs, die im Amt waren, als sie ihre Idee lancierten, und dazu enge Freunde Frankreichs. Festzuhalten ist auch, dass die Frankophonie-Idee in einer kritischen Phase des Kalten Krieges in Umlauf gesetzt wurde, als es angesichts der Spaltung zwischen »progressiven« und »gemäßigten« Ländern darum ging, die Einheit Afrikas zu organisieren. Das Konzept der Frankophonie präsentiert sich also gewissermaßen als ein Hilfskonstrukt, das die Solidarität innerhalb des Lagers der Gemäßigten und speziell der Sympathisanten einer französisch-afrikanischen Gemeinschaft verstärkte.

Letzten Endes besteht das Hauptalibi der Frankophonie in der Verteidigung und Bereicherung der französischen Sprache und Kultur im Kontakt mit ihren tropischen Ablegern.

Am 11. Dezember 1974 hielt Präsident Senghor anlässlich der Eröffnungsfeier für einen Lehrstuhl »Frankophoniestudien« an der Universität Paris-Sorbonne eine Rede mit dem Titel »Wir brauchen einen Humanismus der Frankophonie«. In dieser Rede definierte er die »Frankophonie« als die Gemeinschaft aller Länder, die das Französische gebrauchen. Im Übrigen betrachtete er die »Francité« als »die Gesamtheit der Werte, die in der Sprache und ganz allgemein durch die französische Kultur zum Ausdruck kommen«. An der Frankophonie teilzuhaben bedeutete daher für ihn, die französische Kultur anzunehmen und sie durch Beiträge aus dem Gebiet der eigenen Ursprungskultur zu bereichern. Darauf entgegnete 1978 der kongolesische Intellektuelle Mwatha Ngalasso[132] in einem in *Présence francophone* erschienenen Artikel (Herbst 1978, 69–78):

132 Mwatha Musanji Ngalasso ist in diesem Band mit einem Beitrag vertreten (Anm. des Übers.).

> Diese Idee [Senghors] erscheint gefährlich, da sie das Aufgehen einer oder mehrerer Kulturen (in diesem Fall der »frankophonen« Kulturen) in einer einzigen predigt, und zwar ausschließlich kraft des Prestiges der Sprache. Wir leugnen die Vorzüge der französischen Sprache nicht, aber wir verstehen nicht, warum der Gebrauch des Französischen als Kulturvehikel gleichbedeutend sein soll mit der Notwendigkeit einer Übernahme speziell der französischen Kultur. Eine solche Idee wirkt beunruhigend, einerseits wegen ihrer Abwegigkeit, andererseits durch das fatale Echo, das sie bei den Verantwortlichen der frankophonen Länder finden kann.

Rund um das besagte Alibi haben sich nach und nach Projekte etabliert, Entwicklungsprogramme, in denen sich auch Ansätze zur Bewahrung der kulturellen Identitäten – einschließlich der Nationalsprachen – fanden, ebenso zur Förderung von Lebensqualität durch den Schutz von Natur und Umwelt wie auch zur Förderung von angewandten Technologien, Kulturindustrien etc.

Es war ganz selbstverständlich, dass die *Agence de Coopération Culturelle et Technique* (ACCT) von ihrer Gründung im Jahre 1970 an als ein Instrument der Verwirklichung solcher Projekte und Programme im Sinne der Entwicklung diente. Aber die unklare Abgrenzung des Bereiches, wo Entwicklung greifen sollte, und die Verschiedenheit der meisten Mitglieder bewirkten, dass die Politik der ACCT ständig schwankte zwischen dem Grundanliegen der Verteidigung der französischen Sprache gegen die angebliche Invasion durch das Englische und den Bemühungen um die dringlichen Entwicklungsbedürfnisse von drei Vierteln der Mitglieder aus der Dritten Welt und hauptsächlich aus Afrika.

Dieser geopolitische Einsatz hat in Verbindung mit der Fixierung auf die Idee, um jeden Preis die angelsächsische Hegemonie abzuwehren, die kulturellen Grundanliegen der Frankophonie fühlbar im Sinne einer eher »politischen« Ausrichtung orientiert. So wandelte sich die ACCT zu einer *Agence intergouvernementale de la francophonie* (unter der Leitung eines Generaldirektors), kontrolliert durch eine deutlicher politische Instanz, nämlich die Internationale Organisation der Frankophonie (*Organisation internationale de la Francophonie* OIF) mit einem Generalsekretär an der Spitze.

Die Frankophonie – ein politisches Risiko

Seither wuchs das Unbehagen, fand sich die OIF doch in wachsendem Maße verstrickt in Afrikas komplizierte Konflikte, die sie als Schiedsgericht beilegen sollte, für die sie aber nie sinnvolle und dauerhafte Lösungen gefunden hat. Da außerdem stets Frankreichs Schatten gleich einem Schutzengel über der OIF schwebte, erwiesen sich deren Positionen oft als bedenklich, sowohl was die lokalen Gegebenheiten als auch was gewisse Konfliktpartner betraf.

Mochte die OIF auch als Herold der Demokratie und der guten Regierungsführung auftreten, so wie alle anderen Organisationen der nebulösen »Internationalen Gemeinschaft«, sie selbst hat es nie geschafft, mit gutem Beispiel voranzugehen. Den besten Beweis hierfür lieferte die Ausschaltung von Henri Lopes, dem Kandidaten aus Zentralafrika, den die OUA (*Organisation de l'union africaine*) gemäß einer nicht schriftlich fixierten Abmachung über die turnusweise Ausübung der Präsidentschaft durch Regionen und Teilbereiche der Organisation vorgeschlagen hatte, der aber nicht zum Zuge kam, da Präsident Chirac zugunsten seines Freundes Abdou Diouf intervenierte. Es ist bekannt, wie viel böses Blut dies in Zentralafrika schuf und wie frustriert der bedauernswerte Kandidat der Region war …

Ein Gegenargument wäre, dass die OIF trotz allem auf einigen Gebieten (Kommunikation und Information, Kultur, Sport, Bildung) aktiv und erfolgreich war. Das mag schon sein, obgleich selbst auf diesen Gebieten die Schwerpunkte, was bestimmte Länder und Kontinente betrifft, nicht immer gleichmäßig gesetzt wurden. Im Übrigen wurden die Dinge immer komplizierter, als die Frankophonie sich deutlich auf politische Ziele Frankreichs hin orientierte, die technisch-administrativen Aufgaben der OIF hintanstellte und sich für Länder Asiens und Zentraleuropas öffnete, die sich bis dahin nicht mit der traditionellen Gemeinschaft der Frankophonen identifiziert hatten. Die Grundlagentexte der OIF mussten im Sinne einer Lockerung der Prinzipien umformuliert werden, damit ein erweiterter »Fanclub« der Frankophonie Einlass finden konnte.

Die Demokratische Republik Kongo – ein frankophones Land?

Die ungleiche Verteilung der Partnerschaften innerhalb der OIF hatte zur Folge, dass ein Land wie die RDC (*République Démocratique du Congo*), die für die OIF als »zweitgrößtes frankophones Land« galt, trotz ihrer Größe und ihrer geopolitischen Lage inmitten Afrikas isoliert blieb.

Zwei historische Fakten scheinen sich zu Ungunsten der RDC ausgewirkt zu haben: Zum einen hat Frankreich dieses Land nicht kolonisiert, daher in seinen politischen Entscheidungen später nicht immer begünstigt. Zum anderen löste die Diktatur Mobutus, die alle politischen Strukturen des ehemaligen Zaire hinwegfegte, ein hartes Embargo seitens der »Internationalen Gemeinschaft« und damit auch der Frankophonie aus. Bedauerlich ist in jedem Fall, dass die Frankophonie für die Zairesen/Kongolesen ein abstrakter Begriff und das Monopol einiger Intellektueller und Eingeweihter geblieben ist. Was noch schlimmer ist: Die nacheinander dekretierten Embargo-Maßnahmen, die sich grundsätzlich gegen den Präsidenten Mobutu und sein antidemokratisches Regime richteten, schadeten letztlich nur den kleinen Leuten. Ihnen gingen Hilfsmaßnahmen verloren, geförderte Schulen, der Zugang zum Trinkwasser, die Austauschprojekte im Bereich der Kunst usw. Der traurigste Fall ist das Tauziehen um die Einführung der Zentren für Leseerziehung und kulturelle Förderung im ländlichen Raum (CLAC) im ehemaligen Zaire, das als »abgelegen« galt, weil sein Regime auf der schwarzen Liste stand. Unterdessen genossen Länder wie Burkina Faso, Senegal, Mali, ja sogar Kongo-Brazzaville besondere Unterstützung.

Frankophonie – »exception culturelle« vom Schwanz her aufgezäumt

Um es in aller Deutlichkeit zu sagen, der Begriff und die Ziele der Frankophonie sind im Grunde Ausdruck eines Weltbilds, das für den lateinisch-französischen Geist typisch ist: das humanistisch-idealistische Bild einer Welt, in der hehre und zugleich abstrakt-jenseitige Prinzipien herrschen. Die Tendenz zur Hegemonie ist immer vorhanden, so wie es schon 1964 der Bericht der Kommission Jeanneney verkündete, die den Auftrag erhalten hatte, eine neue Art der Partnerschaft mit den unterentwickelten Ländern zu konzipieren. »Frankreich«, so der Bericht, »wünscht mehr als jede andere Nation, seine Sprache und seine Kultur in fernen Ländern zu verbreiten. Dieses Bedürfnis nach geistiger Ausstrahlung findet ein Betätigungsfeld bei den Völkern, deren Sprache nicht zu den modernen Ideen und Technologien passt oder in den internationalen Beziehungen keine Rolle spielt. Frankreich bietet ihnen ein Ausdrucksmittel und ein Denkinstrument.« Wie man sieht, hat sich seit damals nicht viel geändert.

Als Präsident Chirac noch im Amt war, blieb daher jedes Mal, wenn er angesichts der Hegemonie der amerikanischen Krämer im Namen der Frankophonie wieder für die »Ausnahme der Kultur«[133] plädierte, kein Auge trocken. Seltsamerweise ist es den Herolden der Frankophonie nie eingefallen, dass die Forderung einer »exception culturelle« ein heißes Eisen innerhalb der Frankophonie selbst darstellt, gehören doch drei Viertel ihrer Länder der Dritten Welt an, wobei sich eine gigantische Bruchlinie zwischen Nord und Süd abzeichnet. Die Lokomotive dieses Zuges wird von einer kleinen Minderheit reicher Länder gesteuert: Frankreich, Kanada, romanische Schweiz, frankophones Belgien. Die Missverständnisse zwischen den Ländern des Nordens und jenen des Südens werden noch komplizierter, wenn strategisch-politische Fragen ins Spiel kommen. Für ein Land wie Frankreich stellt sich das Problem der Verteidigung des Französischen im Zusammenhang einer geopolitischen Gegenoffensive gegen den Einfluss der angelsächsischen Kultur. Für die frankophone Schweiz, das frankophone Belgien und Québec hingegen ist die Frankophonie eine politische Waffe, die sie voll nutzen, um sich dem Druck des Deutschen, des Englischen und des Niederländischen zu widersetzen. Was die westliche Öffentlichkeit bei den genannten Ländern mit

133 Der Terminus *exception culturelle française* bezieht sich auf Konzepte und Maßnahmen der französischen Regierung zum Schutz der französischen Kultur in der zweiten Hälfte des 20. Jahrhunderts gegenüber einer als übermächtig empfundenen anglo-amerikanischen Präsenz, besonders auf den Gebieten des Films und des Fernsehens (Anm. des Übers.).

schöner Untertreibung als »Spannung zwischen den Sprachen« bezeichnet, entspricht in Wirklichkeit den Phänomenen bei uns, die dieselbe Öffentlichkeit – mit einer zusätzlichen Nuance heftiger Kritik – als lächerliche »Stammeskriege« abstempelt. Apropos Belgien: Man könnte fragen, ob all die ethnischen Konflikte, die seine Kolonien erlebt haben, nicht eigentlich ein böses Erbe des Ex-Mutterlandes sind …

Die Frankophonie – Machtinstrument und Instrument der Macht

Inzwischen lastet das Erbe des Französischen und der französischen Kultur, das uns beschieden war, schwer auf den Schultern der Männer und Frauen, die die Schule des Westens besucht haben. Im Kongo werden die Französischsprechenden mit den Machthabern gleichgesetzt und daher schief angesehen. Man nennt sie voll Ironie die »Je-sais-tout«, mit anderen Worten die Angeber, die meinen, alles zu wissen und sich als Schulmeister aufspielen zu dürfen, weil sie Französisch können und glauben, das Französische sei die göttliche Sprache.

Im Kongo sprechen nur 5 Prozent der Bevölkerung mehr oder weniger korrekt Französisch. Das reicht nicht aus, um das Land zum »zweiten Land der weltweiten Frankophonie« zu erklären. Als einziges Kriterium der Bewertung kann nur die Zahl der SprecherInnen dienen, nicht aber die geographische Ausdehnung des Landes.

Es ist nachvollziehbar, warum es der Frankophonie nicht immer gelingt, sich als starkes Konzept zu präsentieren, von den Menschen angenommen und zur demokratischen Entwicklung genutzt zu werden. Ein doppelter Verdacht lastet ja auf diesem Konzept. Einerseits gilt in Afrika für gewöhnlich, dass alles, was nach einer Ideologie aussieht oder nach einer großen, mobilisierenden Vision, von »denen da oben« kommt, von den herrschenden Staatschefs mit ihren Strategien des medialen Dauerfeuers und der Propaganda. So verhielt es sich mit der Frankophonie, mit dem »afrikanischen Sozialismus«, mit der »afrikanischen Eigenart«, mit der »Authentizität« und so weiter – lauter Leitideen, die nicht auf tief verwurzelten, die Menschen motivierenden Weisheitslehren beruhen oder elektrisierende Denkanstöße vermitteln und daher zu Slogans und Hokuspokus verkommen.

Andererseits gelingt es der Frankophonie nicht, ihre Versprechen zu halten und die neuen Generationen von Schülern, Universitätslehrern und Kulturschaffenden kurzfristig und lokal zu mobilisieren, auch wenn sie noch so eifrig und mit großem Medienaufwand Festivals fördert, wie etwa den MASA (Marktplatz der afrikanischen Bühnenkunst) oder die Spiele der Frankophonie. Hinzu kommen die Schikanen der Konsulate, wenn es um die Ausstellung von Visa für die frankophonen Hauptländer der nördlichen Hemisphäre geht: Sie haben bewirkt, dass eine große Zahl von Jungen, darunter Künstler und Absolventen in den Spitzendisziplinen, sich von diesen Ländern abgewendet haben. Heute ist man weit entfernt von den Empfehlungen der frankophonen Gipfeltreffen, die theoretisch den freien Verkehr von Personen und Kulturgütern propagieren. Künftig sind es Südafrika, Asien und die Vereinigten Staaten von Amerika, die diese jungen Leute zunehmend anziehen werden. Um die Tragweite dieser Neigung zur »Anglophonie« zu erkennen, braucht man nur zuzusehen, wie in allen großen Städten Afrikas die Institutionen für den Englischunterricht aus dem Boden schießen.

Das ist ein Zeichen unserer Zeit. Solange die Geschicke der Frankophonie mit den Verfehlungen Frankoafrikas verwechselt werden, solange das Französische selbst als ein Instrument im Dienst der Herrschenden angesehen wird, das das Gefälle zwischen »Denen da oben« und »Denen ganz unten« verstärkt, solange wird die internationale Solidarität zugunsten dieser Sprache der Eliten ein frommer Wunsch bleiben, als Plakat auf dem Elfenbeinturm oder, wer weiß, auf einem Turm von Babel …

Schlusswort: Die Sprache als Konkubine

Zum Abschluss eine persönliche Anmerkung: Hin und wieder werde ich gefragt, warum ich – als Schriftsteller und Lehrer – das Französische gebrauche. Nun ja, ich gebrauche das Französische so wie meine Nationalsprachen, ohne Komplexe. Zu allen Zeiten habe ich nämlich die französische Sprache als eine Art Konkubine betrachtet, als eine Zweitwohnung mit gewissen Ergänzungsfunktionen der Muttersprache gegenüber. Das bedeutet nicht, dass ich weniger stolz auf sie bin, weniger auf sie achtgebe.

Übrigens verhält es sich mit der Sprache wie mit dem Geld: Sie ist eine gute Dienerin, aber auch eine gefährliche Liebschaft.

Um in dieser Conclusio wieder ernst zu werden: Ich möchte an einen Gedanken von Daniel Maximin anknüpfen, den er in den 1970er Jahren äußerte, als der Streit um die kulturellen Identitäten tobte, der aber nach wie vor aktuell ist: »Der schwarze Schriftsteller von heute, ob er nun anglophon oder frankophon ist, betrachtet sich nicht länger als einen Kulturmestizen und Bürger zweier Welten, die einander auf tragische Weise ausschließen und sich eines Tages in der ›Universalzivilisation‹ vereinen werden. Er präsentiert sich vielmehr als der alleinige Besitzer eines Afrika, das zwei Lasten zu tragen hat: Da sind einerseits die Traditionen, die alle Sklaverei überlebt haben und, sei es zum Guten oder zum Schlechten, die Menschen des schwarzen Kontinents immer noch beherrschen. Nicht minder schwer ist die andere Last, die der willkürlichen Durchsetzung einer Moderne, von der sich niemand verabschieden kann und deren Nutzen und Gefahren in dem Maße deutlicher hervortreten, als ihr Leiter und Lenker den Rückzug angetreten hat (D. Maximin, »Tigritude et négritude«, Vorwort zu Wole Soyinka, *La danse de la forêt*, Paris, P.J. Oswald, 1971, 7).

Übersetzt von Fritz Peter Kirsch

Die symbolische Gewalt einer Rede im Dämmerlicht[134]

Mahamadou Siribié

Studium der Politikwissenschaften an der juristischen Fakultät der Universität Nizza; Doktorarbeit über interkommunale Zusammenarbeit im Rahmen der ERMES (Équipe de recherche sur les mutations de l'Europe et de ses sociétés) in Nizza. Seit März 2008 Gemeinderat in Grasse (Département Alpes-Maritimes) auf der Liste UMP/Nouveau Centre. Vorträge an der EDHEC (École des Hautes Études Commerciales) Nizza und bei der Alliance Française in Grasse. Artikel für die burkinaber Tageszeitung *Le Pays*.

In seiner Rede vom 6. Mai 2007, dem Abend seiner Wahl zum Staatspräsidenten, fand Nicolas Sarkozy im Zusammenhang mit Afrika Worte des Wohlwollens und des Mitgefühls: Er präsentierte sich als Präsident, der Afrika helfen würde, »Armut, Krankheit und Elend« endlich zu überwinden. Die großen internationalen Medien waren anwesend, Zeitpunkt wie Schauplatz gut gewählt, um Afrika und der ganzen Welt eine Botschaft zu übermitteln: Es schien, als wolle Frankreich – in einem von neuen geopolitischen Konfigurationen bestimmten globalen Kontext und gegenüber den jungen »Eindringlingen« wie China, Russland oder den USA – durch den Mund des frisch gewählten Präsidenten seinen angestammten Platz in Afrika behaupten …

Aber warum auf dem Höhepunkt einer Präsidentschaftswahl ausgerechnet Afrika? Hat Afrika ein Monopol auf »Armut, Krankheit und Elend«? Nicht lange darauf, am 26. Juli 2007, hielt Sarkozy in Dakar eine ganz anders geartete, mystisch-politische Rede,

134 Der Titel des französischen Textes, *Violence symbolique d'un discours crépusculaire*, spielt auf Victor Hugos Gedichtsammlung *Les chants du crépuscule* (1835) an, die Siribié im letzten Kapitel seines Beitrags auch nennt. »Crépuscule« (Dämmerung) ist bei Hugo der unentschiedene Zeitraum zwischen Tag und Nacht, zwischen Licht und Dunkel und steht symbolisch für die politische Situation in Frankreich nach der Juli-Revolution. (Anm. der Übers., Dank an den Herausgeber Fritz Peter Kirsch!)

in der er erklärte, dass Afrika »ein Mythos geworden ist«. Vor der Kolonialisierung und dem angeblichen »zivilisatorischen Auftrag« Europas hatten die ersten Erforscher des schwarzen Kontinents, stumpfsinnig und ignorant, Afrika auf der Suche nach »starken Eindrücken« als »geheimnisvollen Kontinent« bezeichnet. Wie konnte ein Präsident, der von sich behauptet, mit der überholten Afrikapolitik seiner Vorgänger »brechen« zu wollen, eine solche Rede halten, die im Übrigen von seinem offiziellen Redenschreiber Henri Guaino stammt und von Klischees nur so strotzt? Worin lagen seine tieferen Beweggründe? Letztere offenbaren die Substanzlosigkeit der Afrika-Rede des Präsidenten, die sich in ihrer Suche nach einer eigenen politischen Legitimität in Afrika in die Traditionslinie der Politik seiner Vorgänger einreiht.

Ausschlaggebend für die Rede in Dakar war das Lavieren zwischen den Zeiten des Wahlkampfs und der Zeit als Politiker in Afrika. Sarkozy hat Mühe, den Wahlkampf hinter sich lassen und ernstlich eine neue Dynamik in den Beziehungen zu Afrika ankurbeln. Während des gesamten Wahlkampfs gebrauchte und missbrauchte er eine politische Semantik, die die Franzosen »schockieren« und Debatten auslösen sollte. Debatten über ein Frankreich, das durch die Krise Europas nach dem negativen Ausgang des Referendums zur Europäischen Verfassung vom 29. Mai 2005 traumatisiert ist; über die Standortverlegungen in Schwellenländer wie China oder Indien und die damit verbundene Arbeitslosigkeit und Wirtschaftkrise; über die schweren Unruhen in den Vorstädten vom Oktober und November 2005, Folge einer Identitätskrise und des Ausschlusses eines Teils der französischen Bevölkerung. Die Stimmung der Mehrheit der Franzosen vor Augen, versteht er es, im Sinne politischer Strategie, ihr den Diskurs zu liefern, den sie hören will. So wurden die sozialen Themen bis zur Neige und in alle Richtungen abgenutzt: das Thema Arbeit mit dem berühmten Motto »mehr arbeiten, um mehr zu verdienen«, die Wiederbelebung eines »blockierten« Europa durch eine vereinfachte europäische Verfassung, sicherheitspolitische Themen bis zur medialen Übersättigung, der Kampf gegen die Immigration …

Die Ambivalenz der französisch-afrikanischen Beziehungen: eine bittere Realität

Vor dem Hintergrund der Immigration hatte der damalige Innenminister Sarkozy am 16. und am 19. Mai 2006 die beiden subsaharischen Länder Mali und Benin besucht, um seine Einwanderungspolitik zu erläutern. Aber die Jugend der beiden Länder hatte ihn nicht eben herzlich empfangen, obgleich er bei dieser Gelegenheit seine Vision einer Veränderung in den französisch-afrikanischen Beziehungen darlegte. Ihm zufolge war es an der Zeit, unter die seit langem ambivalenten Beziehungen zwischen Frankreich und dem frankophonen Afrika einen Schlussstrich zu ziehen. Diese Haltung resultierte aus dem Vorwahlkampf um die Präsidentschaft. Wie anders wäre es zu erklären, dass der Präsident, nachdem er laut und deutlich einen »Bruch« und Neuanfang in den französisch-afrikanischen Beziehungen angekündigt hatte, sich bei seinem ersten Staatsbesuch im subsaharischen Afrika am 27. Juli 2007 nach Gabun begab, dessen seit vierzig Jahren an der Macht befindlicher Präsident Odimba Omar Bongo ein lebendes Monument der Françafrique ist? »Seit meinem Amtsantritt bemühe ich mich um ein Gleichgewicht zwischen unserem Fahrplan, dem Willen zu Reformen, und der Realität«, rechtfertigt sich Jean-Marie Bockel, ehemaliger Sozialist und jetziger Staatssekretär für Kooperation und Frankophonie, in der Wochenschrift *Jeune Afrique* vom 5. August 2007.

Und worin besteht diese unerbittliche Realität, der sich kein französischer Staatschef entziehen kann, und wäre er ein noch so glühender Verfechter eines »Bruchs«? Die angebliche Realität hat über den »Bruch« triumphiert. Die Realität besteht in der Fortdauer einer Ambivalenz in den Beziehungen zwischen Frankreich und dem frankophonen Afrika, die für das mangelnde gegenseitige Verständnis von Franzosen und Afrikanern verantwortlich ist, eine Realität, die von geostrategischen und ökonomischen Interessen bestimmt ist.

Doch heute steht Afrika im Mittelpunkt einer neuen internationalen geopolitischen Konstellation. Frankreichs »Hinterhof« in Afrika ist durch diese veränderte globale Situation in Gefahr.

Inwieweit konnte Sarkozy den Tenor seiner Afrika-Rede aus dem Vorwahlkampf beibehalten? Wie konnte er sich an die afrikanischen Staatsoberhäupter wenden, ohne sie vor den Kopf zu stoßen? Inwieweit konnte er den französischen »Hinterhof« und die unerbittliche Realität wie seine Vorgänger unangetastet lassen?

In diesem Dilemma befand sich Sarkozy, und er wählte den simpelsten Ausweg: eine Rede, die sich von der Exotik der Kolonialliteratur inspirieren ließ; von der Geschichtsphilosophie Hegels, der Afrika Geschichte, Bewegung und Entwicklung abspricht; von Camara Layes »Sehnsucht nach dem verlorenen Paradies der Kindheit«, Ausdruck eines Afrika, das sich weigert, »den Kopf [zu] heben und vertrauensvoll der Zukunft ins Auge [zu] blicken«; von der heftig umstrittenen »négritude« Léopold Sédar Senghors. Die Studenten im Auditorium Maximum der Universität Cheik Anta Diop in Dakar – und nicht etwa die »jungen Menschen von Afrika«, an die sich Sarkozy wandte – wollten etwas anderes hören, nämlich eine Rede, die eine ernsthafte Debatte zwischen Afrika und Europa auf der einen Seite und zwischen der Welt und Afrika auf der anderen Seite anstoßen sollte.

Die »Unbeweglichkeit« der internationalen Institutionen: ein Hemmschuh für die Entwicklung Afrikas

Nicht Afrika ist »unbeweglich«, »unbeweglich« sind vielmehr die internationalen ökonomischen Institutionen – im wörtlichen wie im übertragenen Sinn. Angesichts der Globalisierung muss Afrika, nicht anders als Europa und Frankreich, neue Konzepte zur Bewältigung neuer ökonomischer Herausforderungen erarbeiten. Warum etwa wurde nicht der Vorschlag gemacht, zukünftig das ungerechte ungeschriebene Gesetz zu überdenken, nach dem die Leitung des Internationalen Währungsfonds (IWF) stets einem Europäer und die Leitung der Weltbank stets einem Amerikaner vorbehalten ist?

Der IWF ist nachgerade ein Symbol für die globale »Unbeweglichkeit«. Der Ursprung dieser internationalen Finanzinstitution geht auf das Jahr 1944, auf die Konferenz von Bretton Woods zurück. Die Teilnehmer, die im Krieg allesamt gegen Nazi-Deutschland gekämpft hatten, einigten sich auch auf die Schaffung einer Internationalen Bank für Wiederaufbau und Entwicklung (International Bank for Reconstruction and Development, IBRD), die 1960 Teil der Weltbank wurde und traditionell von einem Amerikaner geleitet wird. Seither hat sich in der Leitung dieser internationalen Institutionen nichts geändert. Seit mehr als sechzig Jahren steht an der Spitze des IWF ein Europäer. Und mit der Wahl des Franzosen Dominique Strauss-Kahn wurde diese Tradition weitergeführt. Auf welcher Seite befindet sich also die »Unbeweglichkeit«, von der Nicolas Sarkozy in Dakar spricht?

Warum wird in dieser internationalen Finanzorganisation nicht die Vertretung der armen Länder des Südens im Verwaltungsrat überdacht, warum nicht die Stärkung ihres Stimmrechts und die Inkraftsetzung eines gerechteren Entscheidungsmodus in Erwägung gezogen? Der IWF, dessen Aufgabe die globale Entwicklung sein soll, zählt zurzeit 185 Mitgliedsstaaten, von denen die Mehrheit Entwicklungsländer sind. »Es gibt in den Entwicklungsländern äußerst fähige Exekutivdirektoren, es wäre nur logisch, einen von ihnen an die Spitze zu setzen und unseren Weltwirtschaftsorganisationen ihren aktuellen semi-kolonialen Status zu nehmen.«[135] Frankreich besetzt mit Pascal Lamy als Generaldirektor der Welthandelsorganisation (World Trade Organization, WTO), mit Jean Lemierre als Präsident der Europäischen Bank für Wiederaufbau und Entwicklung (EBWE) und mit Jean-Claude Trichet an der Spitze der Europäischen Zentralbank (EZB) bereits drei internationale Posten von großer strategischer Bedeutung. Hinzu kommt, dass die hochverzinsten Kredite, die die internationalen Finanzorganisationen den Entwicklungsländern gewähren, letztlich zu einem einzigen Würgegriff werden. Unter diesen Umständen konnte Afrika einfach nur »einen schlechten Start haben«[136].

Allerdings sind nicht nur diese Institutionen an der Unterentwicklung der afrikanischen Staaten schuld.

135 *The Guardian*, London, Juli 2007.

136 Dumont, René, 1962, *L'Afrique noire est mal partie*, Paris, Seuil.

Die Mitverantwortung der afrikanischen Staatschefs und die Verletzung der ökonomischen und politischen Souveränität

Die afrikanische Führungselite ist an der Aufrechterhaltung eines postkolonialen Systems durch Frankreich mitverantwortlich, und zwar umso mehr, als die Afrikaner anderen überließen, was sie selbst hätten in die Hand nehmen müssen. Ein weiteres Beispiel für »Unbeweglichkeit« ist das von Frankreich unterstützte ungerechte Währungssystem des CFA-Franc[137], das seit 1946 in verschiedenen Ländern West- und Zentralafrikas Gültigkeit hat. Weder von Frankreich noch von den afrikanischen Eliten wurde dieses einem kolonialen Kontext entstammende System jemals in Frage gestellt, denn beide Seiten kamen dabei auf ihre Kosten. Afrikaner, die seine Effizienz anzweifelten, wurden beschuldigt, »vom Ausland angeheuert« worden zu sein, oder wegen »Gefährdung der Staatssicherheit« von ihrer eigenen Regierung ins Gefängnis geworfen – selbstverständlich mit der Komplizenschaft der ehemaligen Kolonialmacht, deren Interessen es um jeden Preis zu verteidigen galt. Diese »unwandelbare« postkoloniale Finanzordnung ist bis heute in Kraft. Als Gegenleistung für die Garantie eines festen Wechselkurses zwischen Euro und CFA-Franc sind die Länder der Franc-Zone verpflichtet, einen Teil ihrer Devisen zur Deckung von 20 % ihrer Geldemission bei der französischen Nationalbank zu hinterlegen. Außerdem wird die freie Währungskonvertibilität in jeder Sub-Zone – repräsentiert von der Banque des États de l'Afrique centrale (Bank der zentralafrikanischen Staaten), der Banque centrale des États de l'Afrique de l'Ouest (Zentralbank der Westafrikanischen Staaten) und der Banque centrale des Comores (Zentralbank der Komoren) – durch die Eröffnung eines Kontos bei der französischen Nationalbank garantiert, bei der diese afrikanischen Zentralbanken 50 % ihres Nettoauslandsvermögens deponieren müssen. Wenn der französische Staatspräsident Afrika »helfen«

137 Der CFA-Franc ist nach wie vor die Währungseinheit der frankophonen Länder Afrikas. Heute steht die Abkürzung CFA für »Communauté financière d'Afrique« in den westafrikanischen Staaten und für »Coopération financière en Afrique centrale« in Zentralafrika.

will, warum verwaltet dann Frankreich immer noch die Finanzen des frankophonen Afrika?

Um sich »zur Zukunft aufschwingen« zu können, müssen die afrikanischen Staaten ihre volle wirtschaftliche Unabhängigkeit erlangen, die ohne uneingeschränkte Verfügungsgewalt über die Instrumente der staatlichen Souveränität und deren Kern, die Währungspolitik, nicht erreichbar ist. Schließlich führt ökonomische zu politischer Macht. Die Verschuldung der afrikanischen Staaten, die einerseits von den Führungseliten selbst gewollt, andererseits von den westlichen Regierungen aufrechterhalten wird, zeigt sehr gut, wie abhängig die souveränen afrikanischen Staaten in Wirklichkeit sind. Die Verschuldung wird zum Herrschaftsinstrument und reduziert die meisten afrikanischen Länder zu Rohstoffquellen und zu »Ersatzmärkten« für Industrieprodukte und Gebrauchtwaren. Zwar fördert die feste Bindung der Währungen der frankophonen Zone an den Euro die Importe, ein (vor allem im Verhältnis zum Dollar) starker Euro behindert jedoch die Exporte dieser Länder ganz erheblich. Es liegt auf der Hand, wie negativ die Auswirkungen auf die einheimische Entwicklung sind, da viele afrikanische Länder vor allem der CFA-Zone den für den Export bestimmten Anbau von Monokulturen privilegieren und eine agrarische Gesamtstrategie vernachlässigen. Der CFA-Franc trägt nicht das Geringste zur Förderung der sogenannten armen oder unterentwickelten Länder Afrikas bei. Er stellt ganz im Gegenteil die Währung der französischen Kolonien Afrikas (»Colonies françaises d'Afrique«, CFA) des 21. Jahrhunderts dar und ist ein wirtschaftliches und politisches Instrument zur Unterwerfung der frankophonen Staaten des afrikanischen Kontinents.

Die frankophone afrikanische Führungselite hat nicht erkannt (oder gibt vor, nicht zu erkennen), dass dieses Währungssystem, das Frankreich vor einem halben Jahrhundert eingeführt hat, die dauerhafte Kolonisierung stützt. Es führt unweigerlich zu einem regelmäßigen drastischen Preisverfall für einheimische Produkte. Die Durchschnittsafrikaner und -franzosen wissen nicht einmal, dass es existiert; das wissen die Eliten in Afrika und Frankreich, die davon profitieren. In diesem Punkt hat es der französische Staatspräsident, nicht anders als seine Vorgänger, bewusst vermieden, die »Debatte zu eröffnen« – in einer Rede, die angeblich eine neue französische Afrikapolitik begründen sollte und paradoxerweise die aktuellen Probleme der Wirtschaftsentwicklung in Afrika völlig überging.

Die Illusion einer öffentlichen Entwicklungshilfe und der Schuldenberg

Wie lange noch wird man der Illusion aufsitzen, dass die Öffentliche Entwicklungshilfe (Aide Publique au Développement, APD), die bisweilen mit humanitärer Hilfe gleichgesetzt wird, den afrikanischen Kontinent aus dem Zustand der Unterentwicklung befreien wird? Die führenden afrikanischen Politiker haben immer noch nicht begriffen, dass diese Hilfe, nicht anders als die Kredite, die seit der Unabhängigkeit aufgenommen wurden und noch die kommenden Generationen belasten werden, ein politisches, ökonomisches und ideologisches Herrschaftsinstrument des Westens ist. Vor zwanzig Jahren stellte der burkiner Revolutionär Thomas Sankara, der 1987 von seinen Waffenbrüdern ermordet wurde, die Verbindung zwischen Schuldenrückzahlung und Neokolonialismus her: »In ihrer aktuellen Form stellt die Verschuldung eine geschickt organisierte Rückeroberung Afrikas dar, um das Wachstum und die Entwicklung des Kontinents in Etappen und nach Regeln verlaufen zu lassen, die uns vollkommen fremd sind, wodurch ein jeder von uns zum Finanz-Sklaven, also generell zum Sklaven derjenigen wird, die die Gelegenheit, die Schlauheit, die Arglist hatten, bei uns Kapital zu investieren, mit der Auflage, es zurückzuzahlen«, sagte er anklagend in der Rede, die er im Juli 1987 beim Gipfeltreffen der ehemaligen Organisation für Afrikanische Einheit (Organisation de l'Unité Africaine, OUA) in Addis-Abeba hielt. Er scheint recht zu behalten. Denn 2002 legte die Welthandels- und Entwicklungskonferenz der Vereinten Nationen (United Nations Conference on Trade and Development, UNCTAD, frz. CNUCED) in ihrem Bericht »Die wirtschaftliche Entwicklung Afrikas. Kontrollierbare Verschuldung: Oase oder Fata Morgana?« stichhaltige ökonomische Argumente für eine komplette Entschuldung Afrikas vor. Diesem Bericht zufolge erhielt Afrika zwischen 1970 und 2002

Darlehen in Höhe von ca. 540 Milliarden Dollar, doch obwohl Ende 2002 an die 550 Milliarden Dollar an Tilgungs- und Zinszahlungen geleistet worden waren, betrugen die Verpflichtungen immer noch 295 Milliarden Dollar. Der Bericht kommt zu dem Schluss: »Damit Afrika entsprechend den Millenniums-Entwicklungszielen bis zum Jahr 2015 die extreme Armut um die Hälfte reduzieren kann, muss sich das Wirtschaftswachstum mindestens verdoppeln und sich im nächsten Jahrzehnt bei 7 oder 8 % jährlich einpendeln, was mit dem Niveau des aktuellen oder geplanten Schuldendienstes finanziell unvereinbar ist.«[138] Selbst der Schuldenerlass in Höhe von ca. 43 Milliarden Dollar für die hochverschuldeten armen Länder (darunter vierzehn afrikanische Staaten), der beim G8-Gipfel im schottischen Gleneagles[139] beschlossen wurde, kann die Situation nicht entspannen. Wie man sieht, ist die Rede des visionären Revolutionärs Sankara nach wie vor aktuell; sie ist derjenigen von Sarkozy diametral entgegengesetzt.

Man muss sich fragen, warum »Afrika immer noch Hunger leidet« – trotz seines Reichtums. Die Ursachen des »Problems Afrikas« liegen anderswo als dort, wo Nicolas Sarkozy sie sieht. Die afrikanischen Probleme haben tiefere Ursachen, innere und äußere. Der angebliche »zivilisatorische Auftrag« des Westens hat in den Köpfen der Afrikaner die Vorstellung zementiert, sie seien »anders« als die Weißen. Laut Albert Memmi hat die Verwendung der Kategorie des Andersseins, »verbunden mit dem Ziel, aus dieser Stigmatisierung Nutzen zu ziehen, die Kolonialisierung legitimiert. Die Kolonisatoren haben ihre Anwesenheit in den Kolonien mit den sogenannten Mängeln des Kolonisierten erklärt und legitimiert. Die Kolonialisierung war systematischer Raub.«[140] Der französische Präsident hat dieses »Anderssein« in seiner Rede in Dakar valorisiert, indem er sagte: »Jenseits aller Verbrechen und aller Fehler, die in ihrem Namen begangen wurden und die unent-

138 Bericht der CNUCED, 2002.

139 Am G8-Gipfel in Gleneagles (6.–8. Juli 2005) nahmen die USA, Großbritannien, Frankreich, Deutschland, Italien, Kanada, Japan und Russland teil.

140 Memmi, Albert, 1982, *Le racisme*, Paris, Gallimard, 44–45.

schuldbar sind, haben die islamische Kultur, das Christentum und die Kolonisation doch die Herzen und den Geist der Afrikaner für das Universelle und für die Geschichte geöffnet.« Als hätte Afrika nicht selbst große Kulturen hervorgebracht.[141]

Afrika, die neue geopolitische und ökonomische Karte im Globalisierungsspiel

Die jüngsten Ereignisse in einigen subsaharischen Staaten, bei denen Frankreich eine dominierende Rolle gespielt hat, lassen Frankreichs Willen erkennen, nicht die Herrschaft über seinen »Hinterhof« zu verlieren. Dieser muss »unbeweglich« bleiben, um die französischen Interessen vor neuen »Raubtieren« wie China und den USA und ihrem sehr, sehr großen Appetit zu schützen. Die ehemaligen französischen Kolonien bleiben im internationalen Handelspoker nicht zu unterschätzende Mitspieler. Französische Unternehmen und ihre diversen Niederlassungen in Afrika verkaufen in den Ex-Kolonien ihre immer teurer werdenden Endprodukte aus Rohstoffen, die sie ebendiesen Ex-Kolonien für einen seit Jahrzehnten unveränderten Preis abkaufen. Dieser Logik von Herrschen und Beherrschtwerden gehorchend, ist das Luftfrachtgeschäft von Air Afrique »eingebrochen« und von Air France übernommen worden. Schienentransport, Landwirtschaft, Bergbau, Nutzungsrechte für Wasser, Elektrizität, Telekommunikation sind weitere Bereiche, an denen die ehemalige Metropole immer schon interessiert war. Der »Bericht an den Präsidenten der Republik zum Thema Frankreich und die Globalisierung« des früheren sozialistischen Außenministers von François Mitterrand, Hubert Védrine, ist für diese Situation bezeichnend. In diesem Bericht, der am 4. September 2007 an Nicolas Sarkozy ging, widmet der Ex-Minister der französischen Afrikapolitik gerade mal eine von 60 Seiten, auf der er im Wesentlichen vor der Versuchung warnt, Afrika »preiszugeben«. Und deshalb wird man auch gewisse

141 Rund 5000 v. Chr. entwickeln sich im Niltal die nubischen Hochkulturen, die sich nach und nach auf die äthiopische Hochebene sowie auf den Tschad und den Niger ausbreiten.

afrikanische Staatschefs nicht »preisgeben«, trotz des neuen Lufthauchs, der Leben in die französische Afrikapolitik bringen soll. Die Beispiele sprechen für sich. Der Tschad mit seinen Erdölvorkommen, der durch ständige Aufstände zerrüttet ist, weckt die Begehrlichkeit neuer »Raubtiere« wie China, dessen bewaffneter Arm in Zentralafrika der Sudan ist. Und folgerichtig erlangt der Präsident des Tschad, Idriss Déby Itno, bei seinem Besuch in Frankreich am 21. Juli 2007 die Zusage, dass französische Truppen auch weiterhin das Gebiet der Aufständischen an der sudanesischen Grenze kontrollieren werden.

Die Nichtregierungsorganisation Human Rights Watch (HRW) weist auf die Verwicklung des französischen Militärs in den mehr oder weniger offenen Bürgerkrieg in der Republik Zentralafrika hin, bei dem seit 2005 bewaffnete Einheiten den regierungstreuen Streitkräften des Staatspräsidenten François Bozizé gegenüberstehen. Dieser wurde bei der Rückeroberung der im November 2006 von den Rebellen eingenommenen Städte im Norden des Landes entscheidend unterstützt. Seit mehreren Jahren unterhält Frankreich in der Zentralafrikanischen Republik ein Militäraufgebot, die Operation »Boali« mit rund vierhundert Mann. Nicht anders im Tschad, wo seit der 1986 von François Mitterrand eingeleiteten Operation »Épervier« mehr als tausend Soldaten stationiert sind. Darüber hinaus wurden in den 1960er Jahren in der Elfenbeinküste, in Gabun, im Senegal ständige Militärstützpunkte eingerichtet – im Rahmen von Verteidigungsabkommen, die heutzutage keinerlei Funktion mehr haben. Ständige Stützpunkte und Militäraufgebote dienen nicht nur der Konsolidierung des Systems der Françafrique, sondern sollen auch das geopolitische Gleichgewicht in den ehemaligen französischen Gebieten und die Stabilität in den Ländern mit exportierbaren Rohstoffen sicherstellen. Nebenbei rechtfertigte die damalige Verteidigungsministerin Michèle Alliot-Marie im Frühjahr 2006 eine französische Militärintervention im Darfur-Konflikt mit der »zentralen Lage des Tschad, einem Stützpfeiler für die Stabilität des gesamten Kontinents«. Doch was würden die Franzosen dazu sagen, wenn chinesische Streitkräfte auf französischem Boden stationiert wären?

Balkanisiertes Afrika

Widersprüchlich ist bei genauerem Hinsehen auch das Bild, das sich Nicolas Sarkozy von Afrika selbst macht. Es ist das Bild eines balkanisierten Afrika, freilich so, wie er Balkanisierung versteht: »Jenen, die dem großen Projekt der Mittelmeerunion, die Frankreich allen Mittelmeerländern vorgeschlagen hat, mit Misstrauen begegnen, möchte ich sagen, dass es keinesfalls das Bestreben Frankreichs ist, die afrikanischen Staaten südlich der Sahara auszuschließen …«. Nach der politischen Aufteilung Afrikas in Kleinstaaten unter der Ägide des deutschen Kanzlers Bismarck im 19. Jahrhundert schlägt Sarkozy eine Zweiteilung des Kontinents vor. Im Norden die Mittelmeerunion mit den afrikanischen Maghreb-Staaten, im Süden das subsaharische Afrika. Anscheinend bestehen für ihn zwei Afrikas. Für die afrikanischen Staaten südlich der Sahara holt er das aus den 1950er Jahren stammende Konzept »Eurafrika« aus der Schublade und greift es in seiner Rede Punkt für Punkt auf, ohne auch nur die Quelle zu zitieren. »Offenbar hat ihm niemand gesagt, dass es sich bei diesem ›Geistesblitz‹ von Henri Guaino in Wirklichkeit um eine abgestandene Idee aus den 1950er Jahren und ein neokolonialistisches Konzept handelt, das damals ein Alternativprojekt zu den Unabhängigkeitsbestrebungen darstellte sowie den Versuch, für die französische Präsenz in Afrika eine neue Legitimation zu finden. Seither ist Eurafrika als historische Randnotiz in Vergessenheit geraten.«[142]

Den subsaharischen Staaten schlägt Sarkozy eine »gemeinsam verantwortete Entwicklung« vor, den nordafrikanischen, also dem Maghreb, eine Art »privilegierter Partnerschaft«. Die einen, in der Gestalt gewisser afrikanischer Staatschefs wie Idriss Débry Itno aus dem Tschad, Omar Bongo Ondimba aus Gabun oder François Bozizé aus der Zentralafrikanischen Republik begaben sich in den Elyséepalast, wo sie vom frisch gewählten Präsidenten empfangen wurden; die anderen, wie Bouteflika in Algerien oder Ghaddafi in Libyen, blieben zu Hause und empfingen Nicolas Sarkozy bei sich. Im Dezember 2007 reiste der libysche Präsident nach Frank-

142 Soudan, François, *Jeune Afrique*, 5.–11. August 2007, 43.

reich, um verschiedene Handelsabkommen zu unterzeichnen und eine Zusammenarbeit bei der zivilen Nutzung der Kernenergie zu vereinbaren. Welchem Staatschef aus dem subsaharischen frankophonen Afrika wurden je solche Gelegenheiten zur Zusammenarbeit geboten? Moammar Ghaddafi und andere nordafrikanische Staatsoberhäupter werden nach Maßgabe ihres Portemonnaies behandelt. Nach dem gescheiterten Verkauf der Flugzeuge vom Typ Ravale des französischen Luft- und Raumfahrtkonzerns Dassault an Marokko könnte sich schließlich der libysche »Führer« für sie interessieren. Die beiden Vorgehensweisen Sarkozys haben nicht denselben Symbolwert. Und manche afrikanische Staatsmänner werden noch eine Zeit brauchen, ehe sie das einsehen. Noch wurde aus fünfzig Jahren Geschichte keine Lehre gezogen, wie die Rede von Nicolas Sarkozy in Dakar gezeigt hat. Wer von einem Bruch in der französischen Afrikapolitik geträumt hatte, kam nicht auf seine Kosten.

Weshalb stellt Sakozy auf seiner Gabun-Reise in Libreville die Frage nach der »Good Governance«, der guten Regierungsführung, und schweigt gleichzeitig über die Führung der Weltbank, wo doch die Affäre Paul Wolfowitz ein Musterbeispiel für mangelnde Transparenz ist? Die Folgen für die internationale Finanzinstitution waren verheerend. Nicht anders der Franzose Yves Rolland Billecard, der in den frühen 2000er Jahren die marode Air Afrique »retten« sollte und sich alle Mühe gab, sie endgültig zur Strecke zu bringen. Es ist nicht die Aufgabe von Nicolas Sarkozy, eine bankrotte afrikanische Fluggesellschaft zu retten. Ich möchte mit diesem Beispiel zeigen, dass sich die Zeiten ändern, die Haltung Frankreichs gegenüber Afrika jedoch unverändert bleibt. Mit seiner Rede stellt sich Sarkozy in die Tradition des gaullistischen Paternalismus. Wie der »gute Samariter« Yves Rolland Billecard die Air Afrique, meint er Afrika retten zu müssen, denn nie, so sagt er, »schwingt sich [...] der [afrikanische] Mensch auf zur Zukunft«.

Wenn die frankophonen afrikanischen Länder Probleme haben, müssen französische Lösungen her. Doch diese Lösungen sind immer ambivalent. Frankreichs reale Afrikapolitik ist ein schlagender Beweis für die Ambivalenz der französisch-afrikanischen Beziehungen.

Die Präsidenten der Fünften Republik und ihre Reden im Dämmerlicht

In der Fünften Republik sind die symbolische Macht der Worte und die Reden im Dämmerlicht Konstanten in den Beziehungen Frankreichs zu einem Teil Afrikas. Gibt es also je nach Adressat auch verschiedene Kategorien von Reden? Galt es während des Wahlkampfs zu »schockieren«, um eine »Debatte auszulösen«, so hat sich der Präsident in seiner Rede in Dakar in der Epoche und den Themen geirrt. Er setzte auf die symbolische Macht der Worte, um die politische Präsenz in Afrika zu legitimieren und die Fortsetzung der Politik seiner Vorgänger in der Fünften Republik zu betonen. Fortsetzung der Reden General de Gaulles von 1946 und 1958 in Brazzaville im Kongo, in denen sich der »Sonnenaufgang der Unabhängigkeit« der französischen Kolonien ankündigte; oder der von François Mitterrand in La Baule, die den »Sonnenaufgang der afrikanischen Demokratien« in den ehemaligen französischen Kolonien ankündigte. Auch diese Reden standen in krassem Missverhältnis zu den realen Verhältnissen in Afrika und blieben vollkommen wirkungslos. Die Rede von Nicolas Sarkozy war zugleich neokonservativ und neokolonialistisch und damit im Einklang mit Teilen seiner Wählerschaft und ihren Ängsten angesichts des Zustroms von Immigranten nach Frankreich.

Auch der französische Präsident folgte den *Chants du crépuscule* von Victor Hugo, und die Afrikaner werden sich noch lange Zeit die sehr, sehr lange Litanei der Reden im Dämmerlicht anhören müssen. Wie Vincent Hugeux in *L'Express* schreibt: »Mit dem Bruch wird es noch eine Weile dauern, denn der Staatschef hat Françafrique nicht den Rücken gekehrt.« Dieser Bemerkung ist hinzuzufügen, dass auch die frankophonen afrikanischen Staatsoberhäupter der ehemaligen Kolonialmacht nicht den Rücken kehren wollen. Noch sind die Tage der Politik- und Kolonialkomplexe der afrikanischen Machthaber nicht gezählt.

Übersetzt von Johanna Borek

Archipele des Trügerischen

E.H. Ibrahima Sall

E.H. Ibrahima Sall ist Absolvent der École des Hautes Études Commerciales in Paris, der Wharton School of Finance in Philadelphia und der Université Paris IV-Sorbonne und hat Funktionen in internationalen Institutionen bekleidet (Société Financière Internationale du Groupe de la Banque Mondiale, Entwicklungsprogramm der UNO, Berater der OECD in Paris). Er war Planungs- und Kooperationsminister der Republik Senegal, Generaldirektor der Institution de Prévoyance Retraite du Sénégal und Direktor der Banque de l'Habitat du Sénégal. Zurzeit übt er die Funktion des Rektors der Université Polytechnique de l'Ouest Africain aus.
E.H. Ibrahima Sall ist Autor zahlreicher Artikel, Berichte und Studien im Bereich der Wirtschafts- und Sozialwissenschaften. Letzte Publikation: *Heidegger, lecteur de Léopold Senghor et Le Souci du mode: L'Universel à l'épreuve de la globalisation* (Paris, L'Harmattan 2006). Mitautor verschiedener Werke wie *Regards sur la francophonie* (Rennes, Presses Universitaires 1997) und *Finance for a Better World* (London, Palgrave Macmillan, in Druck).

Ungewöhnlich und neu, wie sie ist, ist die Rede, die Präsident Sarkozy an der Universität Cheikh Anta Diop in Dakar gehalten hat, in vielerlei Hinsicht bemerkenswert. Wie ein Blitzschlag aus heiterem Himmel hat sie zuallererst das Verdienst, uns nicht vergessen zu lassen, dass sich das Verhältnis zwischen Frankreich und Afrika, zwischen den Franzosen und den Afrikanern seit der Kolonialzeit offenkundig verändert hat. Denn wer könnte sich auch nur einen Augenblick vorstellen, dass sich General de Gaulle, im Glanze seines Heldentums und im Bewusstsein, dass er einst dieses Kolonialreich regiert hat, in einer Weise an die Afrikaner wendet, wie es Nicolas Sarkozy im Hörsaal einer so symbolträchtigen Institution wie der Universität Cheikh Anta Diop getan hat? Was hat sich in dieser kurzen Zeit in den Beziehungen zwischen Nationen, Völkern, politischen Autoritäten verändert, dass ein so ostentativer Übergriff geschehen konnte?

Geteilte Evidenz

Unter den Themen, die der französische Präsident angeschnitten hat, findet sich die Idee, dass Afrika seinen Teil an Verantwortung trägt nicht nur für die Schwierigkeiten, unter denen es aktuell leidet, sondern auch für die großen Verbrechen, die die Sklaverei und die Kolonisation darstellen. In diesem Punkt sei ihm zugestimmt. Es ist offensichtlich, dass sich an der Seite der Europäer Afrikaner am Menschenhandel beteiligt haben, dessen Opfer *ausschließlich* Afrikaner waren. Wie hätte es sonst auch funktionieren können?

Wie auf allen anderen Kontinenten dieses Planeten sind für das Schicksal Afrikas zugleich interne und externe Faktoren verantwortlich. Seine Geschicke wurden von der feinen Verzahnung des Eigenen und des Fremden, des Drinnen und des Draußen bestimmt. So haben Afrikaner bei allen Prüfungen, die der Kontinent durchstehen musste, eine aktive Rolle gespielt. Das Thema ihrer Kollaboration bei der Versklavung und die daraus abgeleitete geringere Verantwortung der Europäer hat in Frankreich seit einigen Jahrzehnten die Aufmerksamkeit der Öffentlichkeit erregt.

Diese Sachlage ist zumindest überraschend. Wird da vorgegeben, nicht zu sehen, was offenkundig ist, nämlich dass man notwendigerweise auf Afrikaner zählen musste, um in Afrika Verbrechen zu begehen, Gruppen zu unterwerfen, Revolten niederzuschlagen und eine imperiale Ordnung zu errichten? In Afrika wie anderswo verlangt die Arbeitsteilung und -organisation nach Statthaltern, die vor Ort operieren, nach Vermittlerfiguren, die, neben ihrer logistischen Funktion, den Herren an der Spitze der Pyramide als Sündenböcke zu dienen hatten, wie es die Rede von Dakar so eloquent illustriert. Das ist ja so praktisch!

Als Vermittlerfiguren sind sie, unabhängig von ihrer subalternen Stellung, der Knotenpunkt des Systems, die Voraussetzung für das Überleben der imperialen Ordnung. Zwischen einem Herrn und einer großen Anzahl von Sklaven bedarf es immer eines Vermittlers. Welcher Siedler wäre so verwegen, sich allein den Kolonisierten zu stellen? Welcher Sklavenhändler wäre so verrückt, allein vor seine Sklaven zu treten? Welcher Fabrikdirektor wäre so töricht, allein seinen Arbeitern gegenüberzutreten? Welcher Staatschef wäre so naiv, sich ohne jede institutionelle Rückendeckung mit seinem Volk auseinanderzusetzen, selbst wenn dieses aus freien Bürgern besteht?

Die Vermittlerfigur, sei sie Vorarbeiter oder Stellvertreter, Führungskraft oder Mitarbeiter, schwarz oder weiß, ist für eine Macht, die überleben will, absolut unabdingbar. Wen man nicht zu Gesicht bekommt, den bringt man nicht um. Auf einen Abwesenden hat man keinen Zugriff. Der Herr hat jeden Grund, eine Gegenüberstellung, die nur tödlich enden kann, zu vermeiden. Er ist allein angesichts einer Meute, die ihm ihre Vielzahl, ihre Masse, ihre Energie entgegenstellt. Der Herr besitzt weder Energie noch Kraft, er muss diese vielmehr einfangen, kanalisieren, ausbeuten. Es geht dabei um seine Macht. Seine Aufgabe ist es, einen Machtbereich zu schaffen, Funktionen zu verteilen und vor allem die Arbeit an die Vermittlerfiguren zu delegieren. Wo sonst hätte man diese Vermittler, die vor Ort operieren und im Notfall als Sündenböcke herhalten, finden können als in der versklavten Bevölkerung selbst? Man muss in der Lage sein, in der revoltierenden Menge das Idealprofil des Kollaborateurs zu erkennen und die Vorarbeiter auszubilden, die die Neigung und das Temperament besitzen, die unabdingbare Schnittstelle zwischen Herren und Sklaven zu bilden.

Ob der Herr nun Sklavenhändler oder einfacher Siedler war, immer rekrutierte er Afrikaner, um seine eigene Ordnung zu befestigen. Die Ordnung ist ursprünglich seine Ordnung, die Vermittlerfigur nur ein Instrument, das zwischen dem Subjekt und dem Objekt zum Einsatz kommt. Der Handlungsspielraum des Vermittlers ist mehr als eng. Wenn er überhaupt existiert, so dient er in erster Linie den Absichten des Herrn und nur in lächerlicher und nachgeordneter Weise den Interessen der Mittlerfigur. Dass Franzosen mit der Vichy-Regierung kollaboriert haben, kann das Nazi-Regime nicht entschuldigen und noch weniger die Verdienste der Résistance schmälern. Ja, es gab tatsächlich Afrikaner, die im Dreieckshandel als Zwischenhändler aufgetreten sind! Na und? Ist das ein Grund, eine Gewinn- und Verlustrechnung der begangenen Verbrechen aufzustellen?

Jedes organisierte Verbrechen braucht Vermittlerfiguren. Das jahrhundertealte Verbrechen der Versklavung, das an den Afrikanern begangen wurde, bildet da keine Ausnahme. Hier wie im Fall der Kolonisation haben Afrikaner aktiv an einem Apparat mitgewirkt, die von europäischen Herren konzipiert und geplant wurde, um vorrangig und in erster Linie westlichen ökonomischen Interessen zu dienen. Im Zeitraum zwischen Zuraras *Chronique de Guinée* (1453) und Duarte Pacheco Pereiras *Esmeraldo de Situ Orbis* (1506)[143] wurde rund um die »Vermittlerfigur« ein organisiertes Wirtschaftssystem installiert, das die Sklaverei, die auf Menschenraub beruhte, buchstäblich in eine Sklaverei als Geschäft verwandelte. Zurara berichtet um 1445–1448 folgenden Ausspruch des Infanten Heinrich:

> Die Razzien verschaffen uns keinen regelmäßigen Markt. Ihr müsstet für uns einen Weg finden, die Afrikaner für einen echten Handel zu interessieren. Gebt ihnen doch genügend geeigneter Geschenke, die sie dazu veranlassen können, mit uns in geordnete Beziehungen zu treten.

Die Kolonisation war nur die sanftere Fortführung dieses Systems. In Senegal verdanken alle großen Städte – von Gorée über Saint-Louis bis Rufisque – ihre Existenz dieser Wirtschaftsordnung. Das geht so weit, dass Saint-Louis von einheimischen Stammesfürsten an eine Handelsgesellschaft verkauft wurde, die die Stadt aus dem Boden gestampft hat, und dass das Bürgermeisteramt von Rufisque über ein Jahrhundert lang von den Direktoren der vor Ort niedergelassenen Handelshäuser ausgeübt wurde.

Ein organisiertes System also. Aber weil hier wie anderswo niemand den Untergang liebt, haben, während die einen Afrikaner kollaborierten und aus dem System ihren Profit zogen, andere, genauso Afrikaner wie die Ersten, sich erhoben, um Widerstand

143 Gomes Eanes de Zurara, portugiesischer Chronist, Autor der *Chronica do Descubrimento e Conquista da Guiné*; Duarte Pacheco Pereira, portugiesischer Seefahrer und Geograf, Autor des Reiseberichts *Esmeraldo de Situ Orbis* (Anm. der Übers.).

zu leisten und gegen den Machtmissbrauch des Systems zu kämpfen, manchmal unter Einsatz ihres Lebens. Wie viele Afrikaner – genauso könnte man sagen: wie viele Europäer, Asiaten oder wer auch immer – sind auf den Schlachtfeldern gestorben und haben bis zum letzten Atemzug der »Unterdrückung«, »Korruption«, »Verschwendung« und dem »Amtsmissbrauch« den Kampf angesagt, jenen Übeln, die die Rede von Dakar geradezu als afrikanische Eigenheiten darstellt? Alle Widerstandsbewegungen dieser Welt ähneln sich. Sie sind von gleicher Natur, gleicher Motivation, gleichem Geist. Gestern wie heute, in Vichy wie in Dakar, hat der Kampf für Prinzipien und Würde keine Hautfarbe und gehört keiner »Rasse«. Jede Ethnie, jeder Kontinent, jede Nation hat ihre »Kollaborateure« und ihre »Widerstandskämpfer«.

Es ist ein universelles Gesetz der Machtsysteme, dass sie sich ihre Mittelspersonen erfinden. In der Realgeschichte trat der Herr niemals den Sklaven gegenüber. Marxens Proletarier, der sich allein gegen den Bourgeois erhebt, Hegels Sklave, der allein im Kampf mit seinem Herrn die Anerkennung erringen will, oder noch besser die Sklaven des Spartakus, die zahlreich genug waren, um das Machtverhältnis umzudrehen – sie alle dienen nur einer optimistischen Dialektik.

Eine andere ›lokale‹ Wahrheit aus Sarkozys Rede: die Wohltaten der Kolonisation. Wer wollte den guten Willen oder den guten Glauben der Frauen und Männer leugnen, die die hehre Absicht verfolgten, den Fortschritt der Menschheit zu befördern, indem sie Schulen, Brücken und Straßen bauten und Kranke pflegten? Und trotzdem: Genügt dieser gute Wille, dieser gute Glaube, um das System und seine Ziele, seine Entgleisungen und seinen Machtmissbrauch zu entschuldigen?

Die Kolonisation ähnelt allen menschlichen Abenteuern. Sie alle dienen paradoxerweise einer List, einer Dämonie, die dafür sorgt, dass das kollektive Handeln jenseits der individuellen Absichten und Motivationen immer wieder ein unreines Handeln ist. Wurden nicht selbst im Rahmen strategisch geplanter Genozide Liebesbeziehungen und Hoffnungskeime sichtbar? Ist nicht genau dies das Paradox menschlichen Handelns, das das Aussetzen der Gewalt wünscht, und sei es nur für einen Augenblick, um einer

Waffenruhe Platz zu schaffen, die das Leben von seinen Widersprüchen erlöst? Niemals folgt die Nacht auf die Nacht. Der Tag bricht an und schiebt sich notwendig mit seinen Interessen dazwischen. Es gibt also keine wie auch immer geartete politische oder historische kollektive Handlung, die ganz und gar böse oder gut wäre. Als Gesetz des historischen Handelns ist die Unreinheit auch das Kennzeichen menschlicher Unternehmungen.

Man kann nicht umhin, festzustellen, dass guter Wille manchmal zu grausamen Resultaten führt und dass Sanftmut sich in Grausamkeit verwandeln kann. Die Taten dieser ehrenwerten Kolonisatoren guten Willens trugen zu einem System bei, das ihren Sinn verändert hat, erzeugten Risse im Geschehen, die den Sinn und den Lauf der Dinge veränderten. Die Gewalt der Geschichte und die Fallen der Politik sind nur unter Rekurs auf unsere Geschichtlichkeit zu verstehen. Geschichte wird weder mit klaren Ideen noch mit nackten und als solchen bekannten Interessen gemacht. Wirre Ideen und verborgene Interessen machen Individuen zu Komplizen der Geschichte, und das jenseits dessen, was sie über ihre Absichten mit Gewissheit sagen mögen. Mit anderen Worten: Menschliche Schuld ist auch jenseits von Überzeugungen und Schadensabsichten möglich.

Geben wir auch noch zu, dass ein liberaler Mensch Schwierigkeiten haben mag, die Geschichte über das Individuum hereinbrechen zu sehen. Aber kann man einem Politiker wie Nicolas Sarkozy verzeihen, dass er die Launen der Geschichte ignoriert, wenn sie die Menschen herausfordert, in Versuchung führt, sie in eine Richtung marschieren lässt, um dann plötzlich die Unbeteiligte zu spielen und dieselben Menschen zu Anstiftern eines Verbrechens zu machen, zu dem sie sie doch erst verleitet hat? Es gibt in Raum und Zeit eine historische Dimension des Politischen, die dazu führt, dass das alltägliche politische Handeln nicht mit dem Sinn der Geschichte zusammenfallen kann.

Das macht uns den Ernst des politischen Tuns und des historischen Engagements bewusst, weil man eben mit seinen Entscheidungen gewinnen oder verlieren kann. An dieser Stelle gilt es, Maurice Merleau-Pontys Gedanken in *Humanisme et Terreur* wieder zu hören:

> Die Politik ist die Kunst des Möglichen. Das verhindert nicht unsere Initiative: Weil wir die Zukunft nicht kennen, bleibt uns nichts anderes übrig, als nach genauer Abwägung des Für und Wider in unserer Richtung fortzuschreiten. Aber das macht uns den Ernst des politischen Tuns bewusst, das zwingt uns, anstatt einfach unseren Willen durchzusetzen, in den Dingen mühsam die Gestalt zu suchen, die er in ihnen annehmen könnte.

Der Schatten der Aufklärung

Nachdem wir diese ›lokalen‹ Wahrheiten haben Revue passieren lassen, gilt es jetzt, den Dingen auf den Grund zu gehen. Und zwar zunächst den Wörtern, weil sie ererbte Ideen transportieren. Die Rede von Dakar soll die eines »Freundes« sein, und im Namen dieser Freundschaft, die zu Recht in der Geschichte – und in der Geografie, wie ich hinzufügen möchte – ihr Fundament hat, soll die Rede »offen« und »aufrichtig« sein.

Lassen wir Präsident Sarkozy das Privileg zu sagen, wer seine Freunde sind, und stellen wir fest, dass er offensichtlich den »jungen Afrikanern«, der »afrikanischen Elite« den Vorzug gibt, die er vor der »älteren Generation« – gewiss auch vor ihren Eltern und Vorfahren – warnt, die sie in einem schuldhaften mythischen Universum eingeschläfert hätte. Welche Mythen? Man errät leicht, dass es sich nur um die Mythen der Emanzipation, der nationalen Befreiung und des Kampfes um die Anerkennung der Würde der Afrikaner handeln kann.

Was aber ist Freundschaft? Man findet sie offensichtlich mehr in der Natur der Beziehung als in den Freunden selbst, jenen glücklichen Adressaten der Rede von Dakar. Freundschaft bedeutet Ebenbürtigkeit und löscht so alle Ungleichheiten aus. Mit der bekannten Formulierung von Montaigne: »weil er es war, weil ich es war«. Freundschaft ist immer ein Wunsch nach Verschmelzung, Sympathie wird zu einem ihrer Synonyme, denn es geht um echte Gemeinsamkeit, in Fleisch und Blut erlebt. Im Herzen – und nicht in einem Warteraum – bewahrt, empfängt und beherbergt man den Freund. Hat der Freund in Dakar die Rede eines Freundes gehalten?

Es ist schon eine merkwürdige Freundschaft, die die Gesichter auslöscht, statt sie im Herzen zu tragen. Eine seltsame Freundschaft, die den Einzelnen, seine Lebenserfahrung, seine Leiden ignoriert, statt sie mitzutragen. Die Rede von Dakar ist eine Rede der Distanz und des Zurückweichens, eine Rede in der dritten Person, eine Rede aus der Ferne im Dienst des Sich-Herausredens:

> Dieser schwarze Mensch, das möchte ich hier in Dakar aussprechen, hat das Antlitz aller Menschen dieser Erde.

Und weiter:

> Dieses Leiden des schwarzen Menschen ist das Leiden aller Menschen, diese offene Wunde in der Seele des schwarzen Menschen ist eine offene Wunde in der Seele aller Menschen.

Noch besser:

> Es gab den Handel mit den Schwarzen, es gab Sklaverei: Männer, Frauen, Kinder – gekauft und verkauft wie Waren. Nicht nur gegenüber Afrikanern war das ein Verbrechen. Das war ein Verbrechen am Menschen, an der ganzen Menschheit.

Diese Argumentation ist feinsinnig und zynisch zugleich. Statt zu behaupten, dass die Sklaverei ein Verbrechen gegen die Menschheit ist, weil sie schlicht ein Verbrechen gegen die Afrikaner gewesen ist, erinnert unser Freund daran, dass die Afrikaner keine besondere Legitimation haben, sich als Opfer eines Verbrechens aufzuspielen, das ein Verbrechen gegen alle ist. Die Universalität, auf die sich die Rede von Dakar beruft, pflegt eben durch Perspektivierungen, die die erlebten Dramen ästhetisieren, alle Eigenart auszulöschen. Statt der Verantwortung, die mir angesichts der gelebten Leiden meines Nächsten zukommt, dessen Gesicht, Name, Person in Fleisch und Blut das Gewissen der Menschheit wachrufen, beschwört die Rede von Dakar eine Verantwortlichkeit, die sich in der Anonymität einer gesichtslosen Menschheit auflöst. Welchen Sinn, welche Bedeutung, welches Interesse kann man denn einem gesichtslosen Leiden zuschreiben?

Es gibt eine leichtfertige und frivole Art, das Universelle zu behaupten, indem man es hoch über den alltäglichen und besonderen Leiden verortet. Es gibt eine ungehörige Art, Verantwortlichkeit in der anonymen Weite der Erde oder der Diskontinuität der Zeit im Namen eines gebrochenen Generationenvertrags aufzulösen. Ja, so funktioniert sie, die Logik der Gedächtnisauslöschung:

> Aber niemand kann von heutigen Generationen verlangen, für dieses Verbrechen zu büßen, das frühere Generationen begangen haben. Niemand kann von den Söhnen verlangen, die Sünden ihrer Väter zu bereuen.

Soweit ich weiß, macht kein einziger Afrikaner irgendein heute auf der Erde lebendes Wesen für die Verbrechen der Sklaverei verantwortlich. Aber ist das ein Grund, die Pflicht zur Dokumentation, die Pflicht zur Erinnerung und die Pflicht zu korrekter und gerechter Geschichtsschreibung zu verneinen? Wie kann man von den Afrikanern, von der gesamten Menschheit verlangen, die schrecklichsten Verbrechen der Geschichte gegeneinander aufzurechnen? Wie kann man die Pflicht, die Geschichte der Kolonisation und der Sklaverei zu erinnern, negieren und zugleich – und zu Recht – die Gedenkstätten der Shoah Jahr für Jahr feierlich ehren? Als sich Léopold Sédar Senghor an einen schwarzen Freund wandte, sagte er da nicht sehr richtig: »Wenn von einem Juden die Rede ist, ist auch von dir die Rede«?

Lasst uns nicht vergessen. Lasst uns die Gesichter nicht auslöschen. Sie rufen unsere grundlegende Verantwortlichkeit in uns wach. In der Rede von Dakar wird anerkannt, dass man die Vergangenheit nicht auslöschen kann. Genauso wenig aber die Verbrechen, zumindest, solange ihnen Daten und Namen zugeordnet werden können. Die Rede von Dakar hat kein Recht, einerseits zu verlangen, dass man die Namen verschweigt, die für diese Verbrechen stehen, und uns andererseits aufzufordern, die Verantwortlichen der gegenwärtigen afrikanischen Übel an den Pranger zu stellen. Anklageerhebung, Prozess und Urteil scheinen je nach Identität der Angeklagten anders zu funktionieren!

Entgegen einer weit verbreiteten Meinung sind die Worte in der Rede von Dakar wohl erwogen. Die Sklaverei ist lediglich schuld an der »Entzauberung Afrikas«, an der Zerstörung einer »wunderbaren Vorstellungswelt« … Eine seltsame Art, Verbrechen zu benennen, und vor allem, sie im Namen einer Moral der guten Absicht zu entschuldigen: »die Kolonisatoren glaubten, Liebe zu schenken«. Ist das nicht vorschnell angesichts eines Projekts, das im Namen der Ausbeutung unbekannter Reichtümer und im Namen der zivilisatorischen Mission, die damals den fortgeschrittensten Völkern der Erde zugefallen wäre, konzipiert, geplant und organisiert wurde? Nicolas Sarkozy sagt uns, dass die Rechnung für die Kolonisation beglichen wurde: »Die Kolonisation war ein großer Fehler«, der mit dem Hass der Kolonisierten, dem »Selbsthass« und dem »Hass gegenüber anderen Menschen« (!) bezahlt wurde. Dass mit der Kolonisation im Herzen der Afrikaner abgerechnet wurde, das ist gewiss. Die Ver-geb-ung (*par-don*) aber muss, wie die Etymologie lehrt, erteilt werden.

Die Rede von Dakar ist einengend und erstickend. Sie ist ausschließlich mit dem Selbst beschäftigt. Man spürt nicht die geringste Öffnung zum Anderen, keinen Hinweis auf ein Begehren, das dem Anderen gälte. Das gilt selbst für das Abwägen der Rechte und Pflichten. Diese Rede entlastet sich selbst und beschuldigt den Anderen. Selbst die moralische Verpflichtung wird vom Anderen erwartet, während doch in der Moral, wie in der Liebe, die eigene Verantwortung den Vorrang hat. Zuallererst bin ich als Subjekt dazu bestimmt, hier und jetzt das Gute zu tun. Der Andere, morgen, anderswo – mit anderen Worten: die Arithmetik der Aufrechnung – kommen eben erst später, wenn überhaupt!

An dieser Stelle sollte man die »Aufrichtigkeit« in Erinnerung rufen, die die Rede von Dakar beschwört. Der Tonfall, der Geist und der Buchstabe haben alle Eigenschaften einer Richtigstellung. Nicolas Sarkozy, der als unermüdlicher Tugendwächter aufzutreten beschlossen hat, möchte dafür sorgen, dass die Wahrheit gesagt wird. Den Politikerjargon abzulehnen, mit der protokollarischen Scheinheiligkeit zu brechen, die Dinge so zu sagen, wie sie sind, ist das nicht das wichtigste Zeichen der Aufrichtigkeit? Die Lüge wurzelt und ankert im Wort. Es gibt das Wort, das der Wahrheit nicht entspricht, das man hinter sich lassen muss, genauso wie es das wahre Wort gibt, das den Dingen treu ist. Die universelle Zustimmung suchend, hat Nicolas Sarkozy seinen Willen bekräftigt, sich in diese Tradition einzuschreiben. Mit einem Wort: zu »sagen, was er denkt«.

Aber welchen Wert hat das »Sagen, was man denkt« im Vergleich zum »Tun, was man sagt«? So verdienstvoll es ist, die Fallen des Diskursiven zu vermeiden, sprachliche Komödien und verschwörerische Sprachgesten zu denunzieren, so wichtig ist es auch, ein Verhalten aufmerksam zu beobachten, das sich allzu oft Tartuffe zum Vorbild genommen hat. Handeln ist wichtiger als reden, und das Sein ist wichtiger als das Tun. Kann man also an der Tatkraft einer Person zweifeln, die dazu auffordert, anders zusammen zu sein?

Tut Nicolas Sarkozy das, was er sagt? Glaubt er »aufrichtig«, dass Afrikas Jugend für den Geist des Okzidents offen bleiben, gemeinsam mit den Europäern die Spaltungen von gestern und die Verstimmungen der Vergangenheit überwinden kann, um entschlossen an einer gemeinsamen Zukunft zu bauen, wo er doch gleichzeitig und mit einer Vehemenz, die in der Geschichte ihresgleichen sucht, die Mobilität der Afrikaner unterbinden will, für die das Gastland Frankreich mehr als je zuvor seine Pforten geschlossen hat? Kann man zugleich ein echter Pyromane und eine aufrichtiger Feuerwehrmann sein? Öffnung kann oberflächlich sein, so wie Treue widerstrebend. Freundschaft kann diplomatisch sein, so wie Aufrichtigkeit opportunistisch. Alles geschieht, wie immer, im guten Glauben!

Die Nähe, die Ferne und die Menschheit

Die afrikanische Elite bejaht die Öffnung. Anders als die Rede von Dakar unterstellt, war der Kontinent immer offen. Heute kann er sich der niedrigsten Zollschutzmechanismen der Erde rühmen, hat allen Initiativen der Globalisierung gedient und ist in alle großen Kriege verwickelt gewesen – Afrika war, seit der Antike und dem Mittelalter, offen für den wirtschaftlichen und kulturellen

Austausch. Afrika war immer Teil der Weltgeschichte, und zwar, um darin Rollen zu spielen, die seinen Interessen häufig zuwiderliefen.

Die afrikanische Jugend weiß seit langem, dass es engstirnig und kleinmütig ist, sich auf sich selbst zurückzuziehen. Sie weiß seit langem, dass die Fenster, die die Geschichte öffnet, auch dazu dienen können, von zu Hause wegzukommen. Aber Öffnung ist eine Haltung, auf die man Lust haben muss. Die diplomatische Öffnung ist nicht jene, die von Herzen kommt oder einer spontanen Neigung entspricht.

Zusammen leben, »gemeinsam der Zukunft entgegenblicken«, setzt einen Wettstreit in Treu und Glauben voraus. Wie bei der Entwicklung der Liebe, wie bei treuen Verlobungen, wird die Nachhaltigkeit von Treu und Glauben und dem Willen beider Parteien, eine ansteckende Aufrichtigkeit um sich zu verbreiten, geschaffen. Für Beziehungen zwischen Staaten, genauso wie für solche zwischen Individuen, ist Vertrauen der Ausgangspunkt und erste Schritt und wird erst später von der Vertragstreue, einer gesetzlichen Bestimmung, gekrönt. Doch die Welle der Antworten und »Reaktionen« auf die Rede von Dakar zeugt vom Scheitern des neuen Präsidenten, als es darum ging, für den Dialog mit den Afrikanern ein Klima des Vertrauens zu schaffen.

Die Rede von Dakar verstört in ihren Umgangsformen, denn sie missachtet die Usancen und Minimalanforderungen der internationalen Höflichkeit. Auch die internationale Gemeinschaft besitzt ihre Höflichkeitsregeln. Wenn die Republik Senegal den Präsidenten der Republik Frankreich empfängt, dann bestimmt das Ebenbürtigkeitsprinzip die Umgangsformen und die Sprache, die ein Staat seinem Gast gegenüber anwenden muss, die Art und Weise, wie eine Autorität kommuniziert. Der Kunstgriff einer Tribüne, von der herab man sich direkt an die afrikanische Jugend, an ihre Elite, zu wenden vorgibt, ändert daran nichts. Zwischen zwei Republiken kann das Verhältnis nur ein institutionelles sein. Und die Souveränität verbietet den »belehrenden« und professoralen Ton der Rede, selbst wenn man in einem großen Hörsaal auftritt.

»Gemeinsam der Zukunft ins Auge sehen« heißt zunächst und

vor allem, einander Respekt zu zollen. Das Wort Respekt kommt in der Rede von Dakar übrigens häufig vor. Präsident Sarkozy sollte es billigerweise als Verhaltensvorschrift des Zusammenlebens in den heiklen Vierteln der Vorstädte einfordern. Doch gegenseitiger Respekt beschränkt sich nicht auf reine Toleranz.

Es geht darum, nicht nur gute Miene zum bösen Spiel zu machen, sondern eine positive Einstellung zu seinem Nächsten zu haben, auch über die »Toleranzschwelle« hinaus miteinander Umgang zu pflegen, eine ihrer selbst bewusste Liebe anzustreben. Das erwarten sich die afrikanische Jugend und die jungen Republiken, in denen sie lebt. Im Gegensatz zur Toleranz, die eine mindere Tugend ist, ist der Respekt eine authentische Haltung. Die Distanz des Respekts gleicht nicht jener der Toleranz. Die Toleranz ist misstrauisch, zurückhaltend wie die Verachtung, während der Respekt sich öffnet, ohne eine Annäherung zu wagen. Was den Respekt von der Toleranz unterscheidet, ist gerade die Aufrichtigkeit.

Eine respektvolle Ansprache ist wie eine tolerante immer indirekt. Aber die eine ist aufrichtig und ehrlich, während die andere verschlungen und scheinheilig ist. Respekt ist Hoffnung, während Toleranz keinerlei Gefühlskomponente oder Zielgerichtetheit besitzt. Die respektvolle Distanz schützt genauso wie die ihr entsprechende Anredeform, das »Sie«. Es ist die natürliche Sprache der Republiken, Nationen und Völker, weil bei solchen Gelegenheiten unsere Adressaten Legion sind, entsprechend den staatlichen Gemeinschaften, die wir repräsentieren und die uns wechselseitig Distanz abverlangen. Ein Land, eine Republik, ein Volk spricht man nicht in derselben Weise an wie ein Individuum. Die höfliche Anrede des Respekts belässt denjenigen, dem sie gilt, immer auf seinem Ehrenplatz. Das ist zugleich der Grund für den höflichen Plural, den man im Umgang mit Institutionen anwendet, da man mit »Wesenheiten«, die größer sind als wir selbst, nicht per Du verkehrt.

Aber ist das Respekt, wenn man dem Gastgeber, der einem die Tür öffnet und seine Gastfreundschaft anbietet, Lektionen über sein Unglück, seine Unredlichkeit und seine Schwächen erteilt? In diesem Fall wäre die einfachste Höflichkeit noch vor dem hehren

Respekt, der religiösen Pflicht oder vornehmen Umgangsformen einzufordern.

Schon das Buch *Jesus Sirach* der jüdischen Tradition, das vermutlich gegen 180 vor unserer Zeitrechnung von Ben Sira geschrieben wurde, hat die Formen, wie mit Gastfreundschaft umzugehen ist, kodifiziert. Der Gast darf keine Ungeduld zeigen, soll Mäßigung an den Tag legen und nicht die Aufmerksamkeit auf sich lenken. Die Rede von Dakar hat die Regeln des Wohlverhaltens verletzt. Sie hat es nicht verstanden, die »Kultur des Tabakkonsums«[144] zu wahren, die Molière gelobt hat und die verlangte, dass man unter zivilisierten Menschen Zeichen gegen Zeichen, Wort gegen Wort und Höflichkeit gegen Höflichkeit tausche. Don Juan wurde zum steinernen Mahl geladen, weil er diese heiligen Prinzipien verletzt hat.

Selbst wenn man das Wort Respekt nicht verwenden wollte, wäre es nicht möglich, schlichte Gegenseitigkeit in Erwägung zu ziehen? Nicolas Sarkozy sagt uns: Im Guten wie im Bösen haben die Afrikaner und die Europäer eine Veränderung erfahren, in deren Namen er tausend Dinge von den Afrikanern und nichts von den Europäern verlangt. Die Afrikaner sollen sich Europa angleichen, sich öffnen und das Universum ihrer überlieferten Mythen aufgeben. Freilich, so könnte man einwenden, hat er sich an die »afrikanische Jugend« gewandt. Wie oft aber hatte Sarkozy Gelegenheit, zur Jugend seines Landes, seines Kontinents zu sprechen, ohne dass er sie je aufgefordert hätte, den Eurozentrismus aufzugeben und sich für den Anderen zu öffnen?

Jedenfalls bleibt anzuerkennen, dass Afrika laut der Rede von Dakar der Welt etwas geben kann: »Rhythmus«, »Schönheit«, »Emotion« … kurz, Exotismus und Unterhaltung! Selbst Renan ist da großzügiger, wenn er in seiner *Réforme intellectuelle et morale* den Afrikanern eine weniger spielerische Berufung zuweist:

144 Molières Komödie *Dom Juan ou le Festin de pierre* beginnt mit einer Tirade der Dienerfigur Sganarelle, in der dieser die positive Wirkung des Tabakkonsums auf ein höfliches und großzügiges Verhalten preist (Anm. der Übers.).

> Die Natur hat eine Arbeiterrasse geschaffen, das sind die Chinesen […], eine Bauernrasse, das sind die Neger […], eine Herren- und Soldatenrasse, die Europäer.

In Bezug auf den Exotismus sind so ungewöhnliche Wendungen wie die von der »afrikanischen Seele« festzuhalten, die mehrfach im Text vorkommt, ohne dass man erführe, was sie ausmacht. Hat sich der Präsident auch nur einen Moment gefragt, was die »französische« oder die »europäische Seele« ausmachen könnte, wenn man die ausgetretenen Pfade des faschistischen oder fundamentalistischen Diskurses verlässt? Die Seele, die Rasse, die Biologie, die Natur tauchen nach fünf Jahrhunderten wieder auf, nachdem sie so viele gute Leute inspiriert hatten, z.B. den berühmten Gobineau: »Jede Kultur leitet sich von der weißen Rasse ab …«. Gobineau fährt fort mit einer Widmung an Georg V., den letzten König von Hannover:

> Was immer es auf der Erde in den menschlichen Schöpfungen, der Wissenschaft, der Kunst, der Kultur an Großem, Vornehmem, Fruchtbarem gibt, bringt den Beobachter zu einer einzigen Wurzel zurück […], deren verschiedene Triebe die zivilisiertesten Gegenden der Welt regiert haben.

Ungewöhnlich ist auch das »erste Geheimnis Afrikas«, das in den ersten Zeilen von Sarkozys Rede auftaucht: das Geheimnis der Afrikaner,

> die sich alle grundlegend voneinander unterscheiden, nicht dieselbe Sprache sprechen, nicht dieselbe Religion, nicht dieselben Bräuche, nicht dieselbe Kultur […] haben; und dennoch erkennen und anerkennen sie einander als Afrikaner.

Wie erstaunlich, dass ein Franzose sich über diese Realität wundert, die dieselbe Vielfalt aufweist, die auch in Frankreich zu finden ist! Frankreich ist ein Mosaik aus Regionen, Teilregionen, Klimazonen und Kulturen, es besitzt keine physische, wirtschaftliche oder kulturelle Einheit – noch weniger eine sprachliche. In diesem Frankreich hat es keinen Sinn zu sagen, man wohne im

Massif Central oder in den Alpen, solange man nicht den Ort präzisiert. Jeder Ort, jede Klimazone besitzt Eigenheiten. Ein kleiner Höhenunterschied, die Lage der Abhänge, eine Differenz in der durchschnittlichen Regenmenge machen gewaltige Unterschiede aus. Und die Verschiedenheit ist nicht nur klimatischer, sondern auch soziologischer Natur, weil jede französische Stadt, jedes Dorf eine eigene soziale Zusammensetzung hat.

Das gilt erst recht für die Kultur. Die Aufteilung Frankreichs in die Gebiete der *langue d'oc* und der *langue d'oïl* verstellt den Blick für eine Fülle von Sprachen. Angesichts dieser Fülle hat das Direktorium des Département de la Corrèze am 1. Dezember 1792 die Nützlichkeit einer Übersetzung der Erklärung der Menschenrechte bezweifelt. Und der Revolutionär Bertrand Barère hatte nicht Unrecht, als er die Vielfalt der Dialekte zu einem Hindernis für die Verbreitung des »Bürgergeistes« erklärte. Abbé Grégoires Bericht an die Konvention zählte allein im Frankreich des Jahres 1790 mehr als dreißig Dialekte auf. In diesem Frankreich variiert die Sprechweise der Gascogne, die sich deutlich von der des Languedoc und der Provence unterscheidet, ihrerseits auf den beiden Flussufern.[145] Wenn man im Norden von Dijon nach Beaune oder nach Chalon im Morvan fährt, gelangt man von einer burgundischen Sprachvariante zur anderen.

Die Vielfalt geht in Frankreich noch über den Bereich der Sprache hinaus. Mitten im Jahrhundert der Aufklärung, als Frankreich mit seinen vereinten Franzosen sich anschickte, dem Rest der Welt ein Beispiel zu geben, war es noch ein Land der Partikularismen, in dem Gebräuche, Folklore, Kleidung, Sprichwörter und Erbschaftsregelungen schon über sehr kurze geografische Entfernungen Unterschiede aufwiesen. »Afrikas Geheimnis« ist somit eins, das es zumindest mit Frankreich teilt!

Und dann die Widersprüche, kalt-warm auf einmal. Von:

145 Tatsächlich bildet die Garonne die Grenze zwischen dem Gaskognischen und den Dialekten des Languedoc (Anm. der Übers.).

> Ich bin gekommen euch zu sagen, dass der moderne Mensch, der sich mit der Natur wieder versöhnen will, sehr viel vom afrikanischen Menschen lernen kann, weil dieser seit Tausenden von Jahren in Symbiose mit der Natur lebt,

bis zu:

> Das Problem Afrikas besteht darin, dass dieser Kontinent [...] sich verdeutlichen muss, dass das goldene Zeitalter, dem er unentwegt nachtrauert, nicht mehr wiederkehrt, ganz einfach weil es nie existiert hat [...]

Wie soll da der scharfsinnigste Dialektiker nicht in Verwirrung geraten?

Und endlich kommt es zum Höhepunkt:

> Das Drama Afrikas besteht darin, dass der afrikanische Mensch nicht ausreichend in die Geschichte eingetreten ist. [...] Niemals schwingt sich da der Mensch auf zur Zukunft. Niemals kommt es ihm in den Sinn, aus der Sphäre der Wiederholung heraus zu treten, um sich eine eigene Bestimmung zu erschließen. [...] Das Problem Afrikas besteht darin, dass dieser Kontinent die unablässige Wiederholung, das unablässige Wiederkäuen des Selben aufgeben, sich vom Mythos der ewigen Wiederkehr befreien muss. [...].Ihr jungen Afrikaner, hört nicht auf jene, welche unter Berufung auf die Tradition den Austritt Afrikas aus der Geschichte betreiben, denn ein Afrika, in dem sich nichts mehr ändern darf, wäre erneut zur Knechtschaft verdammt.

Also sprach Nicolas Sarkozy!

Wenngleich emphatischer, hat Hegel in den *Vorlesungen über die Philosophie der Geschichte* nichts anderes gesagt:

> [...] Afrika ist, soweit die Geschichte zurückgeht, für den Zusammenhang der übrigen Welt verschlossen geblieben; es ist das in sich gedrungene Goldland, das Kinderland, das jenseits des Tages der selbstbewussten Geschichte in die schwarze Farbe der Nacht gehüllt ist.

Hegel ist lyrischer, aber auch konsequenter als Sarkozy:

> Was wir eigentlich unter Afrika verstehen, das ist das Gesichtslose und das Unaufgeschlossene, das noch ganz im natürlichen Geist befangen ist und das hier bloß an der Schwelle der Weltgeschichte vorgeführt werden muss.[146]

Es ist die philosophische Synthese, die die *Vorlesungen über die Philosophie der Geschichte* von der Rede von Dakar unterscheidet. Hegel verurteilt Afrika auf der Basis dreier zumindest fragwürdiger theoretischer Gewaltstreiche: zunächst, dass es eine Universalgeschichte gebe, in die alle Verläufe, alle Regionalgeschichten einmünden würden; ferner, dass diese Universalgeschichte die Zweckbestimmung besitze, einen Sinn, ein Absolutes, einen universellen Geist hervorzubringen; und schließlich, dass innerhalb der Regionalgeschichten Hierarchien und Abstufungen existierten. Das entsprach dem Moment der Säkularisierung der christlichen Philosophie. Afrika hat die Kosten dieses Projekts einer rund um Europa und allgemeiner den Okzident zu verortenden universellen Kultur getragen. Afrika war gemäß den Seiten, die ihm in den *Vorlesungen über die Philosophie der Geschichte* gewidmet werden, unfähig, in »die Universalgeschichte einzutreten«, unfähig zur Entfaltung von Initiative, unfähig, sich der Welt zu öffnen … Wortwörtlich wird das in der Rede von Dakar aufgegriffen, so wie auch Mircea Eliade zitiert wird, wenn auch versteckt und schlecht gelesen. Für den Text eines französischen Präsidenten ist das entschieden zu viel.

Gerade von Hegel kann man lernen, dass die Geschichte überzeugender ist als die Philosophie, diese Eule der Minerva, die erst spät zum Flug ansetzt. Um das Register zu wechseln, zitieren wir einen der berühmtesten Historiker der Welt, Yves Coppens, um zu erfahren, ob Afrika in die Geschichte eingetreten ist:

146 Das zweite (französische) Zitat, das Ibrahima Sall anführt, konnte im Hegel-Text nicht gefunden werden und wurde von der Übersetzerin durch ein ähnliches ersetzt.

Das Auftauchen denkender Materie, nach einer vier Milliarden Jahre währenden Geschichte der lebenden Materie und fast fünfzehn Milliarden Jahre Geschichte toter Materie, diese erste Emergenz der denkenden Materie ereignet sich zum ersten Mal in der Welt in Afrika. Afrika hat an der Schöpfung des modernen Menschen zumindest Anteil gehabt, wenn es ihn nicht überhaupt geschaffen hat.

Was Afrikas Beitrag zur Weltgeschichte betrifft, hätte ich auch die Arbeiten des Vaters jener Universität zitieren können, die Präsident Sarkozy Gastfreundschaft erwiesen und eine Tribüne geboten hat, jenen Sänger der afrikanischen Renaissance, der in der Rede von Dakar merkwürdigerweise nicht genannt und vergessen wird. Ich ziehe jedenfalls Yves Coppens Cheikh Anta Diop vor, schon wegen der sympathischen Kindheitsgeschichte, die er erzählt und die ihn mit seiner Mutter zeigt:

»Was wirst du machen, wenn du groß bist?«
»Wenn ich groß bin, werde ich Negersoldat!«, antwortete ich mit der mangelnden Korrektheit meines Alters.
Meine Mutter antwortete mir damals:
»Soldat vielleicht schon, aber Neger, das geht nicht!«

Diese Geschichte illustriert, was ein Kontext, ein Geisteszustand oder vielmehr eine hermeneutische Situation ist. Die bewundernswerten Soldaten, die die Aufmerksamkeit des Kindes Coppens auf sich ziehen, diese tapferen Männer, die Afrika aufgestellt hat, manche von ihnen – um beispielhaft zu wirken – aus den vornehmsten Adelsfamilien, diese Männer, von denen ein Großteil nicht heimgekehrt ist, werden in der Rede von Dakar schlicht Tote ohne Begräbnis: »Afrikaner, die in den europäischen Kriegen gestorben sind«, wie Wellen, die an die Strände branden, wie die illegalen Einwanderer, die in der Tiefe des Meeres »den Tod suchen«. Welche Dankbarkeit! Pindar, wenn er noch lebte, würde erschauern …

Ein Regenbogen neuer Gesichter

Die notwendige Schlussfolgerung lautet, dass die Rede von Dakar der Vergangenheit verhaftet ist. Gewiss, Hegel. Auch Jean-Jacques Rousseau: »Die einzigen Menschen, die wir kennen, sind Europäer.« Und François Mauriac: »die am meisten nach Idolen gierende Rasse«. Mit anderen Worten: Der Westen hat uns diesen archaischen Diskurs, der den Afrikanern schon lange in den Ohren klingt, »bis zum Überdruss« vorgesetzt, um einen Nicolas Sarkozy lieb gewordenen Ausdruck aufzugreifen. Dieselben Wörter, dieselben Ideen, dieselben Vorurteile und dieselben Argumente, die bereits vor der französischen Nationalversammlung Verwendung fanden, und zwar anlässlich der berühmten Parlamentsdebatte am 29. Juli 1885 über Tongking:[147]

> Jules Ferry, Regierungschef und Ratsvorsitzender: »Meine Herren, wir müssen darüber lauter und realistischer sprechen! Wir müssen offen sagen, dass die überlegenen Rassen ein Recht gegenüber den unterlegenen besitzen …«
> Jules Maigne: »Was! Sie wagen das in dem Land zu sagen, in dem die Menschenrechte erklärt wurden?«
> De Guilloutet: »Das ist ja eine Rechtfertigung der Sklaverei und des Handels mit schwarzen Menschen!«
> »Wenn der Abgeordnete Maigne recht hat, wenn die Erklärung der Menschenrechte für die Schwarzen in Äquatorialafrika verfasst wurde, mit welchem Recht wollen Sie ihnen dann Austausch und Handel aufzwingen? Sie haben Sie nicht gerufen … Ich wiederhole, dass die überlegenen Rassen ein Recht besitzen, weil ihnen auch eine Verpflichtung auferlegt ist. Sie haben die Verpflichtung, die unterlegenen Rassen zu zivilisieren …«

Amen. Es gibt unzählige solcher Äußerungen zu dieser Zeit. Noch heute beflügeln und nähren sie die Überheblichkeit und den Paternalismus, die die internationale Zusammenarbeit nach wie vor charakterisieren. Präsident Sarkozy beruhigt:

147 Tongking, frz. Tonkin, die nördlichste Provinz des heutigen Vietnam und ehemals Teil der »Indochine française« (Anm. der Übers.).

> Afrika will, was Frankreich will, nämlich: Kooperation und Zusammenschluss, Partnerschaft zwischen Nationen, die gleich an Rechten und Pflichten sind.

Großartig! Afrika bleibt leider auch weiterhin die einzige Gegend der Welt, in der Politik und Reformen von außen bestimmt, in der wirtschaftliche Partnerschaftsabkommen mit an die Kehle gesetztem Messer diskutiert werden. Für die Generationen von Afrikanern, die seit Jahrzehnten dafür kämpfen, von Hilfe unabhängig zu werden, die Hilfsmechanismen transparent zu gestalten und in Eigenverantwortlichkeit die notwendigen politischen Reformen durchzuführen – was ist für diese Generationen ermutigender als dieses großartige Versprechen? Wie viele Afrikaner träumen nicht davon, eines Tages respekt- und vertrauensvolle Beziehungen zu den internationalen Organisationen aufbauen zu können? Ja, Herr Präsident. Es wird Afrika eine Ehre sein, Sie während Ihrer Regierungszeit in diesem Kampf an seiner Seite zu wissen …

Die Politik des Zivilisierens ist also dieselbe geblieben. Wie könnte es anders sein, wenn doch Kultur immer auch Barbarei voraussetzt? Zum Beispiel an den Grenzen, seien es die des Landes, des Meeres oder der Vorstädte. Diese Politik setzt voraus, dass das Universelle bei den einen verwirklicht sei, bei den andern jedoch fehle. Sie verkennt die wahre Natur des Universellen, das zuerst ein Bund, ein Verhältnis, eine Beziehung zwischen Wesen gleicher Würde darstellt, die alle beim Austausch nur gewinnen können.

Der Rede von Dakar, der Rede eines treuen und aufrichtigen Freundes, mangelt allzu sehr das Vertrauen. Vertrauen, Glaube und Treue haben denselben Ursprung, nämlich Glaubwürdigkeit. Freundschaftsbeziehungen beruhen genauso wie die bescheidenen Kooperationsbeziehungen auf dem Postulat von Treu und Glauben, dem zufolge Undankbarkeit und Lüge niemals über Vertrauen und Glaubwürdigkeit siegen können. Die Treue zu gerechten Grundsätzen und den Kardinaltugenden der Freundschaft bewahrt uns davor, kleinkrämerisch zu leben. Ist das nicht eine der ersten Bedingungen für die Aufforderung Nicolas Sarkozys, »gemeinsam der Zukunft ins Auge zu sehen«?

Die Rede von Dakar ist gewiss interessant. Sie erinnert uns daran, dass der Kampf für die Würde Afrikas kein vergeblicher ist, dass er sogar äußerst aktuell ist, notwendig und dringend. So notwendig und dringend wie die Suche nach neuen Handelsmodalitäten und nach freundlichen und von Zuneigung geprägten Umgangsformen zwischen Nationen und Völkern.

Anstelle einer Politik des Zivilisierens gilt es also, eine Politik des konkret Universellen zu entwerfen, die drei Voraussetzungen hat. Erstens, das Universelle ist ein Projekt, ist Bewegung, Dialektik und Lernprozess. Zweitens, es setzt ein Infragestellen des Eigenen und seiner Prämissen voraus. Und drittens, dieses Universelle liegt in der Verbindung und Interaktion von Singularitäten. Anders gesagt, das Universelle ist ein Wert. Es liegt in der Verbindung, nicht in einem Einzelnen. So formuliert, kann das Universelle nur mehrdeutig sein, in dem Sinn, dass jede Singularität sowohl reich als auch arm ist. Aufgrund seiner Geschichte und seines Geistes ist keine Nation besser geeignet als Frankreich, diese Politik des Universellen zu beseelen, zu beleben und zu verwirklichen – vorausgesetzt, sein Herz und sein Auge sind der Größe der Welt angemessen!

Übersetzt von Birgit Wagner

Ein Hauptgrund für die Leiden Afrikas: die eurozentrischen Afrikadeutungen

Théophile Obenga

Théophile Obenga ist Professor für Altägyptisch, vergleichende Sprachwissenschaft und Alte Geschichte der Kulturen. Er hat an mehreren Universitäten Afrikas unterrichtet (in den Ländern Republik Kongo, Demokratische Republik Kongo, Elfenbeinküste, Zentralafrikanische Republik, Gabun) sowie in den USA (Philadelphia, San Francisco). Er hat zahlreiche Bücher und Artikel verfasst und leitet die Zeitschrift für Ägyptologie und afrikanische Kulturen ANKH. Seine wichtigsten Werke (Auswahl):

1985, *Le Bantu. Langues – Peuples – Civilisations*, Paris, Présence africaine.
1990, *La philosophie africaine de la période pharaonique*, Paris, L'Harmattan (2004, African Philosophy, Popenguine/Senegal, Per Ankh).
1993, *Origine commune de l'égyptien ancien, du copte et des langues négro-africaines modernes. Introduction à la linguistique historique africaine*, Paris, L'Harmattan.
1995, *La géométrie égyptienne. Contribution de l'Afrique antique à la mathématique mondiale*, Paris, L'Harmattan/Khepera.
1996, *Cheikh Anta Diop, Volney et le Sphinx. Contribution de Cheikh Anta Diop à l'historiographie mondiale*, Paris, Présence africaine/Khepera.
2005, *L'Égypte, la Grèce et l'École d'Alexandrie. Histoire interculturelle dans l'Antiquité. Aux sources égyptiennes de la philosophie grecque*, Paris, L'Harmattan/Khepera.

Man darf davon ausgehen, dass die afrikanische Intelligenz von heute seit einigen Jahrzehnten an einem entscheidenden Punkt angelangt ist. Nunmehr ist sie fähig, im Zeichen der Autonomie hervorzutreten und die eigenen Werte im Interesse der afrikanischen Völker auf vorbildliche Weise zu verteidigen. Daher die zahlreichen Reaktionen auf die vom Präsidenten der französischen Republik am 26. Juli 2007 in Dakar coram publico gehaltenen Rede. Der folgende Kommentar reiht sich in die durch allseitige Ablehnung gekennzeichneten Reaktionen der Afrikaner ein. Allerdings soll die Betonung auf einem Grundproblem liegen, nämlich dem des Paradigmas eines eurozentrischen Afrikanismus, wie er seit Jahrhunderten existiert und die Rede des Präsidenten vom Anfang bis zum Ende inspiriert hat.

Die vom eurozentrischen Afrikanismus vertretene Epistemologie spricht den Afrikanern jeden Sinn für Verpflichtung und Verantwortlichkeit in der Geschichte der Menschheit ab. Dasselbe Paradigma schlägt dem Maghreb eine privilegierte Partnerschaft mit der Europäischen Union vor, die mediterrane Union. Für das subsaharische Afrika gilt in der Sicht des eurozentrischen Afrikanismus – ohne Rückfrage bei den Betroffenen – das Prinzip Eurafrika. Dahinter stecken nur politische Tricks – das ist das Schlimme an der Sache.

Die üble Inszenierung des Aufbruchspräsidenten

Wie es scheint, sind die Schachfiguren gut platziert: eine politische Elite, die sich an das Schneckenhaus der Formaldemokratie klammert, ohne Kontakt zu den eigentlichen Problemen; Bauern im Dienst einer exportorientierten Landwirtschaft, auf fortschrittliche Methoden verzichtend; gewerkschaftlich kaum organisierte, an Hungerlöhne gewöhnte Arbeiter; von den Illusionen der Globalisierung besessene Staatsbeamte; junge Menschen ohne Zahl, gelähmt von Verzweiflung und Arbeitslosigkeit …

Auf diese Weise ist alles geregelt, damit das Ausbluten Afrikas im Rahmen der Fiktionen weitergehen kann: »gemeinsame Entwicklung«, »Nord-Süd-Dialog«, »neue Partnerschaft«, »Frankoafrika«, »Entschuldung Afrikas« usw. Nicht einmal die Affen in unseren Wäldern glauben noch daran.

Allenfalls fehlt in dieser globalen Inszenierung noch ein Element, nämlich die studentische Jugend Afrikas, also die bald fällige Wachablöse. So konnten die Afrikanisten des Elyséepalastes den Präsidenten der Republik überzeugen: Da die traditionellen »Hinterhöfe« von Unfähigkeit, wenn nicht gar von Korruption heimgesucht werden, muss »Frankreich im Zeichen von Bruch und Aufbruch« vor die afrikanische Jugend hintreten, um das Spiel Europas in Afrika abzusichern. Als politischer Stratege, vom Erfolg beflügelt, hat der Präsident auf seine Ratgeber gehört und sich nach Dakar begeben, freilich ohne sich vorher von den alten Mythologien des eurozentrischen Afrikanismus gelöst zu haben.

Und das Vorhersehbare geschah. Doch intellektuelle Arroganz ist heutzutage keineswegs eine Tugend.

Felix culpa

Die Rede des Präsidenten, rasch zusammengeschrieben, ist wortreich, aber banal und platt, fast langweilig. Da gibt es zu viele Wiederholungen. Kein Stilelement, keine Überlegung, die nachdenklich machen könnten. Aber inhaltlich ist dieser Diskurs keineswegs harmlos, und die politische Absicht verrät extremen Autoritarismus. Frankreich reicht seine Hand einer afrikanischen Jugend, die sich gemäß den Wünschen der politischen Machtträger Frankreichs organisieren soll, gibt es doch für die afrikanischen Völker im 21. Jahrhundert keinen anderen Weg als den zu Eurafrika.

Mit keinem Wort, nicht einmal mit einer flüchtigen Anspielung, erwähnte der Präsident der französischen Republik die Afrikanische Union, den Panafrikanismus, die Bewegung *Renaissance africaine*, das Bundesstaatprojekt für den afrikanischen Kontinent, den afrikanischen Patriotismus. Selbst wenn es um einfache Dinge ging, geriet der Präsident auf Abwege und ließ die universellen Traditionen der Höflichkeit und der Gastfreundschaft bewusst außer Acht. Die Universität Dakar trägt einen Namen, den der Präsident – in verbohrter Geringschätzung – nicht ein einziges Mal aussprach. Der Gouverneur einer Kolonie von einst hätte es besser gemacht.

Hier wurde offensichtlich ein schwerer politischer Fehler begangen, zu seinem Schaden, aber zum Glück für die afrikanische Intelligenz, die sich plötzlich alarmiert und beunruhigt zeigte, sich Fragen stellte über die Zivilisation und ihre Pflichten.

Pflicht und Zivilisation

In einem außerordentlich tiefschürfenden Text mit dem Titel *Hind Swaraj*, verfasst 1909, neu veröffentlicht 1997, übersetzbar als *Innere Richtlinie für Indien*, versteht Mahatma Gandhi unter »Zivilisation« alles, was dem Menschen den Weg zur Pflicht (*farajj*) weist.

Wenn ein Volk, eine Nation, ein Staat sein kulturelles Gedächtnis teilweise oder ganz verliert, und damit seinen Geschichtsbezug und sein Zivilisationsbewusstsein, dann verlieren sie auf nicht minder dramatische Weise das Bewusstsein ihrer Verpflichtungen im Rahmen der Menschheitsgeschichte. Pflicht und Verantwortung sind zwei Forderungen der Zivilisation. Verantwortungslosigkeit ist Barbarei, Fehlen von Pflichtbewusstsein. *Civilisation et barbarie* – das ist der Titel eines bedeutenden Werks von Cheikh Anta Diop: Die Barbarei voranzutreiben und sich selber im Sinne der Barbarei zu entwickeln, das ist kein guter Weg. Die Menschen sind umso glücklicher, je mehr sie sich im Sinne der Zivilisation als Übernahme von Pflicht und Verantwortung entwickeln.

Um seine Interessen abzusichern, hat sich der Westen seit Jahrhunderten mit allen Mitteln bemüht, den Schwarzen Afrikas jegliches Gefühl für Verpflichtung und menschliche Verantwortung auszutreiben.

Die Rede des Präsidenten der französischen Republik ist rundum destruktiv: Gebt eure Mythen auf und bekehrt euch zur Pflichterfüllung, zur Verantwortung, zur Zivilisation, zur Geschichte, indem ihr euch von Frankreich, Europa, dem Westen helfen lasst. Wahrlich, Frankreich wird die Neger Afrikas die Universalität lehren und damit einen Grundstein für ihre Vervollkommnung legen, dort, wo sie heute auf naturhaft-unreflektierte Weise ihr Leben fristen.

Im Wesentlichen präsentiert sich die Rede des Präsidenten der französischen Republik als ideologische Variante des eurozentrisch-afrikanistischen Paradigmas, dessen Wurzeln in den Werken der größten Geister Europas zu finden sind.

Historische Grundlagen der eurozentristischen Afrikadeutung von heute

Orientalismus, Evolutionismus, Funktionalismus, Primitivismus, Diffusionismus, Strukturalismus usw. – alle eurozentristischen Afrikadeutungen sind Ausprägungen eines lebendigen westlichen Rassismus, dessen geschichtliche, juridische und philosophische Grundlagen hier im Überblick dargestellt werden sollen.

In seinem Werk *L'esprit des lois*, das im Westen von großem Einfluss war, stellte Montesquieu (1689–1755) fest, dass der afrikanische Neger weder Verstand noch Vernunft besitzt, was schlicht und einfach daher komme, dass seine Haut von Kopf bis Fuß schwarz ist. Daraus folgert er allen Ernstes, dass man die Menschenwürde nicht herabwürdigt, wenn man aus dem Neger einen Sklaven macht, ein Tier, das Rohrzucker und andere wichtige Lebensmittel für den Westen produziert. So wird das afrikanische Menschenwesen mit schwarzer Haut seitens des Westens aus der Menschheit ausgeschlossen, als Rechtfertigung der Sklaverei und des Handels mit Schwarzen.

Voltaire (1694–1778) hat als Erster darauf hingewiesen, dass man durch Schädelmessungen (*craniométrie*) anhand der erzielten Indices und des Alters eines Menschen den Intelligenzquotienten ermitteln kann. Die Intelligenz eines Menschen zu ermitteln, indem man sich auf craniometrische Verfahren stützt, ist schlicht und einfach illusorisch. Aber Voltaire ist überzeugt, dass ein vergleichendes Verfahren zwangsläufig zeigen wird, dass der afrikanische Schwarze, was seine Intelligenz betrifft, dem europäischen Weißen weit unterlegen ist. Daher sind Sklaverei und Handel mit Schwarzen in der Neuen Welt keine wirkliche Schmach für die Menschheit, hat man es doch mit inferioren, unintelligenten Wesen zu tun. Alles nur für die beste aller Welten. Die Hirngespinste der *Bell Curve* einer gewissen amerikanischen Psychologie der 90er Jahre[148] gehören zum selben rassistischen Paradigma.

In seinen moralischen, politischen und literarischen *Essais* (1777) behauptet Hume (1711–1776), er sei in der Lage, »zu vermuten, dass die Neger *von Natur aus* den Weißen unterlegen sind«.[149] Daraus folgt: Bei den Negern Afrikas gibt es keine zivilisierte Nation; kein Individuum, das sich durch Tat oder Planung auszeichnet; keine von Erfindungsgeist geprägten Manufakturen,

148 Vgl. Herrnstein, Richard/Murray, Charles, 1994, *The Bell Curve – Intelligence and Class Structure in America,* New York, Free Press (Anm. des Übers.).

149 David Hume, 1999, *Essais moraux, politiques et littéraires* (1777), Paris, Éditions Alive, 2676. Die Hervorhebung ist von mir. Das Axiom führt in die Irre, da die Natur dem afrikanischen Neger keineswegs Intelligenz, Geschick, Erfindungsgeist, schöpferische Kraft und Denkfähigkeit verweigert hat.

keine Künste, keine Wissenschaft. Woher kommt nun diese Inferiorität? Die Natur ist es, die ursprünglich einen Unterschied zwischen den Menschenrassen eingeführt hat, indem sie den Negern noch den geringsten Ansatz zum Erfindungsgeist verwehrte, die Fähigkeit zur Nachahmung vielleicht ausgenommen.

Kant (1724–1804) nimmt Humes Argumente in seinen *Beobachtungen über das Gefühl des Schönen und Erhabenen* (1764) wieder auf, indem er schreibt: »Die Neger Afrikas haben *von Natur aus* [ich hebe hervor, T.O.] kein Gefühl, das sich über das Niveau des Kindlichen erhebt«. Die schwarze Farbe der Haut sei ein Zeichen minderer Begabung. Zugleich seien die intellektuellen Fähigkeiten geringer oder fehlten ganz. Gemäß der Anthropologie Kants haben alle Farbigen, und ganz besonders die afrikanischen Neger, einen spezifischen Geruch, der auf ihre extreme Gefühlsstärke verweist sowie auf ihre unkontrollierbare Sexualität. Ein System von Primärinstinkten verbindet den afrikanischen Neger mit der Natur, so wie dies beim Tier der Fall ist.

In dieselbe Familie von rassistischen Denkern gehört auch Hegel (1770–1831). Immer ist es die Natur, die der Inferiorität der schwarzen Rasse Afrikas zugrunde liegt. *Der Neger* ist zu definieren als *natürlicher Mensch in seiner ganzen Wildheit und Unbändigkeit*, bereit zu Gewalt und Willkür.

Wie steht es mit der Sklaverei, welche Position nimmt Hegel ein, welche Logik wendet er an? *Die Sklaverei*, räumt Hegel ein, *ist an und für sich Unrecht, denn das Wesen des Menschen ist die Freiheit.* Im Falle des rohen, naturhaften, wilden, ungebärdigen, gewaltbereiten und launischen (also unzivilisierten) Negers ist die Sklaverei allerdings eine notwendige Etappe oder Phase, ein *Moment der Erziehung und Bildung* des Sklaven in der Obhut des Herrn. Der Sklave lernt von seinem Herrn die Freiheit. Daher ist die Sklaverei als pädagogisches Element gut und ersprießlich. So erhält das Verbrechen gegen die Menschlichkeit bei Hegel eine falsche Rechtfertigung.

Bei wem aber lernt der Herr Lehrer, frei zu sein? Wer ist der Lehrer des Lehrers? Alle eurozentristischen Epistemologen und Afrikanisten von heute stammen von Montesquieu, Voltaire, Hume, Kant und Hegel ab.

In Dakar, am 26. Juli 2007, hat der Präsident der französischen Republik die ganze westlich-rassistische Afrikaideologie in eigener Sache aufgewärmt. Er hat keinen der rassistischen Autoren berichtigt, weder Montesquieu noch Voltaire, Hume, Kant oder Hegel. So hat sich der Präsident aus eigenem Antrieb in die lange Tradition des Vorurteils und der Ignoranz gegenüber Afrika und den schwarzen Menschen dieses Kontinents hineingestellt.

Die rassistische Immigrationspolitik des Präsidenten entspricht seiner Mentalstruktur, seinen Emotionen, seinem von massiven Vorurteilen genährten Intellekt. Immigration im Zeichen der Selektion, jeder Fall wird geprüft, Prinzip der parallelen Entwicklung. So bewirkt der Präsident eine nicht ungefährliche Trübung des Frankreichbilds der frankophonen AfrikanerInnen – aufgrund seiner Ignoranz, Voreingenommenheit, Kritiklosigkeit und rassistischen Afrikaideologie.

Es wäre ein Leichtes für ihn gewesen, bei Jean-Jacques Rousseau (1712–1778) nachzulesen. Der Autor des *Contrat social* war nahezu der einzige Intellektuelle der Aufklärung, der zur selben Zeit, als Colberts *Code noir* noch in Kraft war, die Gleichheit aller Menschen verfocht und in logischer Folge die Sklaverei als ein Verbrechen gegen die Menschheit betrachtete. Nichts, rein gar nichts rechtfertigt für ihn den Ausschluss eines menschlichen Wesens aus der Menschheit. Die Afrikanisten des Elyséepalastes aber zogen die eurozentristischen Anthropologen vor: Lévy-Bruhl, Franz Boas, Paul Radin, Lévi-Strauss im Gefolge von Montesquieu, Voltaire, Hume, Kant und Hegel. Diese Anthropologen haben mit Hilfe ihrer Lehrstühle und Schulen Mythen erschaffen, die als Wissenschaft gelten sollten.

Die Erschaffung anthropologischer Mythen durch alle westlichen Richtungen der »Afrikastudien«

Auf der Grundlage massiver Vorurteile hat die eurozentristische Afrikaideologie Mythen erschaffen, die ein klares Verständnis der allgemeinen Geschichte Afrikas blockiert haben. Manche von uns afrikanischen Intellektuellen sind immer noch gelähmt durch die kulturellen Grenzen, die der eurozentrische Afrikanismus gezogen hat. Hier einige dieser von der afrikanistischen Ideologie erzeugten Mythen:

Der Mythos von Elam. Elam, das alte Königreich in Südwestasien, auf dem Gebiet von Khusistan im Südwesten des heutigen Iran, soll eine fundamentale Rolle bei der Entstehung des pharaonischen Ägypten gespielt haben. Die Ägyptologin des Louvre, Christiane Ziegler, greift im Jahre 2002 den elamitischen Mythos kurzerhand wieder auf.[150] Dabei lassen die Ausgrabungen in der Hauptstadt Susa nichts Pharaonisches erkennen: keine Hieroglyphen, keine Mumien, keine Pyramiden, keine einfachen Kämme mit breiten Zähnen. Nicht minder aus der Luft gegriffen ist der Mythos, dem zufolge Sumer dem pharaonischen Ägypten die Schrift gebracht hat. – Man hat Angst, das pharaonische Ägypten im Nordosten des afrikanischen Kontinents zu lokalisieren und diese grandiose Zivilisation nilotischen Negern zuzuschreiben.

Der hamitisch-semitische oder afro-asiatische Mythos. Dieser Mythos, erfunden von Theodor Benfey im Jahre 1844, wieder aufgenommen durch Marcel Cohen in den 40er Jahren und schließlich festgeschrieben durch Joseph H. Greenberg in den 60er Jahren, ist in der Sprachwissenschaft heute weit verbreitet. Keinem Forscher ist es gelungen, mit den Methoden der Sprachgeschichte gemeinsame Urformen zu rekonstruieren, die eine Verbindung der semitischen Sprachen, der Berberdialekte, des Ägyptischen (pharaonisch und koptisch), der kuschitischen und der tschadischen Sprachen belegen würden. Es ist unmöglich, zwischen allen diesen Sprachen regelhafte phonetische Analogien im Sinne eines sprachhistorischen Erbes festzustellen. Hingegen ist eine genetische Verwandtschaft des Ägyptischen mit allen übrigen negro-afrikanischen Sprachen von heute durchaus beweisbar.

Der Mythos von der hamitischen Kulturwelt als Begründung für einen äußerst künstlichen Gegensatz Hutu vs. Tutsi. Belgier, Franzosen und Deutsche haben die Mythen von den »schwar-

150 Vgl. Ziegler, Christiane (Hg.), 2002, *Les Pharaons*, Paris, Flammarion, 20.

zen Juden«, den »Hamiten«, die sich seit den Zeiten Salomons zerstreuten, um in Ophir Gold zu suchen, geprägt und damit abscheuliche Genozide verursacht. Gemäß dieser Auffassung findet sich in Afrika verstreut eine »hamitische Nation« (in Eritrea, Äthiopien, Somalia, Uganda, Ruanda und Burundi).

Der Mythos von den Sabäern/Arabern, die die riesigen steinernen Bauwerke – Tempel, kegelförmige Türme, Observatorien, Paläste, Hochschulen von Simbabwe in Mwana Mutapa (d.h. Monomotapa im Süden des heutigen Simbabwe) – errichtet haben sollen.

Der Mythos von den karthagischen Seefahrern, die die Bronzen von Ile-Ife in Benin und Nigerien gegossen haben sollen.

Der Mythos von den Spuren weißer Völker im Golf von Guinea, die aus dem pharaonischen Ägypten gekommen wären. Somit wären die Jukun, Edo, Yoruba, Fon, Akan, Baule, Aschanti, Fanti, Tiv usw. identisch mit diesen mythischen Weißen.

Der Mythos der legendären Sao im heutigen Tschad: Ihre gewaltigen Graburnen können nicht dem afrikanischen Kontinent entstammen.

Der Mythos der »Zur Hälfte Bantu«-Sprachen von M. Guthrie. Es gibt angeblich Sprachen, die zur Hälfte Bantu und zur Hälfte »etwas anderes« sind. Das hat mit kritischer Wissenschaft nichts zu tun, ist reines Hirngespinst. Die Einteilung, die der genannte Forscher bei den Bantusprachen vornimmt, indem er Buchstaben und Zahlen einführt (C-20, C-15), ist vollkommen unwissenschaftlich. Eine solche Klassifizierung ist für ihn selber bequem, zugleich aber »esoterisch« und keineswegs nachvollziehbar. Niemals vorher sind die Sprachen der Welt markiert und klassifiziert worden wie Mineralien, wie Autokennzeichen.

Der Mythos vom schwarzen Eros, der die afrikanische Sexualität als maßlose und bestialische Geilheit abstempelt, die angeboren und geradezu krankhaft ist. Das Stereotyp von der enormen Größe der männlichen und weiblichen Genitalien der Afrikaner hat überdauert, bis hin zur Erschaffung der »Venus der Hottentotten«, die zu Anfang des 20. Jahrhunderts in England Gegenstand abartiger Neugier war und dann Cuvier (1769–1832) in die Hände fiel, dem Gründer der Vergleichenden Anatomie und Vater der Paläontologie im Naturhistorischen Museum des *Jardin des Plantes* in Paris.[151]

Der Mythos der Ethnophilosophie, die in Schwarzafrika nur »afrikanische Denkstrukturen« findet, nicht aber eine Philosophie im üblichen wissenschaftlichen Sinn des Wortes. Dieser Mythos einer nicht vorhandenen Philosophie in Afrika ist von dem Kameruner Marcien Towa und von Paulin Hountoundji aus Benin entkräftet worden.

Der Mythos vom afrikanischen Fetischismus-Animismus, der Totems über Totems anhäuft und in all den verbotenen Hainen, wo die Geister der Götter, Göttinnen und anderer kosmischer Gewalten weilen, Vorvätergrotten errichtet. Alles Bestehende ist Ausdruck einer »Lebenskraft« ohne Bezug zur Geschichte der Menschheit.

Der Mythos vom starren Zeitbezug der Gesellschaft in Afrika. Alle Bereiche des Lebens haben ihren Platz im unwandelbaren Zyklus: die Arbeit auf den Feldern, die Agrarriten, die Anbautechniken, die handwerklichen Techniken, die Zyklen der Epen. Das Erbe der Vergangenheit besteht aus den immer gleichen Ideen, den immer gleichen Ängsten. Sie bilden eine gemeinsame, lückenlose, unveränderliche Überlieferung. Die afrikanische Tradition ist gleichbedeutend mit Nachahmung des Immergleichen; Mythos und Religion sind eins. Daher die Skepsis von heute: Sind die afrikanischen Völker von ihrem Zeitkonzept her zu einer Renaissance fähig?

Der Mythos von den zivilisatorischen und wohltätigen Aspekten der Kolonisierung, die den Afrikanern Parlamente gebracht hat, Senate, Nationalversammlungen und die öffentliche Meinung. Aber alles das hat es bereits in den vorkolonialen afrika-

151 Vgl. Homes, Rachel, 2007, *African Queen. The Real Life of the Hottentot Venus*, New York, Random House. Es handelt sich um Saartje Bartman, gebürtig aus Südafrika, die im Alter von 21 Jahren nach London gebracht wurde. In London und Paris machte man sie zum Objekt des europäischen Sexualsadismus. Dabei zeugte das Benehmen des gelehrten Anatomen Georges Cuvier von äußerster krimineller Sittenlosigkeit. Saartje starb 1815 und wurde im August 2002 in Südafrika in einer würdigen Zeremonie auf Staatskosten begraben.

nischen König- und Kaiserreichen gegeben, allerdings ohne die westlichen Vorstellungen von politisch-finanzieller Korruption (Missbrauch von Steuergeldern, Unterschlagungen, Geldwäsche, gigantische Provisionen wie in der rezenten Sofremi-Affäre[152]). Jede Kolonisierung auf militärischer Basis ist gleichbedeutend mit Schreckensherrschaft, massiver Zerstörung, Plünderungen (wie in der Affäre der »Negerkunst«), Vergewaltigung, Barbarei. Da gibt es Zwangsarbeit, Hinrichtungen, Apartheid, Koloniale Anthropologie, Beschreibungen von Sitten und Gebräuchen der Stämme, Slums und Ghettos, Gehirnwäsche. Caesar hat Gallien niedergemacht, Cortés und Díaz haben die mexikanischen Zivilisationen geplündert, der Verbrecher Faidherbe hat im Senegal gebrandschatzt und gemetzelt. So gut wie überall auf dem afrikanischen Kontinent bekriegten sich die Kolonialmächte. Keine Kolonisierung ist unschuldig und großzügig, geprägt von Humanismus und Philanthropie. Alles dient allein den Interessen des Kolonisators: die Straßen und die Hafenanlagen, die Spitäler, Schulen, Kirchen, die Verwaltung und die Justiz, die Kulturpolitik und die Sprachwissenschaft. Wenn es »günstige Auswirkungen« auf das Leben der Kolonisierten gibt, so sind sie ein Werk des Zufalls und manchmal des Kampfs gegen die Unterdrückung. Kolonisiert wird, um zu beherrschen, nicht um zu befreien.

152 Vgl. *Neue Zürcher Zeitung*, 29. Mai 2009, online: Das Pariser Berufungsgericht hat Pierre Pasqua, einen Sohn des früheren französischen Innenministers Charles Pasqua, im Mai 2009 wegen Unterschlagung zu einem Jahr Haft verurteilt. Er wurde für schuldig befunden, bei einem Exportgeschäft der Sicherheitsfirma Sofremi in den neunziger Jahren 1,5 Mio. Euro als versteckte Kommission erhalten zu haben. Bei dem Verkauf ging es um die Lieferung von Polizeiwaffen und -ausrüstung an Kuwait, Kolumbien, Argentinien und Brasilien. Der Fall ist nur eine von vielen Affären um Export- und Waffengeschäfte, für die sich Sohn und Vater Pasqua vor Gericht verantworten müssen. Gegen Pierre Pasqua war im September bereits eine einjährige Haftstrafe bestätigt worden, weil er vom Industriekonzern Alstom 1994 Schmiergelder erhalten hatte. Pasqua senior, der in den achtziger und neunziger Jahren insgesamt vier Jahre lang Frankreichs Innenminister war, steht in der Sofremi-Affäre gleichfalls unter Verdacht. Der Prozess gegen den ehemaligen Minister findet aber vor einem Sondergericht für Regierungsmitglieder statt (Anm. des Übers.).

Wen soll es daher beunruhigen, wenn der Präsident der französischen Republik, selbstsicher, wie er ist, glücklich, arrogant und machtgierig, die Geschichte der von Montesquieu, Voltaire, Hume, Kant und Hegel sowie allen eurozentrischen Afrikanisten von heute karikierten Völker Afrikas ignoriert? Was soll man von ihm erwarten, wenn ihn sein stärkster Instinkt lehrt, dass Schwarzafrika nicht zivilisiert ist, den Lauf der Zeit ignoriert (»die sich beschleunigende Geschichte«) und sich dauerhaft vom Fortschritt abkehrt? Frankreichs Präsident hätte sich als Redner ausgezeichnet, seine Absicht, das Publikum zu gewinnen, verwirklicht, wenn er nur keinen Fehler gemacht hätte – *non avesse fatto errore alcuno.*[153]

Der von französischer Seite an diesem 26. Juli 2007 in Dakar gemachte Kapitalfehler muss gründlich analysiert werden: Es handelt sich da um einen Fehler mit System in einem von politischer Naivität geprägten Afrika von heute. In China wäre ein solcher Fehler angesichts der Härte der dortigen Politik nicht möglich gewesen. Heute ist es wohl noch zu viel verlangt, von den Eliten der Länder südlich der Sahara zu fordern, sie sollten endgültig mit dem eurozentristischen Paradigma der Afrikanisten brechen. Darauf hat der Präsident der französischen Republik gesetzt, ob dies nun berechtigt war oder nicht.

153 Anspielung auf Machiavelli, Nicolò, *Il Principe*, III, 10: »König Ludwig ward durch den Ehrgeiz der Venezianer nach Italien geführt, welche die Hälfte der Lombardei durch seinen Einmarsch gewinnen wollten. Ich will dieses Vorhaben des Königs nicht tadeln, denn da er einmal in Italien Fuß fassen wollte und in diesem Lande keine Freunde besaß, vielmehr durch das Benehmen Karls VIII. alle Tore verschlossen fand, so musste er die Beziehungen anknüpfen, die sich ihm darboten, und sein Vorhaben wäre ihm auch geglückt, wenn er sonst keinen Fehler gemacht hätte.« (*Der Fürst*, Frankfurt/Main, Insel Verlag 1990, 27. Übers. von Friedrich von Oppeln-Bronikowski) (Anm. des Übers.)

Ein epistemologischer Bruch mit dem eurozentrischen Afrikanismus ist dringend notwendig

Der Afrikanismus passt sich den Umständen an: Vom 16. bis zum 19. Jahrhundert ist er allmächtig und arrogant; im 20. Jahrhundert würgt er die ernsthaften afrikanischen Forschungen ab, begünstigt gleichzeitig Kompromisse; zu Beginn des 21. Jahrhunderts ist er bestrebt, »epistemologische Richtigstellungen« durchzusetzen.

Da gibt es afrikanistische Universitätslehrer, Studien- und Forschungszentren, Sprachlabors, Studienstipendien, Mentoring von Doktoranden, Kooperationsaufträge, Frankophoniefestivals, Preise für Literatur in Übersee, Radio- und Fernsehsendungen, die einer strengen Auswahl und Planung unterliegen, Konferenzen und Seminare, die den kulturellen Schrebergarten begünstigen, systematischen Boykott des Werkes von Cheikh Anta Diop durch sämtliche eurozentrischen Afrikanisten, Museen mit grundlegend rassistischer Orientierung, verbohrte Weigerung, das »Problem« des schwarzen pharaonischen Ägypten anzugehen, Verfälschungen der afrikanischen Geschichte am laufenden Band, Heiligung des westlichen Negerhandels, der Sklaverei und der Kolonisation. Das sind die Segnungen der Afrikaideologie.

Das bedeutet: Solange die Vorstellungen, die Wünsche, die Mentalitäten und Bestrebungen der Afrikaner im Schlüsselbereich der Kultur fremdbestimmt sind, solange werden die schwarzen Nationen, die man enteignet und geschwächt, als inferiore Gefühlswesen abgestempelt hat, ohne Widerstand und Kritik alles, was der Westen ihnen bietet, hinnehmen: unfaire Partnerschaften, Leoninische Verträge,[154] selektive Immigration, Ko-Entwicklung ohne Entwicklung, Verelendungsprogramme, die man strukturelle

154 Ein Leoninischer Vertrag, auch Löwengesellschaft oder Societas leonina, ist ein Gesellschaftsvertrag, nach dem alle Gesellschafter das Risiko tragen, jedoch nur ein Gesellschafter den Gewinn ausgeschüttet erhält. Der Begriff wurde von der römischen Jurisprudenz geprägt. Er bezieht sich auf eine Fabel des Äsop, in der alle Tiere an der Jagd teilnehmen müssen, der Löwe (lateinisch *leo*) jedoch die gesamte Beute für sich behält (Anm. des Übers.).

Anpassung nennt, Militärbasen, Ausbeutung der Rohstoffe, kulturelle Trugbilder.

Es ist daher wichtig, ein für alle Mal zu verstehen, dass das kulturelle Paradigma einen Hauptschlüssel für die Lösung unserer Probleme darstellt, da es den Menschen in seiner ganzen Tiefe betrifft. Cheikh Anta Diop hat dieses Paradigma zum Ausgangspunkt seines Denkens gemacht: *Schwarze Nationen und Kultur*[155] – aus diesem Werk geht hervor, dass die Afrikaner im Bewusstsein der eigenen Geschichte seit dem pharaonischen Ägypten, im Bewusstsein des immensen Kulturerbes, all der großen Möglichkeiten in der modernen Welt der Wissenschaft und Technologie, im Sinne der Einheit und panafrikanischen Solidarität und im Streben nach Gerechtigkeit und Wahrheit (dem altägyptischen Maât) immer noch schöpferisch aktiv werden und die Menschheit bereichern können.

Freilich, es gibt eine afrikanische Rückzugstendenz, die der Rede des französischen Präsidenten vom 26. Juli 2007 in Dakar Vorschub leistete: Abkehr von den großen kulturpolitischen Problemen Afrikas, Abkehr von der studentischen und städtischen Jugend Afrikas, Aufgabe des kaum noch finanzierten Schulwesens, der öffentlichen Bibliotheken, des kritischen Geisteslebens.

Hätten wir es besser gemacht, hätten uns die anderen nicht den Respekt verweigert. Die Menschenwürde ist stets das Ergebnis eines Ringens mit sich selbst. Wo nichts ist, findet der Nachbar nichts Schätzenswertes. Wer Angst vor sich selber hat, vor der eigenen Geschichte, vor der Welt, instinktive Angst vor dem einstigen Kolonisator, Angst vor dem Ausdruck der eigenen Denkleistung, der liefert dem Anderen die Gelegenheit zu herrschen, seinen Willen durchzusetzen, sich zu mokieren, zu bagatellisieren, zu verachten.

Will man kurzfristig mit dem eurozentrischen Afrikabild brechen, da es die Hauptursache unserer psychologischen und politischen Probleme darstellt, muss man unbedingt die kulturelle

155 Titel des ersten Buches von Cheikh Anta Diop, 1979, *Nations nègres et culture. De l'antiquité nègre égyptienne aux problèmes culturels de l'Afrique noire d'aujourd'hui*, Paris, Présence africaine (Anm. des Übers.).

Kommunikation in Afrika intensivieren, und zwar überall auf dem Kontinent, von Norden bis Süden, von Osten bis Westen. Eine gemeinsame afrikanische Grundhaltung von kontinentaler Verbreitung, das ist die unabdingbare Voraussetzung für eine Restauration und Renaissance ganz Afrikas in der Welt von heute. Frieden und Selbstsicherheit entspringen aus der Kenntnis des Eigenen, ebenso wie der Sinn für die Pflicht und das zivilisationsfördernde Gefühl für Verantwortung.

Notwendig ist somit die Förderung eines afrikanischen Bewusstseins auf Basis der kulturellen Traditionen Afrikas mit Hilfe des heimischen Methodenrepertoires. In seiner ausgezeichneten Arbeit *The Eloquence of the Scribes* (Popenguine 2006) erwähnt Ayi Kwei Armah alle jene, die in unserer Zeit zur Entfaltung eines afrikanischen Bewusstseins beigetragen haben: Gaddiel Acquaah, Thomas Mofolo, Peter Abrahams, Djibril Tamsir Niane, Mamadou Kouyaté (Griot), Fagunwa und Wole Soyinka, Tata Youssouf Cissé, Wa Kamissoko (Griot), Bassirou Dieng, Amadou Hampâté Bâ, Babacar Sall, Aboubacry Moussa Lam und ganz besonders Cheikh Anta Diop.

Hinzu kommt die bedeutende Leistung der afrikanischen Historiker und Historikerinnen unserer Zeit. Dazu gehören beispielsweise Joseph Ki-Zerbo, K.O. Dike, B.A. Ogot, J.F. Ade Ajayi, A. Adu Boahen, Kimambo, Henriette Diabaté, Jean-Noël Loucou, Emmanuel Ghomsi, Thierno Bah, E. Mveng, Prince Dika Akwa Nya Bonambela, Ibrahima Kake, Mody Sékéné Cissoko, Madame Ly, Konaré, Pathé Diagne, Boubacar Barry, Boubé Gado, O. Ikime, B.I. Obichere, Elikia M'Bokolo, Isidore Ndaywel è Nzièm, Sabakinu, Simau Souindoula, A.J. Temu, A.I. Asiwayu, E. Ayandele, Abraham Ndinga Mbo, Abba Paulos Tzadua (Übersetzer der alten äthiopischen Rechtstexte), Avarro, Chinweizu, M.H.Y. Kaniki, T.B. Kabwegyere, Ratanga, Steve Biko, Wa Thiong'o, B. Andah, John S. Mbiti, Wande Abimbola, Honorat Aguessy, Bolaji Idowu, Chinua Achebe …

Die afrikanischen Forscher und Kulturschaffenden haben über Themen der Humanpaläontologie gearbeitet, der Archäologie, der nubischen und ägyptischen Antike, der alten König- und Kaiserreiche in Abessinien (Aksum) im mittelalterlichen Westafrika, in den

Savannen und Wäldern der tropischen Zone. Man hat die großen Epen wiederentdeckt, analysiert und veröffentlicht. Man hat die Handelswege aufgefunden und kartografiert. Die Binnenwanderungen in Afrika wurden mit verschiedenen Methoden untersucht. Gezeigt wurde, wie manche Produkte Entwicklungen unterworfen waren, vom Handwerk bis zur industriellen Erzeugung. Die kulturelle und sprachliche Einheit des afrikanischen Kontinents, von der die eurozentristischen Afrikanisten nichts wissen, wurde dargestellt und immer genauer erfasst.

Ganz anders die »Afrikastudien« der eurozentristischen Afrikanisten: Sie dienen dem Zweck, die Vormundschaft aufrechtzuerhalten, zu beherrschen und auszubeuten, Gemeinschaften ohne Zukunft wie Frankoafrika oder Eurafrika anzubieten usw. Die Weltbank und der Internationale Währungsfonds (IWF) sind nicht zur Linderung des Elends Afrikas und zur Förderung einer Entwicklung zum Besseren geschaffen worden. Allen diplomatischen Nuancierungen zum Trotz besteht ihr Hauptprojekt in der Ausbeutung Afrikas. Diese westlichen, angeblich internationalen Institutionen plagen keine moralischen Skrupel. Die eurozentristischen »Afrikastudien« arbeiten im Verbund mit diesen Institutionen, die aus dem Bretton-Woods-Abkommen[156] hervorgegangen sind und auf die Herrschaft über Afrika abzielen.

Mit Hilfe des eurozentristisch-afrikanistischen Paradigmas hält der Westen die Unterwerfung Afrikas seit Jahrhunderten aufrecht. Alles andere erwächst aus dieser Grundlage, im Besonderen die Zerstörung eines afrikanischen Bewusstseins und die allgemeine Verbreitung eines Gefühls der Unterordnung und Unterlegenheit. Es gilt, die Unterwerfung Afrikas als Notwendigkeit ohne Alternative darzustellen, jeglichen Aufstieg Afrikas, der den Afrikanern das Gefühl der Würde und der geschichtlichen Verantwortung zurückgeben könnte, zu blockieren, indem man vorgibt, im Sinne

156 In Bretton Woods (US-Bundesstaat New Hampshire) kamen im Juli 1944 die Finanzminister und Notenbankgouverneure von 44 Staaten zusammen, um die Weichen für eine Neuordnung des internationalen Währungssystems zu stellen. Zur Kontrolle und Durchsetzung dieses Abkommens wurden nach Kriegsende die Weltbank und der Internationale Währungsfonds geschaffen (Anm. des Übers.).

einer Entwicklung Afrikas zu handeln (durch Entschuldung, Hilfsprogramme, Komitees, Kooperationen ...).

Wer erklärt, die Rede des Präsidenten der französischen Republik sei »paternalistisch«, »herablassend«, »kolonialistisch« oder »neokolonialistisch«, urteilt oberflächlich. In Wirklichkeit steht diese Rede in einer uralten westlichen Tradition des Hochmuts, der Verachtung und des Rassismus, wie sie die Europäer den schwarzen Völkern Afrikas entgegenbringen.

Es ist daher dringend notwendig, den eurozentristischen »Afrikastudien«, die den jahrhundertealten Rassismus des Westens fortsetzen, die Gefolgschaft zu verweigern. Sie sind es, die Haltungen, Programme und Diskurse inspirieren, wie sie in der Rede des Präsidenten der französischen Republik zum Ausdruck kommen. Niemand wird so behandelt wie die schwarzen Menschen Afrikas, und dies, sagen wir es ganz offen, durch die Schuld der Afrikaner selbst, die die rassistischen Ideologien des Westens übernehmen und sich demgemäß für inferior halten.

[...]

Gekürzt durch den Übersetzer Fritz Peter Kirsch

Der Afrikaner soll sich schuldig fühlen

Djibril Tamsir Niane

Djibril Tamsir Niane ist Historiker, Schriftsteller und Herausgeber. Er ist Mitglied des internationalen wissenschaftlichen Beirates der Redaktion der Gesamtgeschichte Afrikas (UNESCO) und war leitender Herausgeber des vierten Bandes (*L'Afrique du XIIe au XVIe siècle,* Présence africaine/Edicef/UNESCO 2000). Darüber hinaus ist er Mitglied des internationalen wissenschaftlichen Beirates von *Route des Esclaves* (Die Route der Sklaven), einem UNESCO-Projekt, sowie Präsident der Société africaine d'édition et de communication (Conakry) und Präsident der Organisation pour la Mémoire et le Patrimoine (OMP).
Aus seiner Feder stammen die Werke *Soundjiata ou l'Epopée mandingue* (Paris, Présence africaine, 1985) und *Soudan occidental au temps des grands empires* (Paris, Présence africaine, 1975).

Nach seiner Wahl zum Präsidenten der Republik hat Nicolas Sarkozy auf seiner Reise durch Afrika am 26. Juli 2007 an der Universität Cheikh Anta Diop in Dakar eine Rede gehalten, die in die Geschichte eingehen wird. Seine Ausführungen unterschieden sich deutlich von denen seiner Vorgänger. Reisen französischer Präsidenten hatten stets das Ziel, die Zusammenarbeit zwischen der alten Metropole und jenen Staaten zu stärken, die aus dem ehemaligen französischen Kolonialreich hervorgegangen sind.

Höflichkeit spielte auf diesen sehr protokollarisch ablaufenden Reisen immer eine Rolle. Die Rede von Präsident Nicolas Sarkozy könnte man jedoch eher dem Bereich doktrinärer Ethnologie als dem der Politikwissenschaft zurechnen. Der Präsident der Republik war deutlich mit der Absicht gekommen – auch wenn er dies in Abrede stellt –, den Afrikanern eine Lektion zu erteilen, indem er ihre Fehler und Mängel brandmarkte, derentwegen sie verspätet den Zug der Moderne besteigen. Nicolas Sarkozy wendet sich an die Afrikaner als aufrichtiger Freund des »verwundeten Kontinents«. Er ist gekommen mit dem Entschluss, sich vor allem an die Jugend als Ferment und Trägerin der Zukunft zu wenden.

Sein Ziel ist kein geringeres, als die Afrikaner aus ihrer tausendjährigen Lethargie zu reißen!

Gleich beim Eintritt ins Spiel steckt er den Rahmen ab:

> Ich bin nicht gekommen, ihr jungen Menschen Afrikas, um gemeinsam mit euch Tränen über das Unglück Afrikas zu vergießen […]

Wenngleich Afrika nur allzu sehr daran gewöhnt ist, sich Belehrungen anzuhören, so ist es doch das erste Mal, dass man einen Präsidenten der Republik die Lehrkanzel besteigen und den Afrikanisten spielen sieht, den »Kenner Afrikas«!

Man glaubte, die rassistischen Theorien von Leuten, die biologische Beweise für die Unterlegenheit einzelner Rassen (etwa der Schwarzen) beibringen wollten, seien endgültig begraben, ebenso wie die abgestandenen Thesen eines Lévy Bruhl[157] über die prälogische Mentalität. Nun, Sakozys Rede trieft vor Paternalismus.

> Ich bin nicht gekommen, um die Vergangenheit auszulöschen, denn die Vergangenheit lässt sich nicht auslöschen. Ich bin nicht gekommen, um Fehler und Verbrechen zu leugnen, denn Fehler und Verbrechen hat es sehr wohl gegeben.

Und schon doziert er über Themen wie den Menschenhandel und die Sklaverei, die Kolonisierung und die afrikanische Kultur, eloquent und besserwisserisch. Auf seine Art macht der Präsident vor allem dem Sklavenhandel den Prozess und fordert die Afrikaner auf, diese schmerzhafte Erfahrung »hinter sich zu lassen«. Zwar wird die Kolonisierung als das Ergebnis eines »großen Sündenfalls des Abendlandes« dargestellt, doch dieser habe Afrika letztlich nur Wohltaten gebracht! Noch problematischer ist, dass sich Herr Sarkozy anmaßt, den Afrikanern die Geschichte Afrikas darzulegen und zu erklären. Das ist der eigentliche Grund, warum man auf seine Rede antworten muss. Just an jener

157 Siehe: Abdoulaye Wade antwortet Bernard Lugon, Autor von *L'Afrique: histoire à l'endroit*, in: 2004, *Conférence internationale des intellectuels et des hommes de culture*, Dakar, 21.–26. Mai 1996, S. 207.

Universität hat er sie gehalten, an der die rassistischen Thesen pulverisiert worden sind, dort, wo Cheikh Anta Diop, der Historiker und *homme de culture*, dessen Namen die Universität von Dakar trägt, an der Rehabilitierung der afrikanischen Geschichte und der afrikanischen Kultur gearbeitet hat. Mit großer Wahrscheinlichkeit haben weder der Präsident der französischen Republik noch seine Berater die Arbeiten von Cheikh Anta Diop zur Kenntnis genommen.

Man kann sich die Frage nach den Motiven des Präsidenten stellen. Warum eine solche Rede und, vor allem, warum dieses besondere Augenmerk auf die afrikanische Jugend?

Um dies zu verstehen, müssen wir den Kontext beleuchten, in dem die Rede des Präsidenten der Republik steht, ein Kontext voller Schwierigkeiten für die subsaharischen Staaten Afrikas, die, krisengeschüttelt und von Bürgerkriegen und Hungersnöten heimgesucht, die eigene Jugend dazu zwingen, auf der Suche nach Arbeit den Blick auf Europa zu richten, das vermeintlich gelobte Land. Man sieht, wie diese jungen Leute zu Dutzenden, zu Hunderten, zu Tausenden Wüsten und Meere überwinden, um, koste es, was es wolle, nach Europa zu gelangen – ans andere Ufer – und so dem Elend des Kontinents zu entkommen. Gefühle von Schuld und von Mutlosigkeit erschüttern die gesamte afrikanische Gesellschaft angesichts dieser Situation; die Jugend ist versucht, an einen Fluch zu glauben, an ein unabwendbares Schicksal. Ist nach der Überwindung von Sklaverei und Kolonisierung die Unabhängigkeit etwa eine falsche Verlockung? Aus all diesen Gründen muss man Herrn Sarkozy antworten, der sich wie ein Prophet geriert, der den Afrikanern, und im Besonderen der Jugend, den Weg weist, dem es zu folgen gilt. Aufgerufen sind dazu HistorikerInnen, AnthropologInnen, Kulturschaffende.

Der Sklavenhandel ist ein Verbrechen gegen die Menschlichkeit

Der Sklavenhandel ist ein heikles Thema, für die Afrikaner ebenso wie für die Europäer, diese Betreiber und großen Nutznießer des Dreieckshandels. Aus nachvollziehbaren Gründen ist das Thema in Europa auch mehr als eineinhalb Jahrhunderte nach diesen

Ereignissen noch immer ein Tabu. Wichtig ist aber der Umstand, dass es zahlreiche Studien und Thesen über die europäische Expansion wie auch über die Entwicklung Europas im 17. und 18. Jahrhundert gibt. Die Bereicherung Europas, gegründet auf die unangefochtene Herrschaft über die Ozeane und Meere, erreicht im 19. Jahrhundert durch die fortschreitende Technisierung und Industrialisierung ihren Höhepunkt. Die Suche nach Rohstoffen und Absatzmärkten drängte Europa zwangsläufig zur Kolonisierung der übrigen Welt. So wurde fast ganz Afrika erobert.

Aber nur wenige Studien beschäftigen sich mit dem Menschenhandel, mit der Versklavung der Afrikaner, die von substanzieller Bedeutung für die Entwicklung des europäischen Wohlstandes war; man versteht, dass dieser Sklavenhandel, der seit seiner Abschaffung das Gewissen plagt, nicht viele ForscherInnen gelockt hat. Entsprechend liegt ein bleierner Mantel über dieser Frage und eine Mauer des Schweigens verhüllt dieses Kapitel der Geschichte. So kann der französische Historiker Michel Deveau im Jahre 1994 schreiben: »Die Geschichte des Sklavenhandels wurde verschleiert, sie wird es zum Teil bis heute.«

Seit langem prangern die Intellektuellen und WissenschaftlerInnen Afrikas und der Diaspora den Sklavenhandel an und kämpfen dafür, dass er zum Verbrechen gegen die Menschlichkeit erklärt wird. Die Organisation der Vereinten Nationen für Erziehung, Wissenschaft und Kultur (UNESCO) hat sich des Themas angenommen und, um es zu verbreiten, ein Projekt ins Leben gerufen, das sich »Die Route der Sklaven« nennt. Es hat zum Ziel, auf wissenschaftlicher Grundlage die tieferen Ursachen, die Methoden, den Verlauf und die Konsequenzen des transatlantischen Handels ans Licht zu bringen. Unter der Leitung von Amadou Makhtar Mbow, dem ehemaligen Generaldirektor der UNESCO, wurde ein internationales Komitee von WissenschaftlerInnen einberufen. Zehn Jahre lang, von 1994 bis 2004, hat dieses Komitee Kolloquien, Arbeitsgruppen und Sammlungen oraler Traditionen organisiert, hat Gedächtnisorte in Afrika und Amerika ausgemacht und benannt u.a.m. An dieser Stelle soll es genügen, darauf hinzuweisen, dass sich unter seinem Einfluss mehrere Länder darangemacht haben, Dokumente über die

Sklaverei zusammenzustellen und zu computerisieren (Bordbücher der Sklavenschiffe, Archive von Häfen des Sklavenhandels u.a.) und dass Orte des Gedenkens an die Zeit der Sklaverei in die Liste des Weltkulturerbes der UNESCO aufgenommen wurden. Erinnern wir uns daran, dass schon seit 1978 Gorée auf dieser Liste steht.[158] Im Laufe von zehn Jahren wurde eine gewaltige Dokumentation zusammengetragen und jenen ForscherInnen zugänglich gemacht, die der Thematik unverkrampft gegenüberstehen. Die Mauer des Schweigens stürzte langsam ein. »Der Henker tötet immer zweimal«, schreibt Elie Wiesel, »das zweite Mal durch Schweigen.« Dank der umfangreichen, von der UNESCO initiierten Kampagne fallen Sklaverei und Sklavenhandel nicht länger dem Vergessen anheim. Es ist wichtig, an die Rolle zu erinnern, die Frankreich bei der Sensibilisierung der internationalen öffentlichen Meinung gespielt hat. Kurz vor dem Start der »Route der Sklaven« löste die Stadt Nantes, seinerzeit der größte französische Hafen im Sklavenhandel, ein wichtiges Stück aus der erwähnten Mauer heraus, indem sie eine Ausstellung mit dem Titel »Die Ringe des Erinnerns« organisierte. Die Nachfahren und Erben der Reeder und anderer Sklavenhändler des 17. und 18. Jahrhunderts waren bereit, die Ketten, Fesseln, Schmiedewerkzeuge und andere Instrumente und Objekte aus jener Zeit aus den Kellern ihrer Paläste und Nobelherbergen hervorzuholen. Die Ausstellung, die im Schloss der Grafen der Bretagne stattfand, löste ein gewaltiges Echo aus. Die internationale Öffentlichkeit war erschüttert. Yvon Chotard aus Nantes rief eine Organisation mit dem Namen *Association des Anneaux de la Mémoire* (Gesellschaft der Ringe des Erinnerns) ins Leben, mit der klaren Absicht, die Aktion von Nantes auf andere europäische und amerikanische Städte auszuweiten. Bis dahin hatten sich die europäischen Atlantikhäfen und Städte über die Herkunft ihres Reichtums in Schweigen gehüllt.

Das wichtigste Ergebnis war jedoch 2001 die Anerkennung des Menschenhandels und der Sklaverei durch das französische Par-

158 Insel vor Dakar, die bis zur Abschaffung der Sklaverei 1848 der Verschiffung von Sklaven diente (Anm. des Übers.).

lament als Verbrechen gegen die Menschlichkeit. Dies war eine Premiere im Kreis jener Länder, die den Sklavenhandel betrieben hatten. Es ist uns ein besonderes Anliegen, an dieser Stelle die eindringliche Darlegung der Motive für das von Christiane Taubira-Delannon und Jean-Marc Ayrault eingebrachte Gesetz wiederzugeben:

> Es gibt keine Buchführung, die das Grauen des Sklavenhandels und die Abscheulichkeit der Sklaverei ermisst. Die Aufzeichnungen der Kapitäne und der Händler geben kein Zeugnis von der Tragweite des Menschenraubes, vom Leid der ausgemergelten und verängstigten Kinder, von der hoffnungslosen Verzweiflung der Frauen und der qualvollen Niedergeschlagenheit der Männer. Sie schweigen über die seelischen Erschütterungen, die im Sklavenhaus von Gorée geschehen. Sie schweigen über das entsetzliche Zusammengepferchtsein im Rumpf der Schiffe. Sie verschweigen das Röcheln der mit Senkblei beschwerten und über Bord geworfenen Sklaven. Sie leugnen die an den verwirrten Jugendlichen begangenen Vergewaltigungen. Sie unterschlagen das Feilschen auf den Viehmärkten. Sie vertuschen die durch den Code noir gedeckten Morde. Unsichtbar, anonym, ohne Vorfahren und ohne Nachkommen, zählen die Sklaven nicht. Es zählen einzig die Einnahmen. Keine Statistiken, keine Beweise, kein Schaden, keine Wiedergutmachung. *Das unausgesprochene Entsetzen, das die gewaltigste und langwierigste Deportation in der Menschheitsgeschichte begleitet hat, dämmerte eineinhalb Jahrhunderte unter dem erdrückenden Mantel des Schweigens.* [Hervorhebung durch den Autor]
>
> Frankreich, das Sklavenhändler gewesen war, bevor es Abolitionist wurde, Heimat der Menschenrechte, befleckt durch die Schatten und das Elend im Zeitalter der Aufklärung, wird seinem Prestige in den Augen der Welt wieder Glanz und Größe verleihen, wenn es sich als Erstes im Gedenken an die Opfer dieses Verbrechens ohne Urheber verneigt.

Dieses Gesetz blieb in Frankreich und Afrika nahezu unbemerkt. Die sozialistische Regierung, unter der die Abstimmung erfolgte, hatte nicht mehr die Zeit, die Ausführungsbestimmungen auf den Weg zu bringen; mit ihrem Sieg bei den Parlamentswahlen von 2002 blockierte die Rechte alles. Die noch von der Linken eingerichteten Kommissionen arbeiteten im Zeitlupentempo.

Natürlich kennt Herr Sarkozy dieses Gesetz. Warum erwähnt er es mit keinem Wort, und sei es nur, um auf das Verdienst Frankreichs im Unterschied zu jenen Ländern hinzuweisen, die zögern, »nach Canossa zu gehen« und ihr Gewissen reinzuwaschen? Warum nicht dieses Gesetz ansprechen und sich entschieden für die Rehabilitierung und Reparationen einsetzen, so wie es das Gesetz Taubira im Artikel 4 vorsieht:

> Es wird ein Komitee aus qualifizierten Persönlichkeiten zusammengestellt, zu denen Repräsentanten jener Organisationen gehören, die sich für das Gedenken an die Sklaven einsetzen; es hat den Auftrag, im gesamten Staatsgebiet Orte und Maßnahmen vorzuschlagen, die die Nachhaltigkeit des Erinnerns an dieses Verbrechen über Generationen hinweg sicherstellen. Die Zusammensetzung, die Kompetenzen, Befugnisse und die Aufgaben dieses Komitees werden durch einen Erlass des Staatsrats definiert, der binnen sechs Monaten nach Veröffentlichung des Gesetzes über die Anerkennung des Sklavenhandels als Verbrechen gegen die Menschlichkeit ergeht.

Ja, es wäre schön gewesen, wenn der Präsident des Landes, das als Erstes den Sklavenhandel als Verbrechen gegen die Menschlichkeit anerkannt hat, zumindest von Rehabilitierung, von moralischer Reparation gesprochen hätte. Stattdessen wirft Nicolas Sarkozy den Afrikanern solches an den Kopf:

> Niemand kann von heutigen Generationen verlangen, für dieses Verbrechen zu büßen, das frühere Generationen begangen haben. Niemand kann von den Söhnen verlangen, die Sünden ihrer Väter zu bereuen. Ihr jungen Afrikaner, ich bin nicht gekommen, um zu euch von Reue zu sprechen. Ich bin gekommen, euch zu sagen, dass ich den Menschenhandel und die Sklaverei als Verbrechen gegenüber der Menschheit empfinde. Ich bin gekommen, euch zu sagen, dass eure Zerrissenheit und euer Leiden auch unsere und daher auch meine Zerrissenheit und mein Leiden sind. […] Ich bin gekommen, um euch vorzuschlagen, ihr jungen Afrikaner, nicht etwa gemeinsam die Vergangenheit wiederzukäuen, sondern gemeinsam Lehren aus ihr zu ziehen, um so gemeinsam die Zukunft anvisieren zu können […] Afrika hat sein Unglück mitzuverantworten.

Der französische Präsident ist nicht gekommen, um mit den Afrikanern zu weinen, die ja bekanntlich ihre Zeit damit verbringen, die Vergangenheit zu beweinen! Er fordert sie auf, sich bewusst zu machen, dass sie für ihr eigenes Unglück verantwortlich sind. Genau das wird gesagt, das ist es, worauf der französische Präsident hinauswollte: bei den Afrikanern Schuldgefühle zu erzeugen.

Aber heißt, das Verbrechen einzugestehen, dass man quitt ist? Muss man nicht an Reparationen denken, und seien sie auch nur moralischer Natur? Der französische Präsident hat seinen Standpunkt dargelegt. Doch eines solch ernsten Themas kann man sich nicht so einfach entledigen. Der Präsident muss der Linie folgen, die vom Gesetz Taubira vorgezeichnet worden ist, hat dieses Gesetz doch den Weg für die Rehabilitierung jener Länder geebnet, die Opfer eines Holocaust wurden. Dieser dauerte länger als drei Jahrhunderte, forderte Dutzende Millionen Opfer. Aber man will, dass die Afrikaner aufhören, vom Menschenhandel und von der Sklaverei zu sprechen, man will, dass sie das Leid »verwinden«, das sie angeblich selbst hervorgerufen haben. Niemand verlangt vom jüdischen Volk, den Holocaust zu verwinden. Das Gedenken an den jüdischen Holocaust bewahren heißt, ständig wachsam zu sein, darauf zu achten, dass die Voraussetzungen für das Massaker an Millionen Juden niemals wiederkehren. Man brandmarkt das Verbrechen und lehrt im Schulunterricht, wie und warum es verübt wurde, auf dass die jungen Generationen verstehen. Das ist kein Fixiertsein auf die Vergangenheit, sondern Bewusstseinsbildung und Wachsamkeit, um eine Wiederholung des Verbrechens zu verhindern.

Der Sklavenhandel ist ein Übel, das mehr als drei Jahrhunderte gedauert hat; ganze Regionen sind entvölkert worden; regionale Kriege, die er ausgelöst hat, haben ein Klima der Unsicherheit geschaffen, eine wahre Psychose. Die Angst vor dem ungewissen Morgen, Verzagtheit und Lebensverdruss sind Teil der afrikanischen Seele geworden. Als dann die koloniale Eroberung in Gang kam, war Afrika blutleer und entvölkert; anders als Asien war es nicht bevölkerungsreich genug, um der europäischen Invasion vom Ende des 19. Jahrhunderts standzuhalten. So wurde es zerstückelt und unter den Großmächten aufgeteilt. Auf dem Berliner Kongress von 1885 ging es nur darum, die praktische Umsetzung dieser Aufteilung abzuklären. Unaufgeregt, als brave »Zivilisierte«, teilten die Europäer Afrika untereinander auf, ohne über den Kuchen in Streit zu geraten.

Afrika hat eine Geschichte

Bei der Lektüre der Rede des Präsidenten der Republik wird deutlich, dass sich ein Großteil der französischen Elite trotz allem weiterhin vom Exotismus leiten lässt und nicht versteht, was südlich der Sahara vorgeht. Die Wiederkehr von antiquierten Erklärungsmodellen und Vorurteilen aus früherer Zeit ist betrüblich. Am schwersten wiegt, dass Herr Sarkozy zu glauben scheint, Afrika habe keine Geschichte; es habe in Afrika keine Könige gegeben, keine Prinzen, keine Königreiche, kein Kaisertum. Nahezu zwei Jahrhunderte nach Hegel sieht er »den Afrikaner seit Jahrtausenden in Symbiose mit der Natur«. Mit befremdlicher Inbrunst und Überzeugung bringt er diese Vorstellung zum Ausdruck:

> *Das Drama Afrikas besteht darin, dass der afrikanische Mensch nicht ausreichend in die Geschichte eingetreten ist* [Hervorhebung durch den Autor]. Der afrikanische Bauer, der seit Jahrtausenden im Gleichklang mit den Jahreszeiten und für ein Lebensideal – nämlich die harmonische Beziehung zur Natur – lebt, dieser afrikanische Bauer kennt nichts anderes als die ewige Wiederkehr der Zeit, die ihren Rhythmus durch die unendliche Wiederholung der ewig gleichen Gesten und ewig gleichen Worte erfährt. In dieser Vorstellungswelt, wo alles immer wieder von neuem beginnt, ist kein Platz für das Abenteuer Mensch, für die Fortschrittsidee. In diesem geistigen Kosmos, wo von der Natur alles vorgegeben wird, ist der Mensch zwar von der Angst gegenüber der Geschichte, von dieser Pein des modernen Menschen verschont, aber der Mensch bleibt unbeweglich: verhaftet in einer unverrückbaren Ordnung, wo alles von Anbeginn festgelegt scheint. Niemals schwingt sich da der Mensch auf zur Zukunft. Niemals kommt es ihm in den Sinn, aus der Sphäre der Wiederholung herauszutreten, um sich eine eigene Bestimmung zu erschließen.

Ist es einem französischen Präsidenten im Jahre 2007 erlaubt, die Veränderungen zu ignorieren, die Afrika seit mindestens fünf Jahrzehnten durchmacht? Ist es möglich, dass die Berater und sonstigen Mitarbeiter des Präsidenten den Erkenntnissen der Wissenschaft trotzen und in völliger Unkenntnis der historischen, archäologischen und weiterer in Afrika durchgeführter Studien verharren, und seien es nur die nach der Unabhängigkeit (1960) entstandenen?

Man muss wissen, dass nach Erlangung der Unabhängigkeit die Rehabilitierung der Vergangenheit und der afrikanischen Kultur das zentrale Anliegen jener jungen Staaten war, die aus der kolonialen Nacht hervorgegangen waren. Man muss wissen, dass die Afrikaner ihre Geschichte wieder in Besitz genommen haben, wobei der große Cheikh Anta Diop einer der Pioniere im Kampf für die kulturelle Befreiung war. So erscheint im Jahre 1955 sein Buch *Nations nègres et culture*[159], eine so kühne und bilderstürmerische Doktorarbeit, dass die Sorbonne sie ablehnt. Doch der erste Vorstoß gegen das zähe Bollwerk der von den Europäern konstruierten Alten Geschichte war gemacht. Die These von Cheikh Anta Diop gab Ägypten den Afrikanern zurück. Wenn die These eines »schwarzen Ägyptens« den europäischen WissenschaftlerInnen und AnthropologInnen auch kaum akzeptabel erschien, so erkannte man zumindest die Beteiligung und Mitgestaltung der Schwarzafrikaner an der ägyptischen Zivilisation an. Es gab nicht nur schwarze Sklaven in Ägypten, sondern auch schwarze Pharaonen! Der afrikanische Historiker hat eine neue Lesart der Geschichte erzwungen. Man muss anerkennen, dass auch europäische WissenschaftlerInnen, die mit der eurozentrischen Sichtweise der Dinge gebrochen haben, einen bemerkenswerten Beitrag zur afrikanischen Historiografie geleistet haben. Dies gilt z.B. für den Journalisten Basil Davidson mit seinem schönen Buch *Old Africa Rediscovered*[160]. In diesem Werk beschreibt der Autor ein präkoloniales Afrika und dessen glanzvolle Zivilisationen. Erwähnt seien

159 Cheikh Anta Diop, 1955, *Nations nègres et culture*, Paris, Présence africaine.

160 Davidson, Basil, 1959, *Old Africa Rediscovered*, London, Gollancz.

auch die Arbeiten von Georges Balandier: Sein Buch *Sociologie actuelle de l'Afrique noire, dynamique sociale en Afrique centrale*[161] ist eine Hommage an die Menschen Afrikas und lässt in einer Zeit des paternalistischen »Afrikanismus« ein bemerkenswertes Bemühen um Verstehen erkennen. Halten wir fest, dass Forschungszentren und Universitäten, beflügelt durch die Unabhängigkeit, einen echten Umbruch in Afrika herbeiführten; in Dakar, Ife, Ibadan und Makerere stürzten sich zahlreiche Studierende auf die historische Forschung. Durch Radiosendungen wie »Mémoire d'un continent« (Gedächtnis eines Kontinents), moderiert von dem afrikanischen Historiker Ibrahima Baba Kake, der Afrika und der Welt die großen Figuren der afrikanischen Geschichte nahebrachte, kam die Beschäftigung mit der Geschichte Afrikas regelrecht in Mode.

Herr Sakozy spricht vom Sich-Einkapseln Afrikas, wobei er zu verstehen gibt, dessen Rückständigkeit liege darin begründet, dass es sich dem Rest der Welt nicht geöffnet habe, es nicht verstanden habe, in das System des Gebens und Nehmens einzusteigen und an der universellen Zivilisation teilzuhaben. Das war einst die Theorie mancher AnthropologInnen und HistorikerInnen, denen zufolge die Ozeane und die Sahara Afrika vom Rest der Welt abgeschnitten hätten. In Wirklichkeit aber war der Indische Ozean eher ein Bindeglied zwischen Afrika, Indien, China und Arabien. Es ist bekannt, dass seit den Anfängen des Christentums die Swahiliküste mit den genannten Ländern Wirtschaftsbeziehungen unterhielt. Hier bildeten sich unter dem Zeichen des Islam Stadtstaaten wie Kilwa, die ihren Wohlstand aus dem Seehandel bezogen haben. Auch weiß man, dass die Kaiser von Mali ihr Augenmerk auf den Atlantischen Ozean gerichtet haben. Einer von ihnen, Aboubacar II., hat eine Expedition über die weite See angeführt, kehrte jedoch nicht zurück. An Abenteuergeist hat es also nie gefehlt.

Auch die Sahara war nicht immer eine unerbittliche Wüste. Die Wirtschaftsbeziehungen zwischen Westafrika und der Mittelmeerwelt hatten ihre Blütezeit zwischen dem 12. und 16. Jahrhundert.

161 Balandier, Georges, 1963, *Sociologie actuelle de l'Afrique noire, dynamique sociale en Afrique centrale*, Paris, Presses Universitaires de France.

Der transsaharische Handel begründete den Reichtum der sahelischen Kaiser- und Königreiche: Ghana, Mali, Songhay. Timbuktu, Stadt der Kaufleute, religiöse Metropole und Universitätszentrum, erstrahlte im 15. und 16. Jahrhundert von tausend Feuern und wurde von Händlern und Gelehrten aus dem Maghreb und aus Ägypten besucht. Der Buchhandel florierte. Pilger und Kaufleute der Manding und Sarakollé traf man in Fez, Kairouan und Kairo zahlreich an. Das Münzwesen der Mittelmeerwelt des 16. Jahrhunderts gründete sich auf das Gold der sahelischen König- und Kaiserreiche. Manding-, Soninke- und Hausa-Händler bezogen in den Städten des Maghreb und Ägyptens Quartier. In Kairo lebten zahlreiche Untertanen aus Ghana und Mali. Und es war der Kontakt mit den Botschaftern dieser Königreiche, dem Ibn Khaldun[162], der große arabische Historiker (1332–1406), unschätzbar wertvolle Informationen über die schwarzen Dynastien Westafrikas verdankte. So besaßen die Händler von Gao, von Koumbi oder Niani umfangreiche Kenntnisse über die damals bekannte Welt. Das schwarze Afrika hatte sich also recht früh dem Islam geöffnet und eine kulturelle Durchmischung erlebt, lange bevor der von Herrn Sarkozy zitierte Dichter-Präsident Léopold Sédar Senghor von ihr sprach und sie pries. Die vermeintliche Einkapselung und Isolierung Afrikas gehören zu den veralteten, langlebigen Klischees, die ein halbes Jahrhundert Aufklärung nicht hat ausrotten können. Die Herrscher aus Ghana und Mali waren in Kairo, im muslimischen Spanien und sogar in Europa bekannt: Die berühmte Pilgerreise des Manding-Kaisers Mansa Moussa nach Mekka im Jahre 1324 sticht aus der Chronik der arabischen Länder heraus. Er überhäufte Kairo und die heiligen Stätten mit so viel Gold, dass der Kurswert des Edelmetalls sank. Im Jahre 1375 erscheint Mali auf der Karte des Abraham Cresque von Mallorca, mit dem Porträt von Mansa auf seinem Thron und mit einem Goldklumpen in der Hand. Westafrikanische Städte wie Djenne, Gao, Tekrour und Timbuktu waren den venezianischen

162 Ibn Khaldoun (1332–1406): arabischer Historiker, Autor des Werkes *La Muqad-dima, Prolégomènes* und von *Kitab al Ibarwa Diwan al mublada wa-l-khabar (Geschichte der Berber).*

und genuesischen Kaufleuten bekannt; wiederholt versuchten ihre Handelsagenten nach Timbuktu und nach Gao zu gelangen, aber die arabischen Händler versperrten ihnen systematisch den Weg in die Goldländer.

Arabische Reisende und Geografen, allen voran Ibn Khaldun und Ibn Battuta[163], der im Jahre 1352 das Kaiserreich Mali besuchte, sowie Leo Africanus, der sich in Gao und Timbuktu aufhielt, berichten von schwunghaftem Handel und regem kulturellem Austausch zwischen Schwarzafrika, dem mediterranen Raum, Arabien, Indien und China. Dank archäologischer Ausgrabungen wurde es schließlich möglich, die Spuren der Siedlungen zu sichern und Münzfunde zu tätigen, die die Intensität dieser Beziehungen bezeugen.

Das Verlangen nach Geschichte war seit dem Tag der Unabhängigkeit schmerzhaft zu spüren. Erinnern wir uns daran, dass die afrikanischen Staaten die UNESCO schon 1964 im Rahmen der 16. Vollversammlung aufforderten, die Redaktion einer allgemeinen Geschichte Afrikas in Angriff zu nehmen. Zu diesem Zweck wurde ein internationales wissenschaftliches Komitee unter der Leitung von Prof. Joseph Ki-Zerbo ins Leben gerufen, das die monumentale *Histoire générale de l'Afrique* in sieben Bänden verfasste[164]. Bei dieser Gelegenheit brachen die HistorikerInnen mit der dreistufigen Phaseneinteilung der Geschichte (Altertum – Mittelalter – Neuzeit), um sie den Entwicklungen und Zäsuren des Kontinents entsprechend neu zu definieren. Das erste Jahrzehnt der Unabhängigkeit war ein echter »historischer Frühling« – der Ausdruck stammt von Alioune Diop, dem Gründer des Verlags *Présence africaine*.

Die afrikanischen WissenschaftlerInnen rehabilitierten die orale Tradition als Grundlage authentischer Kenntnisse und etablierten

163 Ibn Battuta (1304–1368): arabischer Reisender und Autor des Werkes *Tuhfat al nuzzar fi ghara'ib al amsar wa adja'ib al asfar …(Reisen)*. Ins Frz. übersetzt unter dem Titel: *Textes et documents relatifs à l'histoire de l'Afrique, extraits tirés des voyages d'Ibn Battuta*, Dakar, 1966, in Zusammenarbeit mit R. Mauny, V. Monteil, A. Djenidi, S. Robert und J. Devisse.

164 1982–99, *Histoire générale de l'Afrique*, 8 Bde., Paris, Présence africaine/Edicef/Unesco.

sie als historische Quellen. Die Altmeister Amadou Hampaté Bâ und Boubou Hama wurden zu Initiatoren dieser Bewegung. Die von Amadou Hampaté Bâ geprägte Formel »In Afrika ist ein Greis, der stirbt, eine Bibliothek, die brennt« hatte durchschlagenden Erfolg. Es kam zu einer regelrechten Jagd nach Griots und nach Alten, um Kosmogonien, historische Berichte, Legenden und Weisheiten zu sammeln und auf Tonbändern festzuhalten … Die Kunst des Wortes und die Bewahrung der Erinnerung an Vergangenes wurde früher intensiv gepflegt und in den Dorfschulen unterrichtet. Es existieren orale Texte, »gesprochene Hieroglyphen«, um einen Ausdruck von Joseph Ki-Zerbo, Autor der monumentalen *Histoire de l'Afrique noire*[165], zu verwenden, die heute eine wichtige Referenz für jene sind, die die Vergangenheit des subsaharischen Afrika kennenlernen möchten.

Wie kann der Präsident den intellektuellen und wissenschaftlichen Gärungsprozess übersehen, der den Beginn der Unabhängigkeit kennzeichnet und der es Afrika dank des Engagements seiner Kinder und der Kräfte des Fortschritts erlaubt hat, seinen Platz in den Humanwissenschaften zu finden? Die erste Generation afrikanischer HistorikerInnen, die sich darangemacht hat, die oralen Überlieferungen auszuwerten, hat ganze Schichten präkolonialer Geschichte freigelegt, die Geschichte der großen Imperien Westafrikas: Ghana, Mali, Songhay und ihre faszinierenden Protagonisten wie Kaya Maghan, Soundjata, Askia Mohamed und andere. Es besteht kein Zweifel, dass die europäischen HistorikerInnen diese Persönlichkeiten weiterhin als Figuren aus Legenden und Mythen betrachtet hätten, wären sie nicht in schriftlichen Dokumenten erwähnt worden.

Mit Recht hat man sich die Frage stellen können: woher diese Beharrungskraft des Exotismus, diese stete Wiederkehr von Klischees und längst überholten Hypothesen? Die afrikanischen Gesellschaften werden weiterhin mit den Augen des Ethnologen und Anthropologen der Kolonialzeit betrachtet. Wir erleben, dass der afrikanischen Geschichte weder in französischen Schulen noch in französischen Medien ein Platz eingeräumt wird. Selbst

165 Ki-Zerbo, Joseph, 1972, *Histoire de l'Afrique noire*, Paris, Hatier.

ein marktschreierischer Humanismus, stets auf der Suche nach Katastrophen, hat nicht dazu beigetragen, Afrika auf dem Fernsehschirm in seiner Eigenwertigkeit zu zeigen.

Die Kolonisierung war nicht einfach nur ein Fehler

Die Reise nach Dakar hat dem Präsidenten der Republik Gelegenheit gegeben, die Kolonisierung reinzuwaschen und ihre Errungenschaften zu preisen. Die Debatte ist noch nicht beendet. Herr Sarkozy hätte für seine Verteidigung in eigener Sache keine bessere Bühne finden können. Wir wissen, dass die Frage der Errungenschaften der Kolonialzeit auf der Tagesordnung steht: Als Innenminister hatte sich Herr Sarkozy nach den Vorstadtunruhen stark für die Expertise einiger Spezialisten für Übersee-Fragen interessiert und aus ihr seinen Nutzen gezogen; die Dakar-Rede speist sich aus zahlreichen Passagen des Berichts, der ihm vorgelegt worden war (*Libération*, 30.12.2005).

Niemand hat es verstanden, das wahre Gesicht der Kolonisierung und die koloniale Situation mit so viel Realitätssinn und so authentisch darzustellen wie Präsident Sarkozy. Hören wir ihm zu:

> Es stimmt indes, dass die Europäer als Eroberer nach Afrika kamen. Sie eigneten sich das Land eurer Vorfahren an. Sie verbannten die Götter eurer Väter, ächteten deren Sprachen, deren Glauben und deren Bräuche. Sie schrieben euren Vätern vor, was sie zu denken, zu glauben, zu tun hatten. Sie durchschnitten bei euren Vätern das Band zur Geschichte, sie raubten ihnen die Seele, ihre Wurzeln. Sie haben Afrika profaniert. Das war unrecht, ihr Unrecht. […] Sie wollten den afrikanischen Menschen bekehren, wollten ihr Ebenbild aus ihm machen, sie maßten sich alle Rechte an, glaubten sich allmächtig […]. Sie zerstörten das Kunstwerk einer Lebensgestaltung. Sie zerstörten eine wunderbare Vorstellungswelt. Sie zerstörten die Weisheit der Väter. Das war unrecht, ihr Unrecht. Sie erzeugten Angst und Lebensverzagtheit. Sie schürten Hass. Sie erschwerten die Öffnung gegenüber dem Anderen, den Austausch, das Teilen; denn um sich zu öffnen, um etwas auszutauschen, um zu teilen, muss man sich seiner Identität, seiner Werte, seiner Überzeugungen sicher sein.

> Im Kontakt mit dem Kolonisator hatte der kolonialisierte Mensch sein Selbstvertrauen verloren, hatte vergessen, wer er war, hatte sich von der Angst vor dem Anderen und vor der Zukunft übermannen lassen. […] Sie glaubten, die Freiheit weiterzugeben, und schufen Entfremdung. Sie glaubten, die Ketten der Fortschrittsfeindlichkeit, des Aberglaubens, der Knechtschaft zu sprengen, und schmiedeten weit schwerere Ketten. Sie brachten eine weit schwerwiegendere Knechtschaft mit, eine, die das Denken und die Seelen unterjochte.

Das sind Worte und Akzentsetzungen, die kein antikolonialistischer Autor desavouiert hätte! Doch Präsident Sarkozy zog aus der Verurteilung nicht die logische Schlussfolgerung. »Das war unrecht«, ruft er nach der Aufzählung der Grausamkeiten, die den Afrikanern zugefügt wurden. Aber in Wirklichkeit war es mehr als bloßes Unrecht. Ein Volk sich selbst zu entfremden heißt, den Geist und die Seele versklaven – das ist, wenn man die Dinge beim Namen nennen will, nichts weniger als ein Verbrechen. Doch der Präsident will zum Ausgleich für all das Übel die vermeintlich viel wichtigeren Errungenschaften aufzeigen, die die Kolonisierung gebracht hat.

> Der Kolonisator kam und nahm, er füllte seine Taschen, er machte sich alle und alles zu Nutze, er plünderte Ressourcen und Schätze, die ihm nicht gehörten. Er raubte dem kolonialisierten Menschen seine Persönlichkeit, seine Freiheit, sein Land, die Frucht seiner Arbeit.

Aber dann im Gegenzug:

> *Er hat genommen, aber bei allem gebotenen Respekt möchte ich sagen dürfen, dass er auch gegeben hat. Er baute Brücken, Straßen, Spitäler, Ambulanzen, Schulen. Er machte Brachland fruchtbar, er investierte Mühe, Arbeit und Wissen. Ich möchte hier sagen dürfen: Nicht alle Kolonisatoren waren Diebe und Ausbeuter.* [Hervorhebung durch den Autor]

Für uns aber ist die Sache seit langem klar. Die mit Kanonenschüssen erzwungene »zivilisatorische Mission« führt heute niemanden mehr hinters Licht. Wir wissen, dass die Straßen und Eisenbahnlinien, die Savannen und Wälder zerschnitten, mit dem Schweiß von Afrikanern gebaut wurden, die zu Tausenden auf den Straßen und Baustellen ihr Leben ließen. André Gides *Voyage au Congo* und die Artikel des Journalisten Albert Londres haben die Europäer mit ihren Enthüllungen über die von den Kolonisatoren begangenen Gräueltaten entsetzt. Hat man nicht seinerzeit gesagt, dass jede afrikanische Eisenbahnschwelle für den Körper eines verstorbenen schwarzen Arbeiters steht? Es ist noch nicht lange her, dass die französische Nationalversammlung ein Gesetz erlassen wollte, das die ›Errungenschaften‹ der Kolonisierung herausstreicht. Der massive Protest gegen dieses Projekt hat die Nationalversammlung gezwungen, sich nachhaltig davon zu distanzieren. Ja, man öffnet heute die Akten der Kolonisierung, man spricht über die »Brandwunden«, die die Kolonialzeit verursacht hat, und die »kolonialen Gedächtnislücken«. Der Film *Indigènes* macht deutlich, dass es noch sehr viel Unausgesprochenes gibt; wir sind erst am Beginn der großen Aufarbeitung.

»Der Kolonialismus ist nicht für alle Schwierigkeiten im heutigen Afrika verantwortlich zu machen.« Niemand auf dem Kontinent leugnet die Verantwortung der Regierenden: Korruption, Misswirtschaft, Vetternwirtschaft und viele andere Übel grassieren in unseren Staaten. Es ist wahr, die Bürgerkriege, die Unsicherheit, die Hungernöte dezimieren unsere Bevölkerungen. Es ist aber nicht weniger wahr, dass die Attraktivität der Bodenschätze des Kontinents und die europäischen Begehrlichkeiten großen Anteil an unserem Unheil haben. Das Erdöl und die Bodenschätze sind für den Kongo, den Tschad und Darfur zu einem Fluch geworden. Hören wir zu diesem Thema Jean Suret-Canale:

> Wurde Schwarzafrika durch den Kontakt mit der technikfixierten Zivilisation verdorben? Sind die heutigen Dramen nicht die Weiterführung früherer Dramen in neuem Gewand, wie es uns mancher Modeliterat glauben machen will, allzu sehr darum bemüht, die Rolle einer Kolonisierung zu vergessen, die heute zwar allgemein verabscheut wird, gleichwohl ihr Dasein in anderer, verdeckter Form weiterführt?[166]

166 Suret-Canale, Jean, 1973, *L'Afrique*, Paris, Martinsart, S. 83.

Diese versteckten Formen der Ausbeutung untergraben die Unabhängigkeit Afrikas und führen die Souveränität der Staaten ad absurdum. Das ist die grausame Wirklichkeit von heute. Klarsichtig und darum bemüht, Afrika und seine Schwierigkeiten zu verstehen, fährt Jean Suret-Canale fort:

> Vielleicht steckt hinter dem, was uns unverständlich erscheint, die schmerzvoll langsame Entwicklung in Richtung Fortschritt und Freiheit, wie sie die gesamte Menschheit erlebt, eine Entwicklung, die sich nur deshalb unserer Wahrnehmung entzieht, weil wir ihre Vergangenheit und ihre sozialen Rahmenbedingungen, die sich deutlich von den unseren unterscheiden, nicht kennen?[167]

In dem Moment, in dem ich diese Zeilen schreibe, kehrt Präsident Sarkozy von seinem Staatsbesuch in Algerien zurück. Erstaunlich, wie sich dieser Besuch von jenem im subsaharischen Afrika unterscheidet! Dort ging es ausschließlich um Kooperation, um Partnerschaft. Der Ton seiner Rede war ein vollkommen anderer. Mit der ihm eigenen direkten Art hat er sogleich den Rahmen abgesteckt:

> Es war mein Wunsch, meinen Staatsbesuch damit zu beginnen, dass ich vor Ihnen spreche. Weil ich nach Algerien gekommen bin, um über die Zukunft zu reden. Weil ich gekommen bin, um aufzubauen. *Um zwischen unseren beiden Völkern eine außergewöhnliche Partnerschaft aufzubauen.* [Hervorhebung durch den Autor]

Das ist Kooperation auf allen Ebenen! Wie steht es um den Kolonialstreit mit Algerien? Präsident Sarkozy hat einen endgültigen Schuldspruch gefällt, die Verurteilung des kolonialen Systems war unwiderruflich:

> Von der Zukunft sprechen heißt nicht, die Vergangenheit vergessen. Ich bin seit jeher überzeugt, *dass man im Gegenteil der Vergangenheit ins Antlitz blicken muss [sic]*, wenn man eine bessere Zukunft aufbauen möchte. Das ist im Übrigen das, was wir in Europa getan

167 Ebenda.

> haben. Es ist diese Erinnerungsarbeit, die dem algerischen Volk vorzuschlagen ich gekommen bin. *Ja, das Kolonialsystem war zutiefst ungerecht, im Widerspruch zu den Leitbegriffen unserer Republik: Freiheit, Gleichheit, Brüderlichkeit.* [Hervorhebung durch den Autor].

Die Kolonisierung ist unvereinbar mit den drei Begriffen, die die Grundlage der Menschenrechte darstellen! Niemand kann mehr von ihren vermeintlichen Wohltaten sprechen. So musste man sich ausdrücken, weil man nach Algerien gekommen war, um Verträge abzuschließen; man musste dem algerischen Nationalgefühl schmeicheln, man musste deutlich machen, dass der koloniale Geist und der Paternalismus, der ihn begleitet, endgültig tot sind! Hier hat Nicolas Sarkozy kräftig zugelangt, er hat nicht gegeizt mit konkreteren Vorschlägen, einer verlockender als der andere. »Man muss unsere Unternehmen ermuntern«, ruft er aus, »sich an den Anstrengungen für die Modernisierung Algeriens zu beteiligen.« Wenn man in wenigen Tagen Verträge für mehr als fünf Milliarden Euro abschließt, engagiert man sich mit ganzer Kraft an der Seite des Partners; auf diese Art wird der Präsident Algerien helfen, »in die WTO aufgenommen zu werden«. »Wir helfen zugleich bei der Gründung des zukünftigen Instituts für höhere Technologiestudien, bei der Reform der Grandes Écoles, ganz zu schweigen von den Stipendien, die wir algerischen Studierenden gewähren. Ich unterstütze«, fährt er fort, »das engagierte Projekt einer algerisch-französischen Universität, das eines Tages Realität werden und über das man nicht nur sprechen soll.« Das ist der Weg, wie man die algerische Jugend begeistert. Wie anders dagegen die vagen Versprechungen, die man den jungen Schwarzafrikanern macht!

Woher dieser Unterschied im Ton? Die in Algerien gemachten Aussagen, die Ehrerbietung und der bekundete Respekt vor dem algerischen Volk stehen im krassen Gegensatz zum Paternalismus der Rede von Dakar. Ja, südlich der Sahara ist man noch im Hinterhof der Metropole! Hier kann man der Jugend eine Lektion erteilen! Südlich der Sahara ist man noch im eigenen Hinterhof! Leider! Sind die subsaharischen Staatschefs nicht durchwegs treue, vom Elyséepalast, von London, Brüssel oder Lissabon platzierte

Verbündete? Das ist der finale Keulenschlag, den Präsident Sarkozy landet, nachdem er die »Herausforderungen« und die »Probleme« aufgezählt hat:

> Die Realität Afrikas – die Realität eines großen Kontinents, der alles hätte, um erfolgreich zu sein, der aber nicht erfolgreich ist, weil er sich von seinen Mythen nicht befreien kann.

Fügen wir hinzu: die liebgewonnenen Mythen, die denen so teuer sind, die sich weigern, in Afrika etwas anderen zu sehen als das, was ihrer Phantasiewelt entspricht.

Eine bewusste und verantwortliche Jugend

Wenn man dem Präsidenten der Republik zuhört, kann man den Eindruck gewinnen, dass er der Jugend Afrikas helfen will, ans Ende des Tunnels zu gelangen. Entsprechend erwartete man konkrete Vorschläge, wie es den Jungen erleichtert werden kann, in Afrika zu bleiben, und wie man denen, die nach Frankreich gehen, dort ein besseres Los sichert. Der Präsident ist jedoch denkbar vage geblieben. Wie aber kann man den Teufelskreis, in dem sich Afrika befindet, durchbrechen und wie kann man es für die Ausrichtung auf den Fortschritt gewinnen? Der Präsident zeigt die Strategie auf: »Öffnet die Augen, ihr jungen Afrikaner, und betrachtet die Weltzivilisation nicht mehr – wie nur allzu oft eure Vorfahren es getan haben – als Bedrohung eurer Identität, sondern als ein Gut, das auch euch gehört.«

Der Präsident ruft die jungen Afrikaner schlichtweg zur Auflehnung gegen die ältere Generation auf, zum Bruch mit der Tradition. Ist das nicht eine Provokation?

> Ihr jungen Afrikaner, hört nicht auf jene, welche unter Berufung auf die Tradition den Austritt Afrikas aus der Geschichte betreiben, denn ein Afrika, in dem sich nichts mehr ändern darf, wäre erneut zur Knechtschaft verdammt!

Aber die Jugend Afrikas ist nicht so, wie sie sich Herr Sarkozy vorstellt: große Kinder, die darauf warten, dass man sie zum Laufenlernen an die Hand nimmt. Man sollte zur Kenntnis nehmen, dass die Jugend des Kontinents genau weiß, welche Herausforderungen unsere Zeit bereithält. Die jungen afrikanischen Rapper sind sicherlich diejenigen, die das Drama des heutigen Afrika am treffendsten zum Ausdruck bringen, sie sind das Sprachrohr der afrikanischen Massen. Ihr Engagement ist total, sie haben hervorragende Lieder geschrieben. Sie sind die schärfsten Kritiker der derzeitigen Regierungen. Mit harten Worten prangern sie die Misswirtschaft und die Korruption an. Aber sie wissen zugleich, dass die Großmächte einen gehörigen Anteil am Unheil des Kontinents haben. Die jungen Afrikaner sind ganz anders, als Präsident Sarkozy sie sich vorstellt. Die Ivorer Alpha Blondy und Tiken Jah Fakoly, der Senegalese Didier Awadi gehören zu den engagiertesten Sängern und Rappern. Ihr politisches Engagement macht sie zu wahren Verteidigern ihres Volkes. Die Titel mancher Lieder sprechen Bände. Wenn Fakoly singt: »Danke ab, betrügerisch gewählter Präsident!«, so braucht man nur seinem Blick zu folgen und sieht mehr als einen afrikanischen Präsidenten, der Wahlergebnisse gefälscht hat. In »Afrika schuldet Geld« zeigt Jah Fakoly mit dem Finger auf die Chefs von Bretton Woods und die paternalistische Hilfe der G8.

Die Jugend von Afrika weiß nicht, wohin die Reise geht, aber sie ist fest entschlossen, ihren Weg zu finden, so wie das Volk dafür kämpft, seine Zukunft selbst gestalten zu können. Diese Jugendlichen mussten nicht auf Präsident Sarkozy warten, um zu erfahren, dass man kämpfen und sich selbst seinen Platz an der Sonne erobern muss. Sie tun dies an zwei Fronten: zum einen, indem sie sich für die Beendigung der im postkolonialen Staat typischen Misswirtschaft einsetzen, zum andern, indem sie die Einmischung der Herren der Welt und die Ungerechtigkeit anprangern.

> Die Jugend Afrikas muss das Gefühl bekommen, dass alles möglich wird, genauso wie den Menschen der Renaissance alles möglich schien.

Hier spricht der ungebrochene Eurozentrismus. Aber man muss wissen, dass die jungen Afrikaner die »Menschen der [europäischen] Renaissance« nicht kennen, sie haben andere Leitbilder, die sie aus der afrikanischen Geschichte beziehen; da gibt es Soudjata, Chaka, Samory. Doch Herr Sarkozy, der keinen Begriff von der Vergangenheit Afrikas hat, schlägt ihnen als Modell den »Menschen der Renaissance« vor, in seinen Augen ein unvergleichliches Vorbild für schöpferische Kühnheit.

> Jugend Afrikas! Wollt ihr Demokratie, wollt ihr Freiheit, wollt ihr Gerechtigkeit, wollt ihr das Recht? Es liegt an euch. Frankreich wird nicht für euch entscheiden. Aber wenn ihr euch für Demokratie, Freiheit, Gerechtigkeit und das Recht entscheidet, dann wird sich Frankreich mit euch zusammenschließen, um alle diese Werte zusammen mit euch zu errichten.

Welch edle Großzügigkeit! Die Jugend Afrikas will all das, was der Präsident aufzählt, aber Tiken Jah Fakoly, Awadi und ihre Brüder wissen, dass trotz der Mahnungen eines französischen Präsidenten, der seine Hilfe von der Einhaltung demokratischer Prinzipien abhängig macht, Frankreich in Verruf geratene Präsidenten, die Wahlen manipulieren, auch weiterhin finanziell und anderweitig unterstützt! Die jungen Afrikaner sind nicht naiv. Die guten Absichten, die der Präsident für Frankreich reklamiert, sind nur Absichtserklärungen. Wir haben schon verstanden …

Kommen wir zum Schluss: Was schlägt der Präsident in Dakar vor? Die Verwirklichung eines Eurafrika. Die Herausforderung, vor der Afrika tatsächlich steht, ist jedoch die Schaffung der afrikanischen Einheit. Allen Widerständen zum Trotz hat der unaufhaltsame Marsch in Richtung dieses Ziels begonnen: Es gibt eine Organisation mit dem Namen »Afrikanische Union« (AU); allen Widerständen zum Trotz ist diese Organisation zu einem Global Player geworden, der mit der Europäischen Union und anderen Großmächten der Welt verhandelt. So gesehen ist die kontinentale Integration keine Utopie mehr. Regionale Zusammenschlüsse bilden ihre Grundlage und ihre Stützpfeiler. Die afrikanischen Bemühungen um die Errichtung einer großen Gemeinschaft gehen kontinuierlich weiter, trotz innerafrikanischer Kriege, trotz der medial so präsenten Hungersnöte. Die Erfolge nehmen zu: Die *Gemeinschaft westafrikanischer Staaten*, der 15 Länder angehören, hat untereinander bereits den freien Personen- und Warenverkehr eingeführt. Es gibt bereits einen einheitlichen Pass, mit dem man ohne Visum von Dakar über Bamako und Lomé nach Lagos reisen kann. Die Einheitswährung ist in Vorbereitung. Man spricht von den Vereinigten Staaten von Afrika; das ist keine Utopie mehr, die Umsetzung dieses ambitionierten Projektes ist bereits in die Phase der Feinabstimmung eingetreten. Sicherlich handelt es sich um einen langwierigen, gleichwohl um einen unaufhaltsamen Prozess. Die Einheit Afrikas steht seit 1963 auf der Tagesordnung der Organisation für Afrikanische Einheit (frz. OUA), die die Entkolonialisierung zu ihrem Abschluss führte, bevor sie der *Afrikanischen Union* den Platz überlassen hat.

Übersetzt von Peter Cichon

Echos von jenseits des Atlantik

Kettly Mars

Kettly Mars ist in Haiti geboren und lebt daselbst. Als Verfasserin von Novellen und Romanen zeichnet sie ein lebendiges und wirklichkeitsnahes Bild der haitianischen Gesellschaft im Zwiespalt zwischen ihren kulturellen, politischen und spirituellen Gegensätzen.
Hauptwerke:
1999, *Un Parfum d'encens,* Novellen, Port-au-Prince, L'Imprimeur II
2001, *Mirage Hôtel,* Novellen, Port-au-Prince, L'Imprimeur II
2003, *Kasalé,* Roman, Port-au-Prince, L'Imprimeur II (2007, La Roque d'Anthéron, Vents d'ailleurs)
2005, *L'Heure hybride,* Roman, La Roque d'Anthéron, Vents d'ailleurs.

In Dakar hat sich Präsident Sarkozy an die Jugend Senegals gewandt, indem er ihre Vergangenheit heraufbeschwor, ihre Leiden, ihre Charakteristika, ihre Vorfahren und ihre Entwicklung. »Ich bin nicht gekommen, ihr jungen Menschen von Afrika, um euer Schicksal zu beklagen ...« Es war eine Rede, über die viel geschrieben wurde. Als Haitianerin habe ich an meine Brüder und Schwestern aus ferner, ferner Vorzeit gedacht, die drüben geblieben sind, in Benin, im Kongo, in Kamerun, in Sierra Leone, und an diese unsere gemeinsame Vergangenheit. Was wisst ihr von dieser Vergangenheit? Was kann ein Mädchen aus Mali oder ein Junge aus Togo heute darüber wissen, was sie oder ihn mit Haiti verbindet? Vielleicht so wenig, dass man verzweifeln könnte, so wenig wie ein Junge aus meinem Land über Afrika weiß.

Die Vergangenheit, dieses Minenfeld. Noch heute, Jahrhunderte später, wirken Zwistigkeiten nach und stiften Feindschaft zwischen Nationen und Staaten. Wenn es kein Sprungbrett gibt, das uns Tag für Tag einer besseren Zukunft entgegenkatapultiert, kann die Rückwendung zur Vergangenheit da und dort zur politischen Selbstbefriedigung werden, zur pharisäischen Selbstgeißelung oder fruchtlosen Beweihräucherung des Eigenen. Genau das scheint Nicolas Sarkozy nicht verstanden zu haben, wenn er mit übertriebenem Pathos ausruft: ihr, »die ihr einander bekämpft und oft so sehr gehasst habt, die ihr einander manchmal immer noch bekämpft und hasst …« Warum sieht er in unserem Bestreben, die Verbindung zu den Vorfahren aufrechtzuerhalten, immer nur Böswilligkeit und Hass? Er selbst, der französische Präsident, ist an der Universität Cheikh Anta Diop in Dakar keineswegs mit gutem Beispiel vorangegangen, hat er doch unentwegt die Vergangenheit neu aufgewärmt unter dem Vorwand, ihre Dämonen bändigen zu wollen. Man muss feststellen, dass sich Frankreich schwertut, die richtigen Worte zu finden, wenn es um Afrika geht und vor allem um die Länder, die einst seine Kolonien waren. Im Zwiespalt zwischen überholtem Paternalismus und aggressivem Imperialismus sucht es vergeblich die Sprache echter Anteilnahme. Wenn Nicolas Sarkozy vorgibt, die Verantwortlichkeiten der einen und der anderen präzisieren zu wollen, fällt ihm nichts Besseres ein, als seinen jungen Zuhörern eine von tausend und einer Angst und Qual geprägte Geschichte aufzutischen. Wollte man auf seinen ersten Besuch im subsaharischen Afrika eine Metapher aus dem Bereich des Sports anwenden, könnte man sagen, es war ein Fehlstart.

Ich schreibe aus Haiti, einer Nation in Mittelamerika, die heute ein Drittel einer Insel in der Karibik einnimmt. Als sie 1492 von Christoph Kolumbus entdeckt wurde, war sie von ein paar Hunderttausend Karibenindianern bewohnt. Sie wurden zur Sklavenarbeit in den Goldminen gezwungen und von den Eroberern nach und nach ausgerottet. Die Insel Haiti, die während der drei Jahrhunderte der Sklavenwirtschaft Saint-Domingue genannt wurde, war lange die reichste Kolonie Frankreichs und trug zum Aufbau der französischen Wirtschaftsmacht bei. Im Jahre 1804 wurde sie zur ersten unabhängigen Republik der Schwarzen in der Neuen Welt. Zu einer Zeit, als sich die meisten Nationen Europas noch durch die Sklaverei bereicherten, erklärten die Neger von Saint-Domingue vor den Augen der westlichen Welt ihre Unabhängigkeit. Wir sind also Afro-Kariben. Aber unsere Geschichte beginnt im 16. Jahrhundert, an einem Ort, den man »Tor ohne Wiederkehr« nannte, am Strand von Ouidah im Land Benin, dem früheren Königreich Dahomey; dies war die letzte Etappe der afrikanischen Gefangenen auf dem Weg in ein unheilvolles Schicksal. Dies war das letzte Bild Afrikas vor der Einschiffung, bevor die Negertransporte in Richtung Amerika Segel setzten, um über drei Jahrhunderte hinweg mehr als hundert Millionen in die Hölle der Kolonien Amerikas zu deportieren.

Was soll ich über die Sklaverei in Saint-Domingue sagen? Es war dies die Knechtung des Menschen durch den Menschen, die Herabwürdigung des Menschen durch den Menschen zum Tier, die geplante und systematische Ausbeutung des Menschen durch den Menschen mit dem Ziel der Bereicherung und der Machtausübung. Es war dies die systematische Entmenschlichung durch die grausamsten Folterungen physischer und geistig-seelischer Art, immer mit der Rechtfertigung, der Westen brächte uns Afrikanern, also wilden Halbmenschen, als einziges Heilmittel gegen unsere Tierhaftigkeit das Licht des Geistes.

Haiti ist das einzige Land, in dem die Schwarzen die Macht ergriffen, die Sklaverei durch Waffengewalt abschafften und damit sie fast vier Jahrhunderte der Knechtschaft beendeten. Die reaktionären Mächte Europas und Nordamerikas haben sich verbündet, um sicherzustellen, dass dieses schlechte Beispiel, das die Hegemonie des Westens in Amerika gefährdete, nicht Schule machte. Um der Anerkennung seiner Unabhängigkeit willen hat Haiti eingewilligt, an Frankreich eine Entschädigung von mehreren Millionen Goldfrancs zu zahlen. Das war ein historisches Handicap, ein Ausbluten und ein politisches Embargo (schon damals!) als Vorspiel für jegliche Korruption in dieser Nation, die plötzlich ganz allein war unter der erdrückenden Last ihres grandiosen Schicksals. Ein schlechtes Beispiel, das sind wir noch heute. Den bitteren Geschmack der Freiheit, die vergiftete Frucht der Unabhängigkeit, wir teilen sie mit Afrika.

Abgesehen von Kleidung und Sprache ist es schwierig, einen Haitianer von einem Senegalesen oder einem Kongolesen zu unterscheiden. Gemeinsam sind uns eine Erinnerung, die mehrere Jahrhunderte zurückreicht, sowie heutzutage unsere postkolonialen Beziehungen zu Frankreich und dem Rest der Welt. Wir sind aber keine afrikanische Diaspora, deren Identität von ehrgeizigen Universitätsbeauftragten gesucht und erforscht wird. Ich kenne von Afrika nur Klischees, Bilder einer Welt voll tragischer Schönheit, voll von Elend und Gewalt, ohne Aussicht auf Besserung. Meine Erinnerung an Afrika ist ungeordnet, bewusst verzerrt durch mir unbekannte Leute. Ein obskurer Jemand hat entschieden, es sei besser für mich und die Generationen vor mir, möglichst wenig von Afrika zu wissen, damit unsere Menschwerdung voranschreiten könne. Das Projekt des Kolonialismus bestand für uns Haitianer darin, mit Afrika zu brechen, die Alma Mater zu verleugnen. So bin ich Karibin, am Kreuzpunkt der Wege, wo sich die Völker begegnen. »Alle Wege der Welt fressen uns aus der Hand«,[168] schrieb Saint-John Perse über die Karibik.

Ironie des Schicksals: Sechs Jahrhunderte, nachdem die ersten Sklavenladungen verschickt wurden in das, was man das Krematorium Amerikas nennen könnte, leiden wir unter denselben Übeln wie die an Ort und Stelle verbliebenen Kinder des alten Kontinents. Postkolonie, Unabhängigkeit nur dem Namen nach, Unterentwicklung, Staatsstreiche, Abwanderung, Diktaturen, Hunger, Durst, Aids. Es ist schon seltsam. Alle diese Miseren finden sich in den meisten einst kolonisierten Ländern wieder: Brasilien, Haiti, Kuba.

In der Rede Sarkozys gibt es einen subtilen Gegensatz, den er ausspricht und zugleich unterdrückt, wodurch er seine Glaubwürdigkeit untergräbt: »Ich bin nicht gekommen, ihr jungen Menschen von Afrika, um euer Schicksal zu beklagen, denn euer Schicksal ist vor allem in eure eigenen Hände gelegt. Stolze Jugend Afrikas, wozu sollte euch mein Mitleid nützen?« Empfindet er also Mitleid, ja oder nein? Diese Rede weckt Misstrauen hinsichtlich der Absichten und des eingangs gezeigten Elans.

Ich habe mich gefragt, ob Nicolas Sarkozy genauso vor jungen Haitianern von heute gesprochen hätte. Ob er sich bei uns so über die Vergangenheit geäußert hätte: »Der Afrikaner – schwarzer Mensch, der in einem fort *»aus dem Schiffsladeraum die angekette-*

168 Saint-John Perse (Léger, Alexis), 1967, »Chanson du présomptif«, *La Gloire des Rois,* in: *Éloges, suivi de La Gloire des Rois, Anabase, Exil.* Paris, Gallimard: »Tous les chemins du monde nous mangent dans la main«. Zu Deutungen aus afrokaribischer Sicht vgl. Patrick Chamoiseau, *Méditations à Saint-John Perse,* http://www.potomitan.info/atelier/meditations.html (Anm. des Übers.).

ten Verwünschungen hört, den gestoßenen Atem der Sterbenden, das Aufklatschen, wenn man einen von ihnen ins Meer geworfen hat«; schwarzer Mensch, der sich in endloser Wiederholung erinnert: »*Und dieses Land verkündete jahrhundertelang, wir seien wilde Tiere*« [Hervorhebung durch die Autorin]. Dieser schwarze Mensch [...] hat das Antlitz aller Menschen dieser Erde.« So geht man mit Geschichte um, indem man das Vergangene mit einem Federstrich abtut. Aber das Vergangene ist mehr, es ist auch ein Erbe.

Wo steht Haiti heute? Um herauszubekommen, wer wir sind, müssen wir weit in der Zeit zurückwandern und vom »moralischen Mittel« sprechen.

> In Saint-Domingue werden 450 000 Sklaven von 30 000 Weißen gehalten [...]. Es ist daher physisch unmöglich, dass die kleine Zahl von Weißen eine so zahlreiche Bevölkerung von Sklaven kontrollieren kann, es sei denn, die physischen Mittel finden durch moralische Mittel ihre Ergänzung. Dieses moralische Mittel besteht in der Meinung, die einen Abgrund zwischen dem Schwarzen und dem Farbigen öffnet ebenso wie zwischen dem Farbigen und dem Weißen. Diese Meinung bildet die Grundlage des kolonialen Regimes, sie hält die Ruhe aufrecht. Denn der ungebildete Neger wird allein durch handfeste Vorurteile geleitet, durch Gründe, die seine Sinne ansprechen oder ein Teil seiner Gewohnheiten geworden sind. Sobald er glauben kann, dass er und der Weiße gleich sind oder dass einer, der dazwischen steht, auf Gleich und Gleich mit dem Weißen steht, lassen sich die Auswirkungen eines solchen Meinungsumschwungs nicht mehr kalkulieren. [...] Diese Ordnung ist absurd, aber sie funktioniert, und man darf nicht unvorsichtigerweise daran rühren, ohne das schlimmste Unheil heraufzubeschwören.

Diese hellsichtigen Empfehlungen des Antoine Barnave in seiner Wortmeldung während der Parlamentssitzung vom 23. September 1791[169] gehen auf das Wesen der »physischen Mittel« als wirksame

169 »Intervention de Barnave«, Archives parlementaires, Sitzung vom 23. September 1791, zitiert in: Gauthier, Florence, 2004, »De la Révolution de Saint-Domingue à l'indépendance d'Haïti. Comment sortir de l'esclavage? 1789–1804«, in: *Pour Haïti* 46–49, sowie im Internet: http://revolution-francaise.net/2005/12/29/15-de-la-revolution-de-saint-domingue-a-lindependance-dhaiti-comment-sortir-de-lesclavage-1987-1804

Krönung einer solchen Philosophie nicht näher ein, aber sie machen deutlich, um welch bewusst und zynisch betriebenes Projekt der Entmenschlichung es sich handelt.

Von genau dieser Vergangenheit möchte ich erzählen. Gewiss, sie ist ein Teil des Gedächtnisses der Menschheit. Aber das ist nicht alles. Der Problemkreis Weiß und Schwarz ist Gegenstand der tiefenpsychologischen Forschung. In der Welt von heute, wie wir sie erleben,

> […] ist es für die Psychologie nach Jung ein gesichertes Faktum, dass die helle Haut ihren Schatten auf die dunkle Haut wirft und dass dies den meisten Rassenproblemen zugrunde liegt. […] Die dunkle Haut wird mit »dunklen und schmutzigen Seelen« ausgestattet, weil die Hellhäutigen nicht ertragen können, was an ihnen selbst negativ und unkontrollierbar ist, und weil sie alles das auf die Dunkelhäutigen projizieren. Dann kann es passieren, dass sich psychische Phänomene und Verhaltensweisen, die von solchen Projektionen geprägt sind, auf die seelische Verfassung der Dunkelhäutigen übertragen. Das Problem verkompliziert sich in dem Maße, als die Projektionen unbewusst sind, so dass der Glaube der Hellhäutigen an die Inferiorität der Dunkelhäutigen echt ist. Sogar Abraham Lincoln glaubte an die Inferiorität der Neger.[170]

Warum sage ich das alles? Weil sich die Stereotypen immer weiter fortpflanzen, von Hegel bis Gobineau, und weil sie viele der Großen dieser Welt fest im Griff haben. Aus diesen Stereotypen werden Belege, Bibelworte, Wahlversprechen, Strategien, Politiken. Sie, die Klischees, halten den Status quo aufrecht und die internationale Maschinerie in Gang. Sie sind gefährlich, da sie die Gemüter infizieren, die Wahrnehmung deformieren und jene Schemata verewigen, in denen das Syndrom des Afropessimismus keimhaft enthalten ist. Das »moralische Mittel« nimmt andere Formen an, aber sein Zweck ist derselbe. Heute präsentiert es sich als Korrumpierung der Mentalitäten und Grundhaltungen sowie als die Wiederkehr alter Zwänge.

170 Diggs, Stephen, 1997, »Alchemy of the Blues«, in: Hillman, James, u. a., *Haiti or the Psychology of Black*, Woodstock, Spring Publications, 17.

Schon vor Jahrzehnten hat die schwarze Flut des Afropessimismus die Ufer Haitis erreicht. Seit der Unabhängigkeit der Kolonien gelangten sie auf verschiedene Weise zu uns, die Echos aus riesigen Landstrichen, deren Söhne und Töchter nicht in Eintracht leben, wo die Zukunft junger Nationen blockiert ist durch interne Kriege, Massaker an ganzen Völkern, Korruption, Staatsstreiche, Diktaturen. Junge Nationen mit der Behinderung durch das verfluchte Geschenk der falschen Freiheit, die an den »großen Tagen« der Geschichte mit Pomp »gewährt« wurde, um sogleich durch Schliche und voll Zynismus wieder genommen zu werden. François Papa Doc Duvalier, Gnassingbé Eyadéma, Jean-Claude Baby Doc Duvalier, Mobutu – alle waren sie Söhne und Früchte einer gemeinsamen Geschichte, hervorgebracht durch ein und dasselbe Kräftespiel. Hätten sie ihre Wahnvorstellungen ohne die subtile Perversion des Neokolonialismus realisieren können? Denn um Postkolonie[171] handelt es sich.

Diese schwarze Flut des Afropessimismus hat dazu beigetragen, unsere Gemüter zu lähmen und unsere althergebrachte und feste Überzeugung, auf der schwarzen Rasse laste ein Fluch, zu verstärken. Wer wollte an der Aufrichtigkeit des Professors Elika M'Bokolo zweifeln, wenn er sich fragt: »Kann es sein, dass Haiti verflucht ist? Ist nicht vielleicht die ganze schwarze Rasse verflucht, so dass Haiti nur das schmerzvollste unter all den Beispielen darstellte?«[172] Haiti kann Afrika keine Ratschläge erteilen. Unser Land, das unablässig zwischen Niederlagen und Enttäuschungen hin und her pendelt, weiß das nur zu gut. Allenfalls kann unser Volk den afrikanischen Brüdern den Spiegel vorhalten und sie daran erinnern, dass fünfzig Jahre Unabhängigkeit eine Kleinigkeit sind, dass sogar zweihundert Jahre Geschichte rasch vorbeigehen.

171 Vgl. Mbembe, Achille, 2000, *De la Postcolonie. Essai sur l'imagination politique dans l'Afrique contemporaine*. Paris, Karthala, 140: »Unter Postkolonie versteht man die Gesellschaften, die vor kurzem die Erfahrung der Kolonisierung als der von Gewalt geprägten Beziehung schlechthin hinter sich gelassen haben« (Übers. u. Anm. des Übers.).

172 M'Bokolo, Elikia, 2006, »Préface«, in: Bonacci, Giulia, Béchacq, Dimitri, u.a., *La Révolution haïtienne au-delà de ses frontières*, Paris, Karthala, 11.

> Haiti ist eine Art Laboratorium für eine sich abzeichnende Realität Afrikas. Es stellt das Modell und die Simulation einer Mechanik dar, die der Westen mit der Kolonisierung installiert hat und seither auf verschiedene Weise in Gang hält.[173]

Kreolen und Bossalen[174] haben einander bekämpft und getötet, einander verraten und geopfert, um schließlich den 1. Januar 1804 zu erleben, aber sie sind gescheitert, als es galt, einen Staat aufzubauen. Und unser Fall, um nicht zu sagen unser Höllensturz, geht weiter. Daher ist es Zeit, die Geschichte anders zu lesen. Wir schulden den künftigen Generationen die Wahrheit, wir schulden sie auch Afrika. Und gerade weil diese unsere Geschichte von den Siegern entstellt wurde, weil sie von ihnen listigerweise mit Gedächtnislücken ausgestattet wurde, ist es lebenswichtig für Afrika und seine Diaspora, sie neu zu schreiben, sie »wiederzukäuen«, auch wenn Sarkozy das nicht passt, um die entscheidenden Wahrheiten an die künftigen Generationen weiterzugeben. Heute sind wir auf diesem Weg, und der Präsident Frankreichs und seinesgleichen sollen wissen, dass sie uns davon niemals abbringen werden.

Bis zum Überdruss hat Nicolas Sarkozy den Studierenden und Politikern von Dakar gepredigt, Frankreich sei nicht verantwortlich für die blutigen Kriege, die Genozide, die Diktatoren, den Fanatismus, die Korruption und noch vieles mehr. Aber so einfach ist es nicht. Frankreich ist in die Geschicke der Völker eines beträchtlichen Teils von Afrika und von Haiti involviert, und dies in jeder Hinsicht. Es war Partner beim ertragreichen Handel der Kriegsherren, die die gefangenen Sklaven an Afrikas Stränden verkauften; es war Anstifter der Stammeskriege, bei denen der Verkauf von Sklaven einen beachtlichen Mehrwert darstellte; es war Kolonisator, dessen Prägungen bis heute wirken und einen Teil

173 Péan, Leslie, 2007, *Haïti, économie politique de la corruption*, tome VI: *L'ensauvagement macoute et ses conséquences (1957–1990)*, Paris, Maisonneuve et Larose.

174 Die Bossalen sind schwarze Sklaven, die aus Afrika importiert wurden, zum Unterschied von den in den Kolonien geborenen Kreolen (Anm. des Übers.).

unseres Erbes bilden; es ist Neokolonisator, dessen Hegemonie über Afrika seit der Unabhängigkeit der Kolonien hybride Formen annimmt. Man findet Frankreich bei der Errichtung wie beim Sturz vieler Diktaturen in Frankoafrika, man findet es im Herzen vieler Unruheherde und Gewalttaten. Diese Aspekte seiner Verbindung zu Afrika kann Frankreich nicht verdrängen und stattdessen seine Preise an Léopold Sédar Senghor, Aimé Césaire und Toussaint Louverture verleihen, im Rahmen der Frankophonie, dieser schönen Maschine, mit der alle einverleibt werden, die »zur Außenwirkung Frankreichs beitragen«. Soll Toussaint Louverture ins Pantheon von Paris überführt werden?[175] Der General würde sich im Grab umdrehen. Ist dies vielleicht nur das Versprechen eines allzu temperamentvollen Präsidentschaftskandidaten? Es ist paradox, dass Haiti, seine Regierung, seine Presse und seine Öffentlichkeit, auf diesen vom Wahlkampf befeuerten Geistesblitz nicht reagiert haben. Ist das Afropessimismus oder haitianisches Zombiwesen? Toussaint Louverture im Pariser Pantheon, neben Jean-Jacques Rousseau, Voltaire, Napoléon Bonaparte … Um das zu glauben, muss man es sehen. Will der Präsident von Frankreich nicht verstehen, dass eine solche Geste nichts anderes wäre als eine Einmischung in unsere Auseinandersetzung mit der Geschichte, also in den einzigen Bereich, wo wir noch in eigener Sache Entscheidungen treffen möchten? Aber das ist ja ein Luxus, den uns der Bildungsimperialismus seit den Zeiten der Kolonisierung verweigert. Bis heute leben wir in würdeloser Abhängigkeit von internationalen Almosen, aber man will uns auch noch dieses letzte Stück unseres Selbst nehmen.

»Dieser Mann war eine Nation«, sagte Lamartine über Toussaint Louverture. Dachte er dabei an eine französische Nation? Als

175 In einem Online-Artikel vom 8. April 2007 auf der Website des haitianischen Radiosenders Kiskeya ist zu lesen: »Toussaint Louverture könnte bald in das Pantheon von Paris aufgenommen werden. Dieses Versprechen hat Nicolas Sarkozy, Favorit bei den französischen Präsidentschaftswahlen, abgegeben. Unter den großen Männern Frankreichs will er sehen: Léopold Sédar Senghor, Charles Péguy und Louverture, den schwarzen General, der in der Eiseskälte von Fort de Joux vor genau 204 Jahren zugrunde gegangen ist.«

Toussaint Louverture Ende des 18. Jahrhunderts eine Depesche an Bonaparte richtete, begann er so: »Der Erste unter den Schwarzen an den Ersten unter den Weißen«. Warum sollte der erste Bürger Frankreichs nicht hierherkommen, nach Haiti, um Toussaint Louverture mit uns gemeinsam in unserem nationalen Pantheon zu ehren? Wir würden nicht verlangen, dass er bei uns von Reue und Buße spricht oder unsere Leiden und Qualen nachempfindet. Aber er sollte sich so verhalten, dass unser Nationalgefühl mehr sein kann als leere Worte, nämlich eine machtvolle Antriebskraft, inspiriert durch den Gedanken, dass Toussaint Louverture würdig ist, neben den größten Söhnen Frankreichs zu ruhen. In Fort de Joux ist er gestorben, an Kälte und Entbehrungen. Warum will man sein Angedenken nun einmauern unter den Marmorfliesen eines Landes, in dem er niemals hätte sterben wollen?

Die Fremden werfen den Haitianern oft ihren übertriebenen Nationalismus vor. Dieses Wort – Nationalismus – bekommt, auf uns bezogen, fast pejorativen Charakter. Sie sehen in uns so etwas wie Insekten, die im Netz einer mythischen Vergangenheit kleben und nicht aus ihrer Geschichte herauskönnen, ist doch schon der Unterricht dieser Geschichte in den Schulen Haitis erstaunlich lückenhaft. Es stimmt freilich, dass wir aus dieser Geschichte Rechtfertigungen für all unsere Erbärmlichkeiten und Verirrungen bezogen haben. Solange wir einander hassen, solange wir glauben, verflucht zu sein, werden sie recht haben. Denn noch nach mehr als zweihundert Jahren befindet sich die haitianische Nation – verstanden im republikanischen Sinne des Wortes – in der Aufbauphase. Mit wie vielen Leiden werden wir unsere Gier, unseren Egoismus, unsere rückschrittliche Mentalität, unsere Rassenvorurteile noch bezahlen? Toussaint Louverture … eine eherne Statue auf tönernen Füßen. Heute stellen haitianische Historiker, Schriftsteller, Forscher den Heldenolymp des haitianischen Unabhängigkeitskampfes in Frage. Vertus Saint-Louis, Leslie Péan, Laennec Hurbon, Jean-Claude Fignolé – sie erkunden das Erbe unserer »Vorfahren«, die einen durch unbestechliche Analyse der soziohistorischen Fakten, der andere im freieren Rahmen der Fiktion, die großen Männer bloßstellend. Toussaint Louverture, Fatras Batou, der Zentaur der Savanne, der grandiose Stratege, als Politiker belastet mit fragwürdigen Taten, für manche Despot. Toussaint Louverture, Dessalines, Pétion Boyer … die Haitianer müssen sie neu entdecken, um aus der Geschichte Lehren zu ziehen. Alle Tyrannen Haitis berufen sich auf unsere Vorfahren. Manche glauben sogar, sie seien deren Wiedergeburt …

Haiti kann Afrika keine Ratschläge erteilen. Aber es kann als Gastgeschenk seine Erfahrung anbieten, die Teilhabe an seinen Irrtümern, den schwachen Schimmer seines tastenden Strebens. Wir Haitianer können die Lage der Kinder Afrikas von heute nicht betrachten, ohne sehr, sehr starke Resonanzen in uns zu spüren. Mehr als früher sind die Führungskräfte der schwarzen Völker Afrikas, der Karibik und anderer Länder konfrontiert mit der Notwendigkeit, aufzuwachen – nicht etwa um gemeinsame Interessen zu verteidigen, nicht um auf den vergilbten Seiten der Geschichte gemeinsam nach Belegen für unsere Leiden zu suchen, um uns dann gegenseitig die Schuld zuzuschieben, sondern um die kämpferische Denkarbeit zu intensivieren, jeder auf seine Weise und im Sinne des Austauschs, im Widerstand gegen alle psychologischen, moralischen, physischen und ökonomischen Hegemonien, die uns im Glauben an eine angebliche Unfähigkeit unserer Rasse festhalten wollen. Unsere Gegensätze, unsere Komplexe, unser Mangel an Wissen über einander stärken die Position der anderen, die nur darauf warten, unsere Zwistigkeiten zu vertiefen. Nicolas Sarkozy hat das Verdienst, seine wahren Gefühle klar und ohne Umschweife ausgedrückt zu haben. Wir sollten ihm vor allem durch unsere Zukunftsvision antworten, emotionsfrei, ohne in die Falle der Provokation zu tappen, vielmehr mit Hellsicht. Gründen sollte sich eine solche Vision auf die Ablehnung einer von Würdelosigkeit, Erniedrigung und Abhängigkeit geprägten Gegenwart, wie sie unsere Führenden von heute akzeptieren.

Übersetzt von Fritz Peter Kirsch